探索与创新
前海金控博士后创新实践基地研究成果汇编

前海金融控股有限公司　主编

责任编辑：吕　楠
责任校对：孙　蕊
责任印制：丁淮宾

图书在版编目（CIP）数据

探索与创新：前海金控博士后创新实践基地研究成果汇编／前海金融控股有限公司主编．—北京：中国金融出版社，2019.12
ISBN 978－7－5220－0418－1

Ⅰ．①探… Ⅱ．①前… Ⅲ．①企业管理 Ⅳ．①F272

中国版本图书馆 CIP 数据核字（2020）第 002789 号

探索与创新——前海金控博士后创新实践基地研究成果汇编
TANSUO YU CHUANGXIN：QIANHAI JINKONG BOSHIHOU CHUANGXIN SHIJIAN JIDI YANJIU CHENGGUO HUIBIAN

出版发行	中国金融出版社

社址　北京市丰台区益泽路 2 号
市场开发部　（010）66024766，63805472，63439533（传真）
网上书店　http：//www.chinafph.com
　　　　　（010）66024766，63372837（传真）
读者服务部　（010）66070833，62568380
邮编　100071
经销　新华书店
印刷　北京市松源印刷有限公司
尺寸　169 毫米×239 毫米
印张　18
字数　303 千
版次　2021 年 1 月第 1 版
印次　2021 年 1 月第 1 次印刷
定价　88.00 元
ISBN 978－7－5220－0418－1
如出现印装错误本社负责调换　联系电话（010）63263947

序　言

受前海金融控股有限公司邀请为《探索与创新——前海金控博士后创新实践基地研究成果汇编》作序，我深感荣幸。自2015年前海金控获批博士后创新实践基地以来，我有幸作为其博士后导师及博士后考核报告会评审组成员，参与并见证了前海金控博士后创新实践基地从无到有，从有到优的发展历程。

今年是一个特殊的年份，既是深圳经济特区建立40周年和前海合作区成立10周年，也是建设粤港澳大湾区和深圳建设中国特色社会主义先行示范区纵深推进的关键之年。作为"特区中的特区"，前海是习近平总书记亲自谋划、亲自部署、亲自推动的新时代国家改革开放战略平台。

前海金控在前海开发建设中应运而生，顺势而为。公司充分把握国家赋予前海的战略定位，紧紧抓住中国资本市场对外开放的历史性机遇，一路披荆斩棘，探索前行，率先落实各项金融改革创新政策。先后在证券、保险、资产管理和金融创新等方面取得重大突破，做到了多项国内领先，为前海打造"最浓缩最精华的核心引擎"贡献力量。

美国学者彼得·圣吉（Peter M. Senge）在《第五项修炼》（*The Fifth Discipline*）一书中提出"学习型组织"的管理理念，强调通过导入一个能够终生学习、具有强大适应能力，不断进行自我再造的学习型组织，持续增强企业的竞争力。他将知识管理作为建设学习型组织的重要手段。站在大师肩上，前海金控通过搭建内外联动的研究平台、业务平台与孵化平台，为企业赋予学习、适应及再造的能力，创建了具有前海特色与内涵的学习型组织，因而诞生了本书。

本书立足前海、立足行业、立足自身，作为知识凝结，把前海金控员工的个人智慧转化为集体智慧，可以让企业获得不断增强的反馈，提升系统思考的能力。本书力图通过见微知著的思考，为前海未来的发展提供启示。同时，本书对于政策制定者把握政策走向具有借鉴意义，对金融从业者开拓金融业务也有一定启发，我愿意向广大读者推荐此书。

王苏生
写在 2020 年 8 月 15 日

目 录

第一部分 金融市场类

危机下的私募股权投资基金监管问题探讨 3
前海再保险中心发展研究 14
中国发展存托凭证的思考 21
NRA 账户为依托的前海蛇口自贸片区债券创新研究 42
回归保险保障本源 服务实体经济发展 75
指数保险发展与案例分析 80

第二部分 金融创新及开放类

我国资本市场开放的现状与展望 97
我国自由贸易试验区外商投资制度改革研究 113
推动自贸试验区升级为自由贸易港的对策研究 126
金融创新推动产业转型升级——前海的实践与思考 139
人民币正式入篮 SDR 对金融创新的启发 145
香港和内地金融市场基础设施的对比及其对前海的启示 158
基于影响力债券的"政府—非营利组织—企业"三元投融资模式研究 172

第三部分 金融科技类

金融科技赋能银行业务创新转型研究 193
数字货币市场发展、风险防范及监管建议 201
我国保险科技发展趋势及前海发展保险科技的政策建议 209

第四部分 其他研究类

保险资金参与长租市场发展模式研究 221

"僵尸企业"成因分析与对策建议 …………………………………… 227
中美共享经济协作金融平台价值通路比较研究 ………………………… 243
我国金融控股公司协同治理路径研究 …………………………………… 269

第一部分　金融市场类

危机下的私募股权投资
基金监管问题探讨

陈 琛[①] 朱舜楠[②]

一、私募股权投资基金监管的必要性

私募股权投资基金主要指以非公开方式募集的、专项用于对非上市企业进行直接股权投资资金的集合。通过直接投入实体经济、与上市公司产业资本强强联合等方式，私募股权投资基金一方面可以推动产业结构的调整；另一方面可在一定程度上缓解中小企业融资约束，促进"大众创业、万众创新"战略的推进。由于缺少有效的监管措施，国内私募股权投资基金呈现出野蛮发展的局面，2011年造成巨大社会影响的"中国PE第一案"也在一定程度上揭露了监管的缺失将会对整个私募股权投资行业带来巨大的风险隐患。随着宏观经济增速逐年放缓，金融危机对实体经济的压力加剧，导致私募基金风险暴露的可能性增加，私募股权投资基金监管形势严峻。

1. "互联网+"的兴起，私募股权投资基金的募集呈现出网络化趋势，机构的数量迅速攀升，机构质量参差不齐。一是注册机构数量多，整体质量不高，发行产品的机构少。根据中国基金业协会的统计，截至2015年12月，国内已登记的私募基金管理人有25005家（包括13241家私募股权投资基金管理人），仅87家私募机构管理的资产规模超过100亿元。此外，在这些注册的机构中，真正发行私募基金产品的机构数量少。以深圳为例，截至2015年底，在中国基金业协会备案的深圳私募基金管理人中产品管理规

---

① 陈琛（1987.8— ），男，汉，湖北钟祥人，博士，中山大学与深圳市前海金融控股有限公司联合培养博士后，研究方向：私募股权投资基金流动性。

② 朱舜楠（1981.11— ），女，汉，辽宁大连人，博士，清华大学创新发展研究院博士后，研究方向：企业战略管理研究。

模为零的机构达3610家,占已备案机构数量的74.3%。二是不少私募机构填报的经营注册地址和联系方式虚假。多数注册的私募机构注册地址与实际经营地址相分离,甚至登记后处于"失联"状态,难以有效采取监管措施。三是部分私募机构注册后实际经营与私募相冲突的业务,如场外配资、P2P网络贷款、股权众筹等,监管机构难以有效监控和统计业务风险。四是一些私募机构在成立之初就没有以正常经营为目的,而是打着私募股权投资的幌子欺骗投资者,或是由于管理不当等因素,将募集到的资金挪作他用①,甚至演变成非法集资等恶性影响事件。

2. 私募基金参与人非理性。一方面,大量非合格投资者参与投资。私募股权投资的初衷是针对合格投资者,但是由于私募基金的高回报、销售人员的违规宣传及销售等②,导致越来越多的非合格投资者进入该行业③,这类投资者的风险承受能力有限,不具备足够的判断能力,也不容易发现实际承担的风险已经高出其承受水平④,一旦市场发生波动,极易引发群体纠纷。另一方面,管理人水平参差不齐,投资决策短期化。一般而言,管理人的行为决定了私募基金的表现。由于对私募股权投资的认识不够,部分管理人并不具备充分的专业知识或足够的投资经验,在基金的运营和管理过程中缺乏理性的决策,往往过高估计项目的收益,对未来风险预期不足⑤。同时,由于竞争的激烈,部分管理人风格比较激进,追求短期利润,借此吸引投资者以及募集更多资金⑥。

3. 地方政府抢夺资源。发展初期,整个行业缺少有效的监管措施,一些地方政府,如天津滨海新区、苏州沙湖、上海浦东新区、新疆维吾尔自治区、西藏等,为了吸引私募股权投资基金在当地注册、投资,各自制定了一些相关的管理规定及税收优惠和财政返还政策。各地政策的不统一,使私募股权机构容易利用各地的政策形成监管套利,不利于整个行业的规

---

① 宋征. 关于私募投资基金监管体制的思考 [J]. 证券市场导报, 2010 (11): 30 – 35.
② 梁清华. 论中国私募基金管理人注册制度的完善 [J]. 学术月刊, 2015 (1): 109 – 114.
③ Groh A., Gottschalg O. The Risk – Adjusted Performance of US Buyouts [J]. Post – Print, 2006.
④ Berger A. N., Udell G. F. The economics of small business finance: The roles of private equity and debt markets in the financial growth cycle [J]. Journal of Banking & Finance, 1998, 22 (6 – 8): 613 – 673.
⑤ 黄亚玲, 赖建平, 赵忠义. 我国私募股权基金监管刍议 [J]. 证券市场导报, 2010 (4): 67 – 72.
⑥ 程锐, 李婧, 赵妤婧. 私募股权基金监管问题研究: 美国监管制度的解读与我国监管体系的建设 [J]. 浙江金融, 2014 (3): 53 – 57.

范发展及有效监管。

4. 风险的外溢性增强。首先，一些私募股权基金缺少完善的内控机制和风险防范措施，在外部监管不健全、市场竞争激烈的情况下，一旦市场出现大幅波动，将会引发市场风险。其次，私募股权基金运作过程中过度使用杠杆。如果投资失当，造成到期不能偿还债务，将会造成风险的外溢，而杠杆的使用将会加速风险的传播，最终引发系统性风险[①]。最后，部分私募基金管理人，包括九鼎投资、中科招商、硅谷天堂等挂牌新三板，其融资额以及资金投向等引发了社会的广泛关注，同时对如何防范利益冲突等也提出了新的要求。

二、私募股权投资基金监管的相关理论

对于私募股权投资基金是否应纳入监管范围，目前业界并没有达成共识。部分学者支持不监管，一是私募股权投资面对的是一小部分合格的投资者，这部分投资者对私募的风险有充足的了解，也能够承担风险，因此不需要额外的监管[②]。二是监管意味着信息披露，过多的信息披露会导致部分不愿意曝光的私募机构出逃。部分私募机构也担心其投资策略被模仿，事实上，市场上已经出现一类公募基金，在法律允许的范围内模仿私募基金的运作方式[③]。三是私募的存在本身就与公募有区别，一旦对私募进行监管，其监管的力度必然会逐渐向公募靠拢，最终导致过度监管，影响私募行业的发展[④]。四是监管会增加成本。一方面增加了私募机构的合规成本，另一方面增加了监管机构的负担，导致一部分监管资源偏离了保护公众投资者的初衷。

监管的支持者认为，由于私募的私密性，导致其信息不对称的程度远超出公募基金。这种信息不对称不仅体现在 GP 和 LP 之间，也体现在私募与监管机构之间。一方面，PE 水平参差不齐，在声誉机制无法发挥作用的情况下，GP 和 LP 之间的信息不对称导致 LP 无法有效区别依靠管理经验和实力来运作的 GP 和依靠人脉和机遇来运作的 GP，增加了 GP 的道德风险，

[①] 张瑞彬. 海外私募股权基金监管风向的转变及其启示 [J]. 证券市场导报, 2009 (8): 18-22.
[②] 王荣芳. 论我国私募股权投资基金监管制度之构建 [J]. 比较法研究, 2012 (6): 67-71.
[③] 郭雳. 美国私募基金规范的发展及其启示 [J]. 环球法律评论, 2009, 31 (4): 90-98.
[④] Paredes T. A. Hedge Funds and the SEC: Observations on the How and Why of Securities Regulation [J]. Ssrn Electronic Journal, 2007.

不利于保护投资者。另一方面,信息不对称使私募机构和监管机构之间的传导机制失灵,导致监管机构反应滞后①,不能在风险的最初阶段介入,容易引发系统性风险,进一步增加监管的难度和监管的成本。此外,并不是所有的市场都能在缺少监管的情况下正常运行,在资本市场发展不够完善、投资者保护机制不够健全的情况下,金融监管是金融市场正常运行的一种制度保障②。

三、国外私募股权投资基金监管的变化和趋势

在私募股权投资基金的发展早期,国外资本市场对其监管也相对比较宽松。1998 年,长期资本管理公司投资失败导致被迫清盘,对市场产生强烈影响,监管机构开始注意到私募基金的风险③。随着私募基金数量的急剧上升,加之金融危机的爆发,私募股权基金潜在的风险大规模浮出水面,造成风险外溢,迫使各国开始加强对私募股权基金的监管④。在不断的摸索中,各国调整监管思路,逐步形成各自的监管模式⑤。从各国对私募股权投资基金监管的趋势来看,基本呈现出以下几个特点:

一是扩大监管的范围。美国政府在其最新的金融监管改革法案(《多德—弗兰克华尔街改革与消费者保护法案》)中删除了早期针对私人投资顾问的豁免条款,强制规定私募基金在证监会进行注册,并对机构进行了前端分类,只允许部分资金少、杠杆低、风险外溢性小的私募基金享受豁免规定,如管理规模不超过 1500 万美元的小型私募基金、风险投资基金、符合条件的外国投资顾问以及只面向家庭成员的家庭式私募基金等。

二是强调信息披露的充分性。美国的《金融监管改革法案》要求在证监会注册的私募基金管理人进行信息披露,涵盖了管理资产的规模和种类、使用杠杆的情况、资产托管情况、基金交易及投资策略以及私募机构内部治理等信息,美国证监会通过制定 ADV 和 PF 等监测表格,要求私募基金管

---

① 张波. 监管分立与金融综合化冲突下的私募基金横贯规制 [J]. 财经科学, 2012 (6): 10 - 17.
② 宋芳,柏高原. 美国私募基金监管法律制度研究及对我国的启示 [J]. 理论与现代化, 2012 (5): 91 - 96.
③ Lowenstein R. When genius failed: the rise and fall of Long-Term Capital Management [M]. Random House, 2000.
④ Paredes T. A. On the Decision to Regulate Hedge Funds: The SEC's Regulatory Philosophy, Style, and Mission [J]. Ssrn Electronic Journal, 2006 (5): 975 - 1036.
⑤ 刘翔峰. 私募基金监管的国际经验 [J]. 中国金融, 2013 (10): 53 - 54.

理人定期报送。英国也将信息披露置于突出的位置，旨在通过规范信息披露，实现对私募基金的实时监管，并出台了《私募股权投资信息披露和透明度指引》①。欧盟的《另类投资基金管理人指令》也要求私募基金行业提高透明度②。

三是强调管理人资格。美国对私募基金管理人的监管要求与公募基金的要求没有差别，均需遵守同样的监管规则，包括配备首席合规官、定期报送信息及接受证监会现场检查；香港主要通过行政监管的手段管理私募基金业务，根据《证券及期货条例》以及《牌照资料册》的相关规定，从事私募基金销售、咨询、顾问、资产管理的管理人必须持牌上岗，并接受香港证监会的监管。

四是强调政府监管与行业自律的协同。如美国形成了在法律框架下的行业自律监管模式，由法律规定私募机构是否符合豁免规定，私募的运营等活动则主要靠行业自律来进行约束，控制系统性风险；英国则形成了以自律监管为主，法律监管作为补充的监管框架，由行业协会制定相关的监管规则，在获得监管机构认可的基础上执行，加强信息披露③。

表1 危机后国外私募股权投资基金监管变化情况

国家或地区	监管模式	最新监管规则	危机后监管趋势	监管主体
美国	自律为主	2010年《多德—弗兰克华尔街改革与消费者保护法案》	趋紧，扩大监管范围、加强信息披露	证监会、小企业管理局、美国风险投资协会
英国	行业自律为主、法律监管作为补充	2007年《私募股权投资信息披露和透明度指引》、2008年《对冲基金标准管理委员会标准》	趋紧，加强信息披露	金融服务管理局、英国风险投资协会
欧盟	审慎监管	2009年《德拉罗西埃报告》、2010年《另类投资基金管理人指令》	趋紧，加强注册、信息披露等监管	欧洲系统性风险委员会、欧洲金融监管者体系

---

① Macneil I. Private equity: the UK regulatory response [J]. Capital Markets Law Journal, 2007, 3 (1): 18 – 31.

② Mccahery J. A., Vermeulen E. P. M. Private Equity Regulation: A Comparative Analysis [J]. Journal of Management & Governance, 2010, 16 (2): 197 – 233.

③ 丁世国，张保银. 我国私募股权投资基金的监管问题与对策研究 [J]. 经济问题探索，2012 (12): 110 – 114.

四、国内私募股权投资基金的监管现状

1. 2013年以前,国内缺少明确的监管主体,监管几乎处于空白。

在此阶段,由于法律制度缺位、监管职责划分不清晰、监管主体之间不协调,私募股权投资基金基本处于监管的灰色地带,导致大量私募基金无序发展。

2. 2013—2015年,监管萌芽阶段,确定了私募基金的合法地位,明确了监管主体,监管开始步入正轨,行业自律的监管体系逐步建立。

2013年,修订后的《证券投资基金法》首次将非公开募集基金纳入监管范围,初步形成了一个与公募基金有区别的监管框架。一是明确了合格投资人定义,强调非公开募集人数不能超过200人;二是规定基金应当履行托管手续;三是要求私募基金管理人按规定向中国基金业协会进行备案;四是禁止公开宣传和推介;五是规定私募基金合同的相关内容。但是这些都只是一些原则性的规定,且仅针对的是证券投资类私募基金,对于私募股权投资基金的监管仍然没有明确。

2013年6月,中央编办正式发布《关于私募股权基金管理职责分工的通知》,文中正式将私募股权投资基金划归中国证监会监管,并提出要适度监管,切实保护投资者利益。此外,经中央编办同意以及中国证监会授权,私募基金管理人的登记以及私募基金的备案工作等由中国证券投资基金业协会负责,同时履行自律监管职能。至此,私募股权投资基金有了明确的监管主体,基本形成了以自律监管为主、行政监管为辅的私募股权投资基金监管体系。

2014年1月,中国证券投资基金业协会正式发布《私募投资基金管理人登记和基金备案办法(试行)》(中基协发〔2014〕1号),在私募基金管理人登记、私募基金备案、从业人员管理、信息报送、自律管理等方面做出了具体规定,初步建立了以登记备案为中心的市场化自律监管机制。

2014年8月,《私募投资基金监督管理暂行办法》(中国证券监督管理委员会令第105号)正式公布,除了对私募基金的登记备案、合格投资者、私募资金募集、私募基金投资运作等问题进行了规范之外,还对行业自律提出了要求。

3. 从2016年开始,监管进入了严厉阶段,各种监管政策频繁推出。

2016年2月,中国基金业协会接连发布《私募投资基金管理人内部控

制指引》《私募投资基金信息披露管理办法》《关于进一步规范私募基金管理人登记若干事项的公告》（中基协发〔2016〕4号）等自律文件，为私募基金管理人的内部控制等提供了明确的指引；对信息披露的时间及内容等提出了更加严格的标准和要求；明确给出了私募基金管理人基金登记备案的时限等。

2016年4月，中国基金业协会进一步发布《私募投资基金募集行为管理办法》，明确私募的募集行为标准，围绕合格投资者制度之一私募监管的核心问题，对如何确定合格投资者、如何宣传推介等做了详细的说明。募集门槛的提高会在一定程度上形成行业标准，对于保护投资者、提升整个私募行业的运营环境等起到推动作用。

表2 私募股权投资基金相关监管规则一览

发布时间	文件名称	发布机构	执行时间	主要内容
2012年12月28日	《证券投资基金法》	全国人民代表大会	2013年6月1日	将非公开募集基金纳入调整范围
2013年6月27日	《关于私募股权基金管理职责分工的通知》	中央编办	2013年6月27日	明确中国证监会是私募股权投资基金的监管部门
2014年1月17日	《私募投资基金管理人登记和基金备案办法（试行）》	中国证券投资基金业协会	2014年2月7日	在私募基金管理人登记、私募基金备案、从业人员管理、信息报送、自律管理等方面提出规范
2014年8月21日	《私募投资基金监督管理暂行办法》	中国证券监督管理委员会	2014年8月21日	在私募基金登记备案、合格投资者、资金募集、投资运作、行业自律、监督管理等方面做出说明
2016年2月1日	《私募投资基金管理人内部控制指引》	中国证券投资基金业协会	2016年2月1日	提出私募基金管理人内部控制基本要求
2016年2月4日	《私募投资基金信息披露管理办法》《私募投资基金信息披露内容与格式指引1号》	中国证券投资基金业协会	2016年2月4日	提出私募基金信息披露相关规定

续表

发布时间	文件名称	发布机构	执行时间	主要内容
2016年2月5日	《关于进一步规范私募基金管理人登记若干事项的公告》	中国证券投资基金业协会	2016年2月5日	取消私募基金管理人登记证明、加强信息报送相关要求、要求提交法律意见书、明确高管人员基金从业资格相关要求
2016年4月15日	《私募投资基金募集行为管理办法》《私募投资基金投资者风险问卷调查内容与格式指引（个人版）》《私募投资基金风险揭示书内容与格式指引》	中国证券投资基金业协会	2016年7月15日	明确私募基金募集程序、规范募集行为
2016年4月18日	《关于发布私募投资基金合同指引的通知》	中国证券投资基金业协会	2016年7月15日	对公司制、有限合伙制、契约制私募投资基金合同提供规范

总体来说，近两年私募基金的监管在摸索中不断前进，初步形成了以行政监管和自律监管相结合的监管框架，但是过快的发展导致监管体系跟不上私募基金行业的发展速度，监管政策的逐渐收紧也面临着来自市场各方面严峻的挑战，对私募股权投资的监管提出了新的要求。

五、国内私募股权投资基金监管存在的问题

1. 备案强加时限，导致私募机构保壳，短期内推出大量产品。

根据《关于进一步规范私募基金管理人登记若干事项的公告》［2016（4号文）］，新登记的私募基金管理人需要在登记完成之后的6个月内备案1只私募基金产品；已登记满一年且仍未登记任何私募产品的需在2016年5月1日前完成首只私募产品的备案；登记未满一年且尚未登记任何私募产品的则需在2016年8月1日前完成首只私募产品的备案，否则将会被注销私募基金管理人资格。按照此规定，将有2931家私募基金管理人需要在5月1日前备案首只私募产品，其中股权投资基金1884家，占比64.28%；14557家私募基金管理人需要在8月1日前备案首只私募产品。也就是说，从公告发布当日起至2016年8月1日，如果所有私募基金管理人都按照规

定进行保壳,将会有至少 17488 只新的私募产品出现在市场,一方面对资金的需求量大幅增加,可能会诱发各种违规募集行为;另一方面会缩短私募基金管理人的前期调研及可行性研究时间,降低私募产品的质量,如果市场波动容易引发社会风险,最终损害的仍是投资者利益,与监管的首要目标相悖。

2. 监管"一刀切",增加私募机构的制度成本。

私募投资基金的监管原则是实现在统一立法基础上的分类监管,证监会也提出要重点监测管理规模较大的基金管理机构,对于管理规模较小的基金管理机构则按照问题导向的原则,基于投资者投诉、举报等线索进行查处。《私募投资基金监督管理暂行办法》中对创业投资基金进行了特别规定,并提出根据私募基金管理人的信用状况进行差异化监管。但是,从中国证券投资基金业协会发布的《关于进一步规范私募基金管理人登记若干事项的公告》以及部分地区暂停投资类企业工商登记来看,并没有体现出对私募股权投资机构的事前分类分级,即缺少对私募机构的前端分类,导致部分私募股权投资管理人的制度成本大幅上升,同时也增加了监管人员的负担。

3. 缺少监管协调机制,监管滞后严重,不利于及时发现风险。

目前的监管体系里明确中国证监会是私募股权投资基金的行政监管部门,中国证券投资基金业协会履行私募基金的自律监管职能。第一,由于私募股权投资基金在短期内的迅速发展,私募股权投资基金统一法规的缺失,导致各个监管部门间容易引起监管冲突或存在监管真空;第二,没有建立起与工商部门、税务部门、公安系统等的协调监管机制,未能充分利用监管大数据,形成有效的风险预警体系;第三,托管人没有充分发挥其审慎监督职能,未能对私募基金管理人进行充分的核查,实际上对私募股权基金等进行了变相增信,误导了投资者。

4. 存在监管盲区,非法募集形式层出不穷。

从对几家网贷平台的线上和线下咨询发现,市场上确实存在着各种非法募集行为。一方面,由于违规成本较低,已登记备案的私募机构通常选择性地在基金业协会上备案产品,并以此为增信措施,私下向投资者推销其未备案的私募产品,游离在监管之外。另一方面,不少私募基金通过网络平台销售线上产品,募集资金后再以该产品的名义投资私募基金,也有部分网络平台变相提供私募基金分拆转让业务,实质上构成通过互联网公开向不合格投资者销售私募基金产品。

六、关于私募股权投资基金监管的建议

从经验和定位来看，美国的私募基金行业是处在金融领域的顶尖，是一种高级的金融业态，根据美国证监会发布的首份私募基金行业统计报告，截至2014年12月，美国共有2694家基金管理人，管理着接近10万亿美元的资金。相反，国内则呈现出全民私募的趋势，注册登记的私募基金管理人数量是美国的10倍左右，管理规模和管理水平参差不齐。在借鉴国外私募基金监管经验的基础上，还应根据国内私募基金行业发展的阶段和现状，采取切实有效的监管措施。

1. 对私募股权投资基金分类分级，实行差异化监管。

在私募机构注册登记时就明确其用途，包括专门用于项目投资的工具性公司、用于自有资金投资的公司以及真正涉及募集行为的私募机构等，同时可从私募基金的规模、涉及投资者人数等角度对私募股权投资基金管理人进行分类分级，并根据分类分级情况，在注册资本、专业人员等方面设立不同的门槛，对私募股权投资基金实行差异化的备案和监管制度。在用途方面，从基金业协会备案的情况来看，目前私募基金管理人大部分都同时从事私募证券投资和股权投资业务，统一监管是必要的，但是对于一些在登记信息中声明只从事私募股权投资的基金管理人，或符合豁免规定的私募股权投资基金，可采取特殊规定，实行差异化管理，从源头上对私募股权投资基金进行分类，减少私募机构的合规性成本以及监管机构的监管成本，既能对行业进行监管，防范金融风险，又能促进行业健康有序发展，对中小微企业提供资金支持。在规模方面，可根据美国经验，管理规模超过一定规模，如10亿元，需遵守中国证监会的监管规章制度，在监管力度和检查频率上接受较大程度的监管，管理规模不足10亿元的私募股权基金管理人，则直接在私募基金管理人注册地政府监管部门进行登记，接受当地政府的监管，充分发挥各地方监管机构和地方协会的作用。

2. 建立私募基金管理人牌照制度，强化信息披露。

私募面对的是具有较强风险偏好和风险承受能力的合格投资者，但是并不意味着不需要监管。作为整个金融行业最高级的业态，私募股权投资基金管理人不仅需要有一定水平的投资管理经验，还需要具备一流的投后管理能力并能够为被投企业带来增值服务，实际上比公募基金管理人有更高的要求。在管理人资格方面，可借鉴香港经验，对私募股权投资基金管

理人实行牌照管理制度,要求管理人遵循和公募基金一样的监管规则,提高私募股权投资基金管理人的门槛,从源头上保证行业的专业性。在信息披露方面,可借鉴美国经验,要求管理人定期报送数据并接受证监会的不定期现场检查。另外,现阶段可借鉴英国经验,在私募股权投资基金信息披露和透明度要求上提供指引,通过行业自律的形式规范私募股权投资基金管理人的行为,当行业信息披露标准达到《证券法》和《全国中小企业股份转让系统挂牌公司信息披露细则》的规定时,及时恢复私募股权投资机构挂牌上市,实现扶优限劣。

3. 加强监管信息的共享与匹配,实现协同监管。

目前对私募股权的监管,主要是靠证监会的行政监管以及基金业协会及地方基金业同业公会等的自律监管,各行政监管和自律监管单位之间缺少协同,存在不少工商信息变更、基金业协会备案信息没有更新的情况。建议搭建私募股权投资基金监管信息平台,将私募管理人登记备案信息、持牌机构托管信息、证监会现场检查掌握的信息归集起来,与市场与质量监管部门、公安等部门归集的私募机构工商登记、税务、社保、实际控制人出入境、银行代销业务流水等信息共享,形成交叉匹配,同时结合投资者投诉、举报、网络舆情、媒体报道等手段,建立风险预警和防范体系,提高私募股权投资基金风险监测的前瞻性。

4. 强化投资者教育,优化合格投资者。

监管的最终目的是维护市场稳定,保护投资者。目前,国内私募股权投资基金的投资者多为个人投资者,一方面资金来源短期化、流动性需求高,不符合私募股权投资长期性的特点;另一方面投资行为尚不成熟,对风险的意识缺乏,容易形成群体性风险,倒逼私募基金管理人的短视行为和投机行为。建议通过网络、媒体、报刊等公开渠道加深投资者对私募股权投资基金的了解,建立私募股权投资基金典型案例库,加强投资者教育,变事后监管为事前防范,同时避免单一从资金层面确定合格投资者。

5. 进一步完善私募股权投资基金监管法律法规和自律规范。

目前基金业协会的大部分自律条例都是基于《证券投资基金法》和《私募投资基金监督管理暂行办法》发布的,对私募股权投资基金的监管缺少一些特定的、清晰明确的规定,监管依据不充分。建议结合目前的监管工作等,抓紧修订或出台新的私募股权投资基金监管的法律法规和自律规范。

前海再保险中心发展研究

刘 洋[①]

再保险作为保险市场的"安全阀"和"调控器",对我国建设新兴保险强国和维护保险体系安全稳定具有重要作用。再保险凭借其资本密集和技术密集优势,能不断拓展原保险行业的承保边界和风险管理能力。但相较发达国家,我国再保险行业仍面临市场规模小、主体数量偏少、产品和技术创新能力弱以及地域分布不合理等诸多问题。为推动我国再保险行业进一步发展,参考其他保险强国发展经验,我国应采取扩大再保险市场规模,增加再保险市场主体,建设区域性再保险中心等措施。本文就建设区域性再保险中心面临的问题和具体实施路径,通过分析伦敦、新加坡等世界主要再保险中心和上海再保险中心发展经验,结合前海的区位优势、政策优势、金融基础等有利条件,为前海再保险中心发展提出建议。

一、区域再保险中心的内涵

再保险市场是指由买方、卖方、中介及市场环境、市场组织、市场管理等从事再保险业务活动的再保险交换关系的总和。目前,国内外学术界对"再保险中心"尚未形成明确的定义,通过参考伦敦金融城对"国际金融中心"的定义并结合再保险市场自身的发展特点,我们可以认为再保险中心是保险、再保险和中介机构大量聚集,原保险和再保险市场发达、开放充分、竞争有序、交易频繁、以国际化城市为基础的中心城市。再保险中心通常是交通便利、贸易繁荣、信息发达、人才集聚的发达地区,原保险和再保险机构以此为基础进行集中交易和清算。目前,国际公认的再保险中心有伦敦、新加坡、百慕大等。

[①] 刘洋(1981—),男,内蒙古呼和浩特人,哈尔滨工业大学与深圳市前海金融控股有限公司联合培养博士后,研究方向:再保险中心发展。

参照以上城市的经验，再保险中心主要有四个特征：一是具有较大的市场规模。在原保险、再保险、保险中介机构、从业人员、保费规模、再保险产品数量和品种等方面都具有明显的数量优势。例如，伦敦再保险中心约有200家保险公司、50家再保险公司、200家保险经纪公司以及精算师、律师、会计师等专业服务人员。二是具有较高的运营效率。原保险和再保险业务由市场运营，能够迅速和高效地分散风险，准确和完善地披露市场消息。三是具有较为稳定的金融市场环境。主要包括健全的法制体系、有效的监管规则、稳定的政治和经济环境以及可控的金融风险。四是具有较高的国际化程度。再保险业务是国际化程度很强的行业，因此再保险中心运营应具备国际化的理念，与国际接轨的制度、资金、人员流通便利，以及开放包容的文化氛围。

二、我国再保险中心发展面临重大机遇

再保险是我国为加入世界贸易组织所做的一系列承诺中开放幅度最大的领域。当前，我国再保险市场呈现中资再保险公司与外资再保险公司多元化竞争发展的格局。在我国已成为全球第二大保险市场和监管层对再保险业大力支持的背景下，再保险产业已步入高速发展的黄金时期。截至2016年底，我国共有6家中资再保险公司、8家外资专业再保险公司和200余家境外再保险公司。社会资本、原保险公司、离岸再保险公司纷纷在国内设立再保险公司，中资再保险公司"一家独大"的局面已有所改变。同时，2016年以来，已有前海再保险公司、人保再保险公司两家公司获批开业，还有包括亚太再保险、华宇再保险、天圆再保险等在内的25家公司正在排队申请再保险牌照。根据相关机构预测，未来5~10年，我国再保险市场将迎来黄金发展期，至2020年再保险市场规模将达到3000亿元。

三、我国再保险中心发展现存问题

（一）再保险供给主体较少

目前，我国再保险公司共有11家，即中再集团、前海再保险、人保再保险和其他8家在中国境内注册分公司的境外再保险公司。其中，只有5家公司专门从事再保险业务，我国专门从事再保险业务的内资公司只有中再

和前海再保险等3家。同时，我国再保险市场具有垄断性特征，中再集团占有国内市场近8成的份额，这在一定程度上导致我国再保险市场有效供给不足及市场结构单一，直接影响了承接原保险的能力，进而阻碍了我国再保险市场规模的扩张。

（二）原保险风险意识不足

近年来，我国保险市场发展迅速，2016年全国保费收入为3.1万亿元，行业总资产达到15万亿元，实现利润3650亿元，但保险公司普遍存在对承保业务风险管理意识不强的问题。此外，虽然我国保险市场正处于规模扩张期，但保险公司关注重点通常是抢占市场份额，相对忽视维持财务稳健和控制经营风险，再加上存在投机和侥幸心理，宁愿承担风险也不愿将保费进行分保，导致我国原保险公司分保需求较低，影响了我国再保险业务的发展。

（三）资金自由流动受限

资金自由流动是建设再保险中心的重要条件之一。因为再保险国际化程度较高，所以其业务涉及较多跨境资金流动，因此再保险中心只有在保证资本自由流动、货币自由兑换的条件下，才能提高对外开放程度，顺利开展国际业务。目前，虽然我国已将再保险纳入经常项目可实现自由兑换，但在实际业务操作中依然受外汇管制。例如，根据《保险业务外汇管理指引》，目前我国境内保险机构的跨境再保险外币保费收入是无法结汇的，同时由于国内投资渠道相对狭窄，这将在一定程度上致使资金投资收益降低。如果将资金通过QDII、港股通等渠道进行境外投资，就会因其资源稀缺而受额度限制，导致再保险企业资金运用效率下降。

（四）产品和技术创新能力不足

在保险业全球化和创新化发展的背景下，世界主要的再保险集团均可提供涵盖各种风险及满足客户多样化需求的产品。同时，国外巨灾债券、回溯式再保险、侧挂车等另类再保险业务也正逐渐兴起。但目前我国再保险公司仍多将财产险、车辆险等传统业务作为主营业务，技术含量较高、比例分保比重较大的超额分保业务规模较小。这在一定程度上反映了我国再保险业的技术能力不足，市场创新不够，产品开发能力不足，从而导致我国再保险产品供给存在结构性缺陷。

（五）专业再保险经纪机构短缺

相较于欧美发达国家，我国再保险业发展时间较短，体系还不够完善，尤其缺乏再保险业务链条中比较重要的环节——再保险经纪人。再保险经纪人作为原保险公司和再保险公司间的中间环节，其任务主要是帮助两者建立业务关系。由于再保险业务具有高度的技术性和专业性，在国际上有相当一部分再保险业务是通过再保险经纪机构的居中斡旋而达成。但目前我国再保险市场中再保险经纪人严重缺乏，导致原保险公司和再保险公司双方均难以准确衡量彼此承担的风险，对再保险业务的达成造成了阻碍。

四、前海再保险中心的发展优势

从新加坡、伦敦等国际再保险中心建设经验可发现，发达的原保险市场和再保险市场是再保险中心形成的重要条件，原保险和再保险间的供求关系决定了再保险业务发展的基础。在集聚效应的作用下，保险机构会主动向经济、金融发达的地区汇集，在获得更多市场资源的同时，也可提供高质量的原保险和再保险服务。因此，再保险中心的形成需要两大基础条件：一是需要该地区拥有发达的经济基础，并在此基础上产生的巨大保险需求；二是需要该地区拥有交通、贸易、信息、人力等完善的硬件基础设施和法律法规、要素交流的制度软件环境。综合来看，前海依托广东省和深圳市雄厚的经济实力、保险业基础及相对完善的制度环境，已初步具备了建设区域再保险中心的内外部环境优势。

（一）政策支持

为推动再保险行业进一步发展，国务院于2014年8月出台《关于加快发展现代保险服务业的若干意见》，提出"加快发展再保险市场，增加再保险市场主体，发展区域性再保险中心"。当月，中国保监会发布《关于深化深圳保险创新发展试验区建设 加快前海开发开放的8条政策》，提出"推动建设再保险中心，支持设立各类再保险机构及为保险业发展提供配套服务的专业机构"。同年12月，中国保监会召开再保险发展专题工作会议，提出建设上海和前海两个再保险中心的工作目标。同时，前海保险业在政策内容创新性和含金量方面是较为领先的，这为前海加快再保险中心建设提供了强有力的政策保障。此外，跨境贷、跨境债、跨境股权投资等金融创新政策体系日益完善，也为建设再保险中心提供了有利的制度创新氛围。

（二）外部环境

首先，前海位于广东省经济最为发达的珠三角腹地，依托深圳，毗邻港澳，经济基础雄厚。深圳经济总量位居全国前列，是内地经济最为发达的城市之一。深圳的人均GDP、贸易出口额、专利申请量等指标均居于全国首位。广东省、深圳市巨大的经济总量为前海再保险业的发展提供了坚实的支撑。其次，前海具备良好的交通条件。在陆路交通方面，前海被"广深高速""沿江高速"和多条地铁线所覆盖，市内及城市间交通快捷便利；在海上交通方面，前海紧邻西部客货运港口群；在航空交通方面，前海距深圳机场、香港机场均只有1小时车程。前海通过便捷的高速交通网，拉近了与港澳及珠三角其他城市间的距离，具备了成为珠三角经济核心和深港合作前沿的基础条件。最后，前海可依托香港发达的信息资源和高素质的人才支持。香港作为国际金融中心，拥有发达的国际金融、贸易、航运业务，高度发达的产业基础使其具备了大量信息资源和深厚的人才基础，从而为前海再保险中心建设提供了强有力的支撑。

（三）内部优势

前海被誉为"特区中的特区"，实行了一套相比经济特区更加特殊的先行先试政策。近年来，前海出台了多条创新政策，涉及人民币跨境使用、金融机构和金融监管的创新。同时，前海作为国家唯一的金融业对外开放试验示范窗口、跨境人民币业务示范区、法治示范区，制度创新十分活跃，具备了良好的金融法治环境和地方政府公共服务能力，为再保险中心的建设提供了良好的金融生态环境。另外，近年来深圳市已成为我国保险业发展最具活力和潜力的市场之一。截至2016年底，深圳市保险法人机构总资产已达3.6万亿元，仅次于北京市，位居全国第二，共有保险法人机构25家（含筹建），保险分公司72家，专业保险中介机构127家，机构集聚程度高。而前海是深圳市保险持牌机构较为集中的地区。截至2016年底，注册在前海的保险公司、保险资管、保险中介等法人机构共有12家（2家保险公司，2家保险资产管理公司，8家保险中介机构）。其中，既有注册资本达190亿元的安邦财险，还有前海保险交易中心等新型要素交易平台。迅速发展的原保险市场为前海建设再保险中心提供了基础保障。

五、前海再保险中心发展建议

（一）夯实业务基础

1. 增加再保险市场供给主体。一是鼓励原保险企业兼营再保险分入业务。目前，我国再保险市场供给以专业再保险公司为主，只有约1/3的原保险公司兼营再保险业务。其主要原因是原保险公司间出于竞争关系而保护彼此的商业机密。为扩大前海再保险市场规模，鼓励前海原保险企业兼营再保险分入业务，前海可考虑制定相关政策加强原保险企业间的横向保险关系，吸引更多的原保险公司参与再保险互惠业务往来。同时，前海还应积极引导原保险公司转变经营理念，帮助其认识再保险业务不仅可转移风险，还可成为盈利渠道，协助原保险公司利用其技术专长和渠道优势挖掘资本潜力参与分入业务的经营。此外，前海可考虑建立平台，为原保险企业间的信息交流提供便利，使其形成相互信任、相互合作、共同发展的良性循环，进而共同提高承保业务质量。

二是引导社会资本进入再保险行业。当前，我国再保险企业无论是在企业规模、资本实力还是专业技术上较世界一流企业都存在较大差距。与此同时，近年来，我国面临流动性过剩问题，大量社会资本无法获得合适的投资标的。因此，前海应考虑利用先行先试的政策优势争取降低再保险市场准入门槛，放开资金来源行业限制，引导社会资本进入再保险行业，扩充前海再保险行业资本实力。

三是吸引再保险机构入驻前海。前海再保险中心的发展需形成以专业再保险公司为主导，再保险集团、可开展再保险业务的原保险公司、再保险中介机构、自保公司等多种主体并存的再保险发展生态环境，构建再保险产业规模经济，发挥再保险产业集聚效应，打造前海再保险市场公平竞争、共同发展的格局。因此，前海应充分利用自身优势，提供优惠条件，吸引国内外保险机构在前海成立再保险分公司、子公司、中介服务机构，以此增加前海再保险供给能力。

2. 开展巨灾保险业务。当前，世界正处于灾害多发期，广东省作为我国经济高度发达地区，一旦发生大规模自然灾害，必将面临巨大的经济损失。而这种巨额损失是保险公司难以负担的，必须通过再保险公司来转移和分散风险。因此，前海应开展巨灾保险业务，通过鼓励区内再保险公司与其他金融机构合作管理巨灾保险基金和依托交易所开展巨灾保险资产证券化业务等途径建立前海巨灾保险制度。

3. 发展自保市场。成立自保公司有助于再保险市场业务的多元化发展。随着我国"一带一路"倡议的推进以及中国企业逐步走向海外，越来越多的境内大型实体企业需要通过成立自保公司来管理系统内风险。前海应抓住机遇，争取适当放宽区内成立自保公司的行政许可门槛，为其发展创造有利条件及优惠政策，将前海打造成为国内自保公司集聚中心。

4. 发挥深港合作优势。前海作为深港现代服务业合作区，依托香港的金融资源是其独特的区位优势。前海再保险业既可通过香港金融中心和再保险中心加强与国际主要再保险市场的联系，也可充分引进香港再保险市场的资金、技术和人才。一方面，可发展跨境人民币再保险。前海可通过深化深港合作，开展人民币跨境再保险业务，鼓励保险机构依托前海平台，开展跨境人民币再保险以及其他全球保单分入业务，促进国际再保险业务、机构、人才、技术向前海汇集，为"走出去"的中国海外企业提供风险保障。另一方面，建议允许前海保险企业赴香港发行债券。目前，前海存在保险企业规模小、资本金不足的现象，为使前海保险业快速发展，应首先解决保险企业的融资难问题。前海以及监管机构应利用深港合作区的优势帮助前海保险企业赴港发债，给予其更多的专项政策支持，如给予一定额度的贴息及债务额度等。

（二）优化制度环境

1. 制定合理税收优惠制度。前海可借鉴新加坡、百慕大有关再保险企业的税收优惠措施，并结合前海深港现代服务业合作区企业所得税和个人所得税税收优惠政策，降低再保险企业税负，为区内企业提供融资咨询和税务筹划等差异化服务，协助区内企业申请前海现代服务业综合试点专项资金和前海产业发展资金。

2. 建立再保险服务机构。前海可借鉴上海自贸区有关再保险的法律法规与政策措施，并结合前海自身特点，推动专业型保险中介等服务机构以及从事再保险业务的社会组织在前海落地，建设具有再保险中心和保险资金运用中心等功能型保险机构。同时，前海应加强与有关部门的联系与合作，争取更多政策资源，提升前海再保险中心的竞争优势。

中国发展存托凭证的思考

余 臻[①] 周开国[②]

一、引言

当前,我国经济进入新常态,经济上升动力和下行压力交织,新旧动能接续转换,要完成产业转型升级,需要新动能异军突起,新动能需要资本市场提供动力。2018年1月底召开的证监会系统2018年工作会议提出,以服务国家战略、建设现代化经济体系为导向,吸收国际资本市场成熟有效有益的制度与方法,改革发行上市制度,努力增加制度的包容性和适应性,加大对新技术新产业新业态新模式("四新")的支持力度。随后,包括交易所在内的多个监管部门赴京沪深等地调研高新技术企业,听取互联网、智能制造、生物医药、生态环保等领域企业对资本市场更好服务创新创业的意见建议。2018年2月底,有券商称证监会将对生物科技、云计算、人工智能、高端制造四大新兴产业中符合相关规定的独角兽企业给予上市支持。"两会"期间,全国人大代表、深交所总经理王建军表示,证监会和交易所正在抓紧推进对新经济"独角兽"企业在境内市场发行上市提供条件,做试点和准备工作,深交所层面的规则准备已经基本完成,上交所同样表示拥抱新经济是2018年的重点任务。

从360回归A股和富士康创造从招股书申报稿上报到过会仅36天的IPO新速度来看,证监会对"四新"企业上市制度改革持开放态度,腾讯、京东、百度、网易、搜狗等多个互联网企业也表示希望能够回到A股。"四

[①] 余臻(1987—),男,管理学博士,前海金融控股有限公司与中山大学岭南(大学)学院联合培养博士后(应用经济学专业),研究方向:资本市场开放。
[②] 周开国(1976—),男,金融学博士,中山大学岭南(大学)学院教授、博士生导师,研究方向:金融市场、公司金融、金融风险管理。

新"企业由于盈利情况达不到在境内上市的条件、存在同股不同权等问题，且大部分接受了境外 VC/PE 的投资，往往搭建 VIE（Variable Interest Entities，可变利益实体）结构在境外或准备在境外上市，这些企业如果拆除 VIE 结构再回 A 股上市，将耗费大量时间和经济成本，存托凭证（Depositary Receipt，DR）这一工具具有法律障碍小、机制灵活、适用面广、成本低等特点，有望成为"四新"企业回归 A 股的首选。

2018 年 3 月 30 日，《国务院办公厅转发证监会关于开展创新企业境内发行股票或存托凭证试点若干意见的通知》（国办发〔2018〕21 号）发布，提出创造条件引导创新企业发行股权类融资工具并在境内上市；2018 年 5 月 4 日，证监会就《存托凭证发行与交易管理办法》公开征求意见；2018 年 5 月 22 日，中国结算公司就《存托凭证登记结算业务细则》公开征求意见；2018 年 6 月 6 日，证监会发布《存托凭证发行与交易管理办法（试行）》等规章及规范性文件；2018 年 6 月 11 日，小米集团公开发行存托凭证招股说明书在证监会官网公示，适时推出的沪伦通也将采用存托凭证形式，中国存托凭证（Chinese Depository Receipt，CDR）渐行渐近。存托凭证在中国是新生事物，因此研究存托凭证的特点、国外的发展情况和经验、CDR 的发展思路等问题，就显得极为迫切。

二、国内外研究综述

存托凭证由 JP 摩根公司于 1927 年首创，在境外已发展近百年，目前除了欧洲，美国、日本、新加坡、中国台湾及中国香港等国家或地区都已推出存托凭证，因此国外有不少文献对存托凭证进行实证研究。CDR 最早由中国香港特别行政区政府于 2001 年 5 月提出，建议以香港上市的红筹国企为试点，允许海外上市公司在内地股市发行存托凭证，进而推动红筹股和 H 股的交易，带动整个香港股市，不过由于种种原因 CDR 一直迟迟未能落地。因此国内关于存托凭证的研究主要集中在 2002 年前后，重点对中国推出存托凭证的必要性、可行性和需要突破的政策障碍进行研究。

关于发行存托凭证对发行公司的影响，Karolyi（1998）发现公司发行存托凭证后，其股价有显著正面反应，风险降低，流动性增加。Callaghan、Kleiman、Sahu（1999）发现美国存托凭证（American Depository Receipt，ADR）不管是首发上市还是定向增发，其短期和长期的市场调整表现都是正的，与普通股形成鲜明对比，而且来自新兴市场的公司的表现优于来自发达地区的公司。Miller（1999）发现当公司以存托凭证形式实现第二次上市时，其基础股票的价格将有显著反应，反应程度和存托凭证挂牌的交易所、上市地区（发达市场还是新兴市场）、融资方式（公募还是私募）都有关系。Schaub、Highfield（2004）发现在熊市发行的存托凭证，不管是首发还是增发，其短期和长期表现都优于大盘。关于存托凭证对投资者的意义，Alaganar、Ramaprasad（2001）发现存托凭证是比直接购买境外股票和境外指数更优的投资选择，因为存托凭证的定价效率更高、交易成本低，且不容易受美国市场影响。

关于存托凭证和基础股票价格的关系，Tsai、Li（2004）发现，对于自由进入的市场（中国香港），存托凭证和基础股票的价格满足长期均衡，而对于有管制的市场（中国台湾），这种均衡并不存在。Suarez（2005）用高频数据研究存托凭证和基础股票间的套利机会，发现虽然会有价格偏离产生的套利机会，但这种机会并不经常出现，存托凭证和基础股票的价格会趋于一致。Chung、Ho、Wei（2005）发现存托凭证和基础股票的价格满足非线性均值回复关系。彭华（2014）以中国台湾地区存托凭证为样本，发现存托凭证的价格和基础证券的价格具有联动性，价格偏离意味着套利机会，也终将回归正常。Gupta、Yuan、Roca（2016）研究了金砖国家公司的ADR和其母国宏观经济状况的关系，发现对于巴西和中国，在长期来看，经济增长会驱动ADR收益率，ADR市场和本地股票市场长期走势是一致的。Wu、Hao、Lu（2017）发现美国市场的投资者情绪对ADR的误定价的影响强于本地市场情绪，特质风险对误定价的影响强于投资者情绪，本地市场的高情绪增加了特质风险对ADR误定价的影响。

关于发行者为何选择存托凭证和选择怎样的存托凭证，Karolyi（2004）发现发行存托凭证的公司其基础股票的市值和流动性都有改善，但对未发行存托凭证的公司却有负面溢出效应，它们的市值和换手率都下降，作者给出的解释是公司选择发行存托凭证既不能促进，也不会阻碍本地市场的发展，而是本地市场不够完善的结果，换句话说，公司是在用脚投票。Chugh、Fargher、Wright（2014）发现美国过高的会计标准和治理要求，会逼迫来自新兴市场国家的公司选择发行全球存托凭证（Global Depository Receipt，GDR）而非ADR，采用美国会计标准发生的成本会成为公司发行ADR的阻碍。

关于发展CDR的意义，张劲松、董立（2001）认为存托凭证对投资者和发行公司都有好处，对投资者来说，可以投资其他国家的证券，清算便利，费用相对低廉，对发行公司来说，可以吸收海外资金，提高在海外知名度。校坚、吴广彬（2002）认为存托凭证不仅可以增加投资者的选择空间，也给跨国公司提供了融资渠道，有助于跨国公司在拓展市场的同时进行资本运作，存托凭证也是发达国家吸引海外投资的手段之一。胡坚、聂庆平（2002）认为在中国推出存托凭证可以为国内投资者提供多元化投资机会，分享境外公司成长，也可以为银行等金融机构提供更多的商业机会，同时也加速中国证券市场的国际化，虽然面临人民币不能自由兑换等障碍，但前景看好，应该努力为CDR的推出创造条件。于泓（2002）基于中国发展存托凭证的重要意义，建议在条件成熟时适时推出CDR，并给出了CDR基本流程的设想。谢永添（2003）认为CDR既能满足某些企业在我国资本市场的融资需求，也可以为我国资本市场开放积累经验。张庆、徐扬（2003）认为推出CDR将引入优质海外公司，有助于推动国内上市公司在公司治理、信息披露等方面向国际标准靠拢，提高经营业绩，进而活跃资本市场，推动资本市场和国际接轨。杨行翀、李郁明（2010）认为CDR的推出对于发行公司、投资者以及整个资本市场都有重大意义，中国可以借鉴美国的经验，针对不同发行人发展四类存托凭证。袁达松、徐秋华（2015）发现CDR模式具有迅速筹集资金、完善公司治理结构、提高企业知名度及拓展境外市场等优势，应探索CDR模式，吸引优质外国企业在中国上市。杨琨、杨宗杭（2018）认为CDR试点的意义包括推动境外上市的优质新经济企业重返A股，深化资本市场改革，提升服务实体经济能力，增加投融资渠道，从而带动发行上市制度和监管规则的改革，完善资本市场估值体系。

也有学者指出，发展CDR需要解决很多问题，建议慎重推进。张明、曾鸣晓（2002）认为中国发展存托凭证涉及证监会、中国人民银行、财政部、外汇管理局等部门，是金融开放的系统工程。姜波克（2002）认为现行对人民币资本账户的管制成为推行CDR的障碍。鹿小楠（2002）认为发展CDR的好处是间接和不明显的，而弊端和风险是直接和明显的，CDR应缓行，在中国资本市场环境、监管手段、外汇制度等条件具备后，CDR不乏是中国证券市场的一种融资手段。卞政惠、周丽华（2003）认为CDR发行的主要障碍是外汇管制造成的CDR与基础证券自由转化的问题。陈军（2003）认为发展CDR面临外汇管制、市场定价、资金外流、监管等现实问题，CDR的推出应以完备的证券市场体系为前提，以相关法律制度为保障。王刚、虞磊珉（2004）认为在中国推行CDR是项系统工程，涉及法律、金融服务、金融监管等方方面面，需要通过修改证券法破解现行证券法律体系造成的制度矛盾和障碍。黄鹤萍（2005）认为中国发展 CDR 面临外汇管制、流动性、法律适用性等风险。何敏（2005）认为我国资本市场还不成熟，CDR 的引进应慎重。刘凤元（2007）认为我国目前对境外企业在国内发行证券的法规还不完善，在推出 CDR 之前，有必要修订现有法规，使其与国际接轨，减少潜在纠纷，具体包括解决相关法律空白、修改相关信息披露法规、实现会计准则的国际化、修改外汇管理法规等。黄伟斌、黄少军（2016）研究台湾地区存托凭证发现，台湾存托凭证发展过程中出现过交易量急剧萎缩、挂牌数量负增长等现象，主要原因是发行主体单一、上市企业整体素质偏低、与原上市地信息披露协同机制不畅、双向可转换机制不健全、财富效应不明显，中国大陆发展 CDR 应引以为戒。

还有学者针对中国特殊国情，为 CDR 设计了方案。于泓（2002）认为发展存托凭证是顺应全球经济一体化发展大趋势的必然，中国发展 CDR 有助于促进我国证券市场健康稳定发展，CDR 涉及的外汇体制障碍、市场定价、监管等问题，可以积极研究，采取有效措施妥善解决。张汉飞（2007）设计了资本项目尚未开放、人民币不能自由兑换条件下的过渡时期 CDR 方案。王睿（2013）认为当前我国推出 CDR 的最大障碍是资本项目的不可自由兑换，有可能降低 CDR 的吸引力和价值，可以考虑折中的方案，比如限定发行公司，控制规模，对金融开放和 CDR 应遵循试点的、局部的、渐进的策略。

从现有关于存托凭证的研究来看，不管是国内学者还是国外学者，都认识到存托凭证对于发行企业和投资者有重要意义，世界范围内很多国家和地区已经推出存托凭证，中国正在打造开放型经济新体制，也有必要发展存托凭证，服务经济转型升级。从国外的研究来看，存托凭证的价格和发行人所在国家的经济状况、基础股票的价格是密切相关的，在套利机制的作用下，存托凭证的误定价会很快修正，中国发展存托凭证应努力做到双向可转换，提高价格发现效率。发行人为何选择存托凭证，往往是因为本地资本市场不发达，而且发行人倾向选择成本最省的存托凭证形式，所以中国发展存托凭证应该以最大的包容性，吸引全球的优质公司。国内很多文献指出，推出 CDR 将面临证券市场不成熟、法律、外汇管理等难题，但很多文献发表时间是 2002 年前后，经过这么多年的发展，我国证券市场已取得长足进步，股权分置改革已完成，A 股市值已超过 50 万亿元，位居全球第二，债券市场托管余额超过 60 万亿元，位居全球第三。在法律方面，我国已探索在自贸试验区暂停适用部分法律法规，存托凭证的法律障碍也可以通过司法解释、暂停适用某些法律法规等方式解决；在外汇管理方面，我国已实施QFII、RQFII、QDII、深港通、沪港通、基金互认、债券通等资本市场开放政策，积累了丰富经验，发行存托凭证不存在技术障碍。国内学者认识到存托凭证在吸引中概股、红筹股上市的重要作用，但忽略了存托凭证在"一带一路"金融创新等方面的作用。

三、国外发展现状和经验

1. 存托凭证概览

存托凭证是指一个国家或地区证券市场流通的代表非本国/地区公司有价证券的可转让凭证，它既可以代表股票，也可以代表债券，甚至可以代表另一种存托凭证。存托凭证的投资者持有的是本国/地区存托机构（Depositary）发行的代表对基础证券（Deposited Securities）拥有所有权的可转让凭证（Negotiable Certificate），而非直接持有基础证券。基础证券由存托机构持有，存托在其委托的发行人所在国家/地区的保管机构（Oversea Custodian），每份存托凭证可以代表一份或若干份基础证券，存托机构和保管机构通常为银行，且保管机构一般是存托机构在当地的分行、附属行或者代理行。存托凭证一般以发行国/地区的货币计价，结算和交付也都按照发行国/地区的结算交付程序进行。

按照发行存托凭证所覆盖的区域，存托凭证可分为美国存托凭证（ADR）、欧洲存托凭证（EDR）、日本存托凭证（JDR）、新加坡存托凭证（SDR）、中国台湾存托凭证（TDR）和中国香港存托凭证（HDR）等，在两个以上国家或地区发行的存托凭证被称为全球存托凭证（GDR）。根据发行公司的参与程度，存托凭证分为无保荐（Unsponsored）的存托凭证和有保荐（Sponsored）的存托凭证。无保荐存托凭证是指发行公司不参与，也没有向投资者进行信息披露的义务，一般只需要提供无异议文件（No Objection Letter）即可，往往是投资银行、信托公司或发行公司的大股东为了使其持有的基础证券在海外市场流通而发行。有保荐的存托凭证是发行公司和存托机构通过签订存托协议（Depositary Agreement）而发行的存托凭证，按照存托协议，发行人需要定期向存托机构或其委托的保管机构提供与存托凭证发行交易以及公司相关的信息。按照存托凭证是否具有融资行为，可分为融资型存托凭证和非融资型存托凭证。融资型存托凭证是基于增量基础证券发行，而非融资型存托凭证是基于存量基础证券，主要是为了在海外市场获得流动性。按照是否允许公众投资者购买，存托凭证分为私募型和公募型。存托凭证按照基础证券市场和存托凭证市场之间的转换程度分为单向不可转换（One Way Issuance Without Fungibility）、单向可转换（One Way Fungibility）、双向可转换定额（Two-way Fungibility with a Cap on Total DR Issued）、双向可转换无定额（Two-way Fungibility without a Cap on Total Issued）四类。单向不可转换是指存托凭证发行后实行封闭运作，与基础证券市场隔离，不能相互转换；单向可转换是指存托凭证可转换为基础证券，但基础证券不能转换为存托凭证（初始发行除外）；双向可转换定额是指对基础证券和存托凭证的转换有额度限制；双向可转换无定额是指基础证券和存托凭证之间可以自由转换，是最纯粹的存托凭证，也是国际市场上最普遍的形式。

存托凭证的运作主要包括三个环节：发行、交易和注销。这三个环节涉及存托凭证的托管、结算、交付、定价。存托凭证的发行过程如下：当存托凭证的投资者想购买存托凭证时，通知其经纪商，如果市场上有现成的存托凭证，经纪商直接买来交付给投资者，如果市场上没有现成的存托凭证，经纪商联系发行公司所在国家/地区的经纪商，让其购买基础证券，然后交给保管机构，保管机构接着存入存托机构名下并通知存托机构，存托机构收到通知后向经纪商发行存托凭证，然后交付给投资者。存托凭证的交易就参照一般证券，可以是场内交易，也可以是场外交易，可以采用竞价方式，也可以采用做市商交易。存托凭证的注销过程如下：投资者通过经纪商将存托凭证交付给存托机构，存托机构通知保管机构卖出相应数量的基础证券，保管机构卖完基础证券后通知存托机构并将所得汇给存托机构，存托机构收到通知和款项后，注销存托凭证，并将款项交付投资者。存托凭证的定价由多种因素决定，包括基础证券的价格、外汇汇率、存托凭证交易场所的整体市场情况、存托凭证发行交易注销过程中的成本等。存托凭证的登记托管结算参照发行国/地区的一般做法，一般由该国/地区的中央证券存管机构（Central Securities Depository，CSD）负责，可以采用直接持有模式，也可以采用间接持有（Nominee，名义人制度）模式。以ADR为例，其发行、交易、注销过程如图1所示。

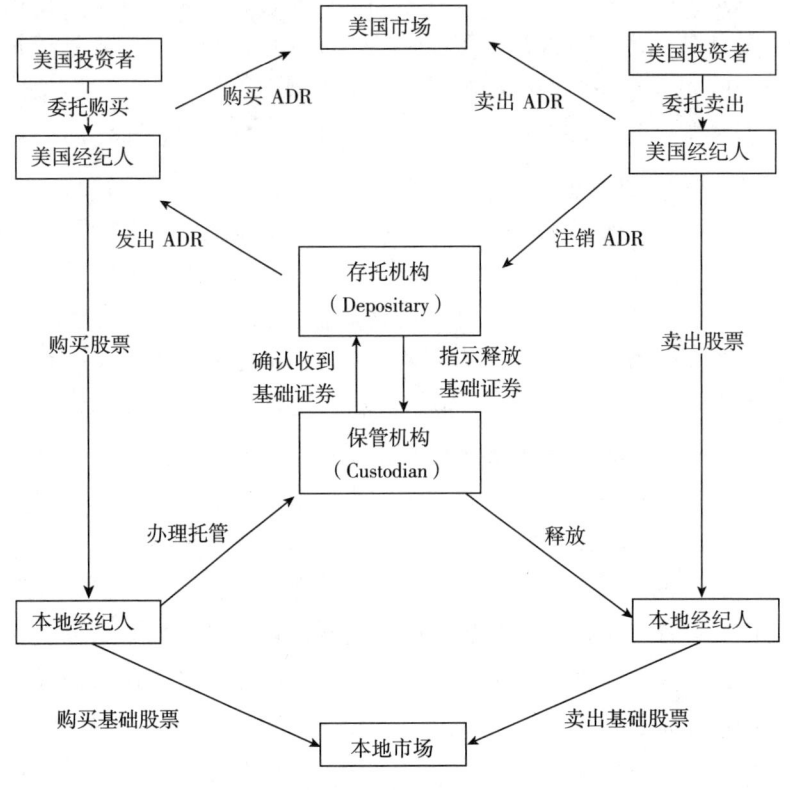

图1　ADR发行、交易、注销过程示意

2. 存托凭证投融资情况

存托凭证既可以用于IPO融资，也可以用作定向增发融资，其在IPO的应用凸显其在跨境融资的优势。从历年存托凭证IPO融资额情况来看（如图2所示），存托凭证IPO既受宏观经济大事件影响，也受IPO大单影响，比如2001年受"9·11"恐怖袭击和阿富汗战争影响，IPO融资额从上年的169亿美元急剧下跌至43亿美元，2014年受阿里巴巴这一史上最大IPO（融资额高达250.32亿美元）影响，全球存托凭证IPO融资额飙升至328亿美元。综合来看，存托凭证已经成为企业跨境融资的重要手段。

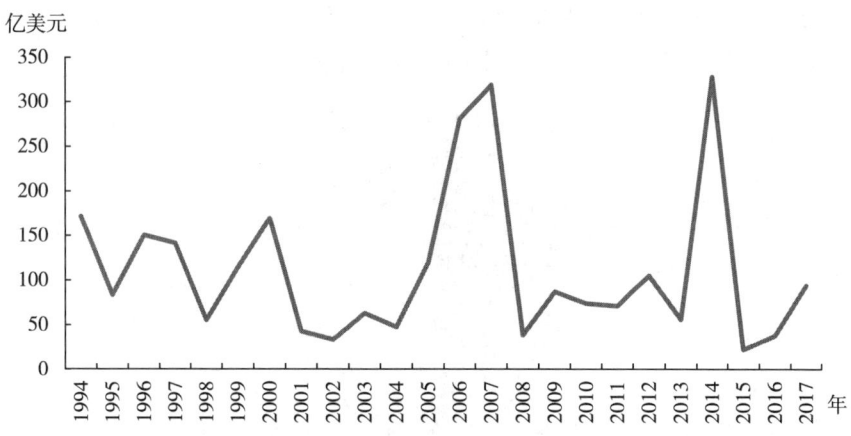

图 2　历年全球范围存托凭证 IPO 融资额情况

（资料来源：Citi Depositary Receipt Services, Year-End Report（2008—2017））

根据花旗银行存托凭证服务部门每年发布的年报，选取 2009—2017 年各年 IPO 融资额靠前的发行公司（共计 275 家，融资额共计 874.7 亿美元）进行分析（如图 3 所示），可以发现，这些发行公司来自全球 34 个国家和地区，全球主要经济体都有分布，说明存托凭证在全球范围被发行人广泛接受，中国以 100 家遥遥领先。

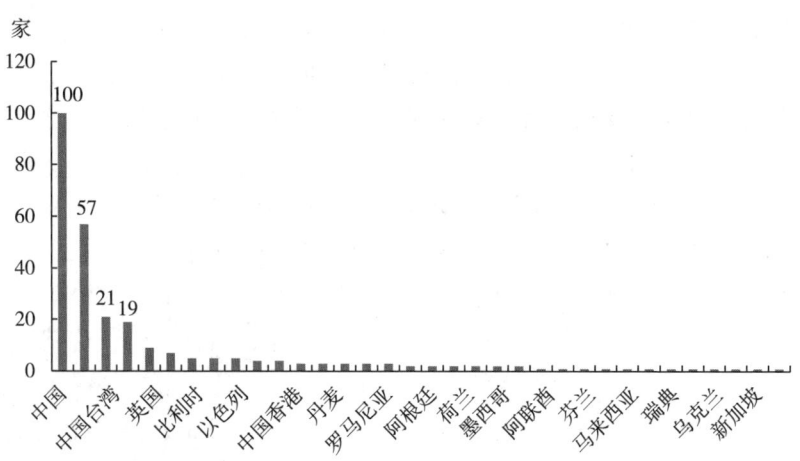

图 3　IPO 融资规模靠前的发行公司所在地区分布（2009—2017 年）

（资料来源：Citi Depositary Receipt Services, Year-End Report（2009—2017））

根据花旗银行的统计，截至 2017 年第三季度末，全球机构投资者持有存托凭证的市值高达 1.1 万亿美元，其中共同基金占比高达 77%，对冲基金占比 8%（如图 4 所示），可见存托凭证已成为机构投资者的重要投资标的。相当数量机构投资者持有存托凭证，保证了存托凭证的流动性，存托凭证已经成为投资者分散投资、谋取高额投资收益的重要工具。

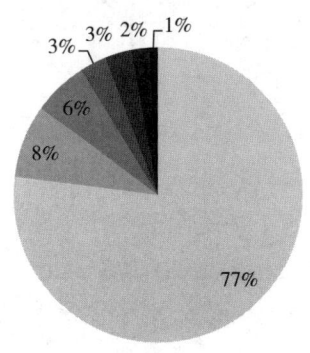

图 4　全球存托凭证机构投资者结构

（资料来源：Citi Depositary Receipt Services, Year-End 2017 Report, January 2018）

ADR 是世界上最大的存托凭证市场，根据纽约梅隆银行的统计，截至 2016 年底，全球共有 3492 只存续的存托凭证，其中 1876 只存托凭证是有保荐的，其中 810 只有保荐的存托凭证在美国 OTC 市场挂牌，有 430 只有保荐的存托凭证在美国的交易所上市，有 390 只有保荐的存托凭证在伦敦挂牌，其他市场挂牌的有保荐的存托凭证数为 346 只，美国有保荐的存托凭证数占全球的比重约 66%。ADR 的机制比较成熟，对全球公司有吸引力，ADR 的存托机构主要由商业银行来承担，纽约梅隆、花旗银行、德意志银行和 JP 摩根是全球最大的四家存托机构（Depositary）。根据 Wind 资讯的统计，截至 2017 年底，在美国各大交易所挂牌的存托凭证共计 351 只，其中发行公司来自全球 37 个国家和地区，反映了美国股市对全球公司的吸引力，其中来自中国的发行公司（包括注册在开曼等离岸金融中心的中概股）最多，有 99 家，其次是英国（35 家），接下来是巴西（29 家），这其中包括阿里巴巴、京东、汇丰、淡水河谷等明星公司。从行业分布情况来看，以信息技术（71 家）和医疗保健（60 家）占比最高。分析这些存托凭证自上市交易以来到 2017 年末相对纳斯达克综合指数的涨跌幅情况，可以发现最高达到 13927.3%，平均也有 225%，意味着美国通过存托凭证吸引全球的企业到美国上市，既给美国投资者提供了投资全球的机会，也给美国投资者带来丰厚的回报。

3. 存托凭证对新经济的支持情况

推出存托凭证的国家和地区往往资本市场比较发达，对上市公司盈利情况、股权结构等没有特别要求，而且存托凭证机制灵活，便于金融科技、生物医药等新经济公司采用。从 2017 年全球存托凭证 IPO 的行业分布来看（如表 1 所示），除了能源等资金密集型行业，大部分资金都进入了软件和服务，金融，制药、生物技术等新兴产业，而且从近几年的 IPO 情况来看，越来越多的生物医药公司和金融科技公司选择以存托凭证形式上市，例如，2017 年，趣店、拍拍贷、融 360、乐信、信而富等金融科技企业纷纷在美国上市，2015—2017 年，有 30 家生物技术和制药公司位居当年存托凭证 IPO 融资额排行榜前列（2015—2017 年 IPO TOP 排行榜共 69 家企业），说明存托凭证在扶持新技术、新产业、新业态、新模式方面具有独特优势。

表 1 全球存托凭证 IPO 融资额按行业排序（2017 年）

序号	行业	2017 年融资额（亿美元）
1	能源	15.7
2	软件和服务	15.43
3	金融	14.78
4	制药、生物技术	10.4
5	工业	10.17
6	可选消费	8.95
7	半导体	4.69
8	交通运输	4.21
9	技术硬件和设备	2.72
10	工业、金属和矿业	2

资料来源：Citi Depositary Receipt Services, Year-End 2017 Report, January 2018.

4. ADR 监管经验

ADR 自诞生之日起就一直是全球最大的存托凭证市场，是美国境外公司进入美国证券市场的重要工具，美国对存托凭证的监管最成熟，也最具代表性。美国对 ADR 的监管法律框架主要包括以《1933 年证券法》《1934 年证券交易法》《1970 年证券投资者保护法》为主体的联邦证券法，各州"蓝天法"（Blue Sky Laws），SEC 颁布的相关规则，各证券交易所的上市及交易规则以及各级法院的判例。SEC 对 ADR 监管的基本原则是自愿主义原则（The Voluntarism Principle），即根据境外发行人是否自愿进入美国资本市场和自愿进入美国资本市场的程度来确定监管强度，发行人自愿进入程度越高，其所面临的监管强度就越接近美国本土发行人。

具体来说，美国对 ADR 实行分级制度，分为无保荐 ADR、一级 ADR、二级ADR、三级ADR、Rule 144A ADR 五大类。无保荐ADR只能通过场外市场交易，不属于主流的ADR。一级ADR要求存托凭证是基于存量基础证券，不能发行新证券，而且只能在场外市场（OTC）交易。一级ADR注册手续简便，无须提供符合US GAAP准则的财务报告和定期报告。二级ADR允许在美国的全国性交易所（含NASDAQ）挂牌，需要遵循US GAAP准则，符合SEC申报和完全信息披露要求，且不能募资。三级ADR允许发行人以公开方式发行存托凭证募资，也可在美国的全国性交易所（含NASDAQ）挂牌上市，其级别最高，对其透明度要求最高，监管也最严格。Rule 144A ADR是指发行人根据美国《1933年证券法》之144A规则，将存托凭证配售给合格机构投资者，这种方式可以豁免SEC注册，在三年限制期满后，可以转为一级ADR。各类ADR的特点如表2所示。

表2 美国各类存托凭证特点

类别	无保荐ADR	一级	二级	三级	Rule 144A
发行目的	不上市交易、不发行新股融资、提高流动性、扩大投资者基础	不上市交易、不发行新股融资、提高流动性、扩大投资者基础	上市交易、不发行新股融资、提高流动性、扩大投资者基础	发行新ADR、交易所上市、融资、提高流动性、扩大投资者基础	私募
信息披露及文件规范	较宽松，Form F-6注册，12g3-2（b）豁免	较宽松，Form F-6注册，12g3-2（b）豁免	较严格，Form F-6注册，Form 20-F报告	最严格，Form F-6、Form F-1注册，Form 20-F报告	无注册要求，12g3-3（b）豁免
SEC注册	需要	需要，不必完全遵守SEC的信息披露规则	需要	需要	不需要
交易地点	OTC	OTC	纽约证券交易所、纳斯达克交易所、美国交易所	纽约证券交易所、纳斯达克交易所、美国交易所	美国私募市场（PORTAL）
融资能力	无	无，需升级	无，需升级	有	有
公开发行	否	否	否	是	否
发行时间	短	短	较长	长	较短

四、中国发展存托凭证的思路

从国外的发展经验来看，存托凭证已经成为国际投资者和发行人普遍接受的一种金融工具，交投活跃。存托凭证既可以使发行人拥抱发达的资本市场，为自身发展提供动力，又为投资人提供了良好的分散投资、获取高投资收益的机会。更重要的是，存托凭证机制灵活，可以很好地支持新经济，这对于处于新旧动能转换的中国尤为重要。中国已成为全球第二大经济体，应该拥有和经济地位匹配的发达的资本市场，中国发展存托凭证，也是探索资本市场开放的重要举措，有助于提高我国资本市场的吸引力和影响力，提高我国在全球范围内配置资源的能力。我国迫切需要推出存托凭证，吸引海外公司到我国上市，同时为我国投资者提供投资全球的机会。同时，中国有特殊国情，不能生搬硬套国际上的做法，应发展具有中国特色的存托凭证。具体来说，中国发展存托凭证可以采用以下思路。

1. 应用领域

我国监管当局目前对四新企业，特别是独角兽企业采用存托凭证形式回归 A 股持欢迎态度，但已在境外上市的四新企业、独角兽企业数量有限，将 CDR 的应用限定在此类企业，将人为造成标的稀缺，容易引发炒作，对我国资本市场的健康发展造成损害。根据我国实际，除了四新企业和独角兽企业，CDR 还可以应用于红筹股、中概股、H 股全流通、未纳入沪港通和深港通的港股、"一带一路"相关企业。

截至 2017 年底，香港交易所拥有 158 家红筹上市公司，全球各交易所（除港交所）共有 335 家中概股，这些企业的主要业务和经营收入来自中国，一些优质企业因为种种原因远走他乡上市，对我国证券交易所和投资者来说是一种损失，这些公司可以通过存托凭证形式回归 A 股市场，因此 CDR 可考虑把这些公司纳入。由于历史原因，很多在内地注册但在香港上市的公司，其内资股不能在港交所流通，只能在中国法人或自然人、合格国外机构投资者或战略投资者之间转让。截至 2017 年底，这类公司共有 154 家，其非流通股权的合计等价市值约为 2.62 万亿港元，是这些公司已流通 H 股市值（1.14 万亿港元）的 2.3 倍，相当于 2017 年底港股市场总市值的 7.7% 左右。H 股非流通问题导致大部分内资股股东（绝大多数情况下也是大股东）在股价上的利益和流通股东的利益不一致，大股东缺乏关心股价的动力，不利于上市公司利用资本市场做大做强。而 H 股全流通可以统一大小股东利益，防止大股东低成本低风险损害小股东利益，对保护中小投资者、吸引更多资金、激发市场热情都有积极作用。证监会于2017年12月29日发布《中国证监会深化境外上市制度改革　开展H股"全流通"试点》，宣布启动H股"全流通"试点，将按照积极稳妥、循序渐进的原则，以"成熟一家、推出一家"的方式有序推进本次试点，试点企业不超过3家。H股全流通试点难以满足庞大的市场需求，以内资股为依托在境内发行存托凭证也是实现H股全流通的一种可选方案。香港交易所已落地上市新规，允许同股不同权的新兴及创新产业公司和尚未有收入或盈利的生物科技公司在香港上市，CDR可考虑允许未纳入深港通和沪港通的港股上市公司发行存托凭证，供内地投资者投资，提高香港上市公司的流动性，提高在香港上市的吸引力，促进香港的长期繁荣稳定。

　　2017年7月召开的全国金融工作会议提出，要推进"一带一路"倡议金融创新，搞好相关制度设计。2018年3月，沪深交易所发布《关于开展"一带一路"债券试点的通知》，相关主体可以通过三种方式在沪深交易所发行"一带一路"债券融资。为了支持"一带一路"倡议的实施，继"一带一路"债券之后，开放"一带一路"沿线国家和地区的企业到我国发行股票融资将成为创新方向。根据商务部、国家统计局、国家外汇管理局联合发布的《2016年度中国对外直接投资统计公报》，截至2016年底，中国2.44万家境内投资者在境外共设立对外直接投资企业3.72万家，分布在全球190个国家（地区），年末境外企业资产总额5万亿美元。2016年末，中国对"一带一路"沿线国家的直接投资存量为1294.1亿美元，占中国对外直接投资存量的9.5%。特别值得一提的是，中国科技行业产业链和产业分类齐全，部分产业和技术已发展较成熟，开发能力和运营能力突出，完全具备输出能力，"一带一路"沿线国家还有很多处于功能机向智能机转换的时代，需求缺口大，中国各类工具类、电商类、内容类、新模式、营销类、电子设备等科技企业纷纷走出国门，将中国的成功经验复制到"一带一路"沿线国家和地区，已涌现出猎豹移动、茄子快传、传音控股等细分领域明星企业。"一带一路"沿线国家和地区人口众多，发展潜力大，各个行业有望涌现大量中资背景的龙头企业，这些企业有利用资本市场做大做强的需求，为了经营方便，很多"走出去"公司会在本地注册经营实体，这些中资背景的境外注册企业在中国发行存托凭证拥抱资本市场就是最佳的选择。

2. 交易场所

沪深交易所都计划推出 CDR，大概率会引发两个交易所争夺海外上市公司资源，不利于国家资本市场开放战略的统一实施。根据科技部火炬中心 2018 年 3 月发布的《2017 中国独角兽企业发展报告》，我国独角兽企业目前有 164 家，加上红筹股（158 家）、中概股（335 家）、非全流通的 H 股（154 家），按照"一带一路"沿线平均每个国家和地区 5 家上市公司计算，"一带一路"相关主体超过 300 家，再加上未纳入沪港通和深港通的港股，以及越来越多的四新企业，CDR 的潜在上市企业资源数不少于 1000 家，完全可以支撑一个独立的交易所。可以考虑成立一个独立的 CDR 交易所，沪深交易所分别入股，这样既可以避免沪深交易所的无序竞争，也可以规避传统体制机制的障碍，更好地探索创新。证券交易所的组织形式可以分为公司制和会员制两大类，公司制的证券交易所机制比较灵活，也有助于吸引更多战略投资者，CDR 交易所建议采用公司制，定位为全国性证券交易所，初始股东由全国性证券期货交易所等担任，后期可吸引香港、"一带一路"沿线国家和地区的机构入股，共同做大做强 CDR 市场。建议该交易所落户雄安新区或前海，理由如下。

中央对雄安新区的定位是"努力打造贯彻落实新发展理念的创新发展示范区"，创新驱动是雄安新区发展的基点，雄安新区将进行制度、科技、创业环境的改革创新，吸引高端高新技术企业集聚，建设集技术研发和转移交易、成果孵化转化、产城融合的创新发展示范区，建成高质量发展的全国样板，目前入驻的企业全部为高端、高新企业。国外的发展经验表明，存托凭证深受四新企业欢迎，是支持新经济的重要金融工具，在雄安新区建设全国性的存托凭证交易所，与雄安新区大力发展高端高新技术企业十分吻合，可以更好地支持雄安新区的发展。在雄安新区建设全国性存托凭证交易所，也是探索资本市场开放，吸引全球优质上市公司到我国上市的重要举措，可以有力地支撑雄安新区"千年大计、国家大事"的实施，也是落实创新、协调、绿色、开放、共享新发展理念的重大实践。

前海承担了深港现代服务业合作区、法治示范区、跨境人民币创新业务试验区、金融业对外开放试验示范窗口、"一带一路"倡议支点等国家使命。2014 年"一行三会"发布支持前海金融创新的 32 条先行先试政策，其中证监会提出"支持在前海设立私募产品跨境投融资平台，建议该平台由经国务院批准的证券期货交易所主导发起，深圳市政府可以一定形式参与；经批准后可开展跨境投融资业务"。由于种种原因，该条政策暂未落地。存托凭证在中国是新生事物，为了控制风险，初期可以考虑像沪港通、深港通一样，只允许合格投资者参与，与证监会提出的在前海打造私募产品跨境投融资平台不谋而合。中央支持香港参与和助力"一带一路"倡议，也希望前海在促进香港长期繁荣稳定方面扮演重要角色，在前海设立存托凭证交易所，可以联合香港一起为"一带一路"服务，也可以促进香港资本市场的繁荣。随着沪港通、深港通、债券通的推出，以及粤港澳大湾区战略的推进，香港和内地资本市场越来越一体化，前海发展全国性存托凭证交易所，既是落实证监会的先行先试政策，也是新时代探索改革开放再出发，深化深港合作、维持香港长期繁荣稳定，服务国家"一带一路"倡议的重要举措。

3. 运行方案

为提高对发行人的吸引力，CDR交易所的交易品种可以参考ADR的做法进行分级，种类包括只挂牌交易不融资、挂牌交易且融资两大类，前者可以解决海外上市公司在我国上市交易的问题，便于我国投资者分享优质公司的投资机会，后者可以实现境外未上市公司在我国资本市场融资，更好地扶持四新企业发展。发行公司发行存托凭证融资获得的资金原则上只能用于中国境内的项目或"一带一路"沿线国家和地区的项目，对于募集资金投资"一带一路"项目和基础股票分红涉及的跨境资金流动，外汇管理部门给予支持。CDR交易所近期主要应用于股票领域，未来也可以拓展到债券和可转债等领域。为了推动人民币国际化，CDR交易所交易的存托凭证以人民币计价，要求所有发行的存托凭证都是有保荐的，初期可只开放境内投资者，未来拓展到境内外投资者。由于我国暂未实现资本项目的完全开放，为控制风险，CDR交易所初期的发行可采用单向不可转换方式或双向可转换定额方式，未来逐步过渡到单向可转换方式和双向可转换无定额发行方式。CDR的法律性质归为中国境内证券，参照中国证券相关法律法规的规定管理。存托凭证的发行参照A股发行承销方式，交易参照A股的交易规则和程序进行，探索同时提供竞价和做市商两种交易方式。存托凭证涉及的跨境协议参照行业一般做法。存托凭证发行公司应提供符合中国会计准则或与中国会计准则等效互认的其他会计准则编制的财务报表。要按照我国法律的要求对发行公司、基础股票、存托凭证的相关信息进行披露，包括初次上市和交易的信息披露以及持续的信息披露。因为存托凭证涉及跨境，为了控制风险，可探索利用区块链等金融科技，使CDR的发行、交易、注销可追溯和不可篡改。

4. 中介机构

存托凭证发行、交易、注销过程中涉及的中介机构包括存托机构、保管机构、中央证券存管机构、会计师事务所、律所事务所等，其中最重要的是存托机构和保管机构。在国际上存托机构一般由商业银行或信托公司担任，但在我国分业监管环境下，银行和信托公司从事资本市场业务有诸多限制，但是银行和信托公司在服务网络、客户方面具有先天优势，所以可以通过颁布规定明确允许商业银行和信托公司担任 CDR 的存托机构。此外，中国也有不少合资证券公司和合资公募基金公司，这些公司的境外股东在境外资本市场经验丰富，也可以允许合资证券公司和合资公募公司，甚至是国际业务发展较好的中资证券公司、中资公募基金公司担任存托机构。对于保管机构，为了增加监管的可覆盖性，建议由中资银行的海外分支机构或在中国有分支机构的海外银行担任。因为 CDR 的各项交易、登记托管结算规则参照 A 股，所以中央证券存管机构可由中国证券登记结算有限公司或其子公司担任。发行公司的财务报表审计服务由具有一定国际资本市场业务经验的会计师事务所承担。CDR 发行、交易、注销过程中涉及的相关法律服务由具有一定国际资本市场业务经验的律所事务所或粤港澳合伙联营律所事务所提供。为了确保投资人的资金安全，可引入保险公司和信用增进公司提供保险和信用增进服务。为了便于未上市公司发行 CDR 融资，甚至可以引入中介机构提供 CDR 的回购服务。

五、政策建议

存托凭证在我国是新生事物，而且涉及跨境资金流动，面临法律定位、外汇管制、监管等问题，需要统筹妥善解决。

1. 明确 CDR 法律地位

对我国现有《证券法》《信托法》《公司法》等相关法律做出适当的修改和完善或对 CDR 给予司法解释，赋予 CDR 明确法律地位。制定关于 CDR 的单行法规或规章，在现有《存托凭证发行与交易管理办法（试行）》的基础上，为了解决 CDR 的发行、交易、注销以及境外公司的分红派息过程中的其他相关问题以及涉外法律冲突问题，可在借鉴国外的经验基础上制定《存托机构管理办法》《保管机构管理办法》《中介机构管理办法》等一系列法律法规，构成一个关于 CDR 完整的法律体系。

2. 对CDR涉及的跨境资金流动给予便利

在CDR发行、注销和基础股票分红过程中可能导致跨境资金流动问题。发行过程，境内投资者认购新发行的存托凭证，资金将流向发行人，因为发行人在境外，有可能导致资金流出我国境内，几种解决思路：一是完全允许发行过程的资金流出，由发行人自由支配；二是对发行过程中的资金流出给予额度限制；三是仅让特殊类型的发行资金可以自由流出，比如发行人是中资机构、发行人的资金用于"一带一路"倡议；四是不允许资金流出，只能用于境内项目，发行人所融资金通过股东借款、增资等形式给予境内相关实体使用，建议本着服务实体经济的原则尽量给予便利。类似地，在CDR注销过程中，基础股票卖出所得资金需要入境交付给境内投资者也会涉及跨境资金流动，不过这类流动将促进资金流入，建议放开这类资金流动。基础股票分红过程的资金流动因为金额相对股票市值较小，而且是资金流入，建议也完全放开此类资金流动。

3. 统筹监管CDR

明确证监会、交易所的监管主体责任，强化交易所的一线监管职能，促进CDR的有序健康发展。以证监会与境外证券（期货）监管机构签署的备忘录为依托，探索建立证监会与境外证券（期货）监管机构的信息交换机制，及时掌握CDR的境外发行人情况。通过制定法律法规明确CDR发行人和投资人的权利和义务，明确相关协议的适用法律法规，确定存托机构、保管机构、会计师事务所、律师事务所等机构的责任。确定CDR发行、交易和注销过程的税收征收方法。确定发行人的信息披露要求，明确CDR涉及的信息披露所采用的会计准则。制定合格发行人标准，中介机构通过市场化手段选择合格发行人，提高CDR的市场化水平，强化发行人、中介机构的自律。

六、结论

监管部门对四新企业和独角兽企业采用存托凭证形式回归A股持开放态度，但存托凭证具有法律障碍小、机制灵活、适用面广、成本低等特点，适用范围不限于四新企业和独角兽企业，存托凭证仅用于四新企业和独角兽企业将可能引发市场炒作。国外发展经验表明，存托凭证机制成熟、交投活跃，既可以满足发行人接触发达资本市场的需求，也可以为投资人拓展更多投资机会。存托凭证已成为支持新经济的重要金融工具，对处于新旧动能转换时期的中国意义重大。中国应加快推出存托凭证，除了应用于四新企业和独角兽企业，还可以应用于红筹股、中概股、H股全流通、未纳入沪港通和深港通的港股、"一带一路"相关企业，服务实体经济和国家战略。为了避免交易所之间对上市资源的争夺，建议在雄安新区或前海建立独立的全国性CDR交易所。CDR应是有保荐的、分级的，参照现有A股相关制度管理，由银行、信托公司、证券公司、公募基金公司、会计师事务所、律所事务所等承担中介服务。为推动CDR市场的持续健康发展，应在法律地位、跨境资金流动、会计准则、税收等方面给予支持。

参考文献

［1］张劲松，董立. 存托凭证法律论析［J］. 现代法学，2001，23（2）：135-138.

［2］校坚，吴广彬. 海外存托凭证的发展与启示［J］. 证券市场导报，2002（3）：16-20.

［3］胡坚，聂庆平. 存托凭证发展的国际趋势及其在中国资本市场流通的可行性分析［J］. 南方金融，2002（1）：115-117.

［4］于泓. 中国存托凭证若干问题探析［J］. 中国软科学，2002（5）：40-43.

［5］谢永添. 从美国存托凭证（ADR）到中国存托凭证（CDR）——运作机制与中国特色［J］. 武汉金融，2003（10）：38-39.

［6］张庆，徐扬. 存托凭证发行与资本市场开放［J］. 贵州大学学报（社会科学版），2003，21（1）：40-43.

［7］杨行翀，李郁明. 创立、发行中国存托凭证的若干构想［J］. 财会月刊，2010（14）：29-30.

［8］袁达松，徐秋华. 中国企业美国上市的ADR模式——以360纽交所主板IPO相关法律事务为例［J］. 证券法律评论，2015.

［9］杨琨，杨宗杭. 中国存托凭证试点的意义和风险［J］. 证券市场导报，2018（4）：1.

［10］张明，曾鸣晓. 从ADR到CDR：存托凭证的成功能否复制？［J］. 中国外汇管理，2002（3）：11-12.

［11］姜波克. 中国存托凭证（CDR）与人民币资本账户可兑换关系探

讨[J]. 世界经济研究, 2002 (4): 71-73.

[12] 鹿小楠. 中国预托凭证（CDR）可行性分析[J]. 金融研究, 2002 (1): 75-81.

[13] 卞政惠, 周丽华. 外汇管制造成的 CDR 发行困境[J]. 上海金融, 2003 (2): 45-46.

[14] 陈军. 中国存托凭证（CDR）及其发行展望[J]. 现代管理科学, 2003 (2): 79-80.

[15] 王刚, 虞磊珉. 我国资本市场 CDR 制度选择与现行证券法律体系的挑战[J]. 重庆工商大学学报（社会科学版）, 2004, 21 (4): 111-114.

[16] 黄鹤萍. 再论发展中国存托凭证的意义和风险[J]. 上海金融, 2005 (4): 38-39.

[17] 何敏. 质疑中国存托凭证[J]. 华东经济管理, 2005, 19 (3): 139-142.

[18] 刘凤元. 存托凭证相关法律问题探讨[J]. 上海金融, 2007 (12): 82-83.

[19] 黄伟斌, 黄少军. 台湾存托凭证市场发展得失及其启示[J]. 福建金融, 2016 (7): 32-37.

[20] 于泓. 引入存托凭证推进金融产品创新[J]. 投资研究, 2002 (7): 22-24.

[21] 张汉飞. 资本项目尚未放开条件下推行中国存托凭证的路径和问题[J]. 求索, 2007 (2): 27-29.

[22] 王睿. 解读存托凭证制度与中国存托凭证问题探究[J]. 市场论坛, 2013 (2): 66-67.

[23] 彭华. 海外母公司与存托凭证连动效应及投资策略——以台湾地区存托凭证为例[J]. 重庆工商大学学报（社会科学版）, 2014, 31 (6): 71-79.

[24] Karolyi G. A. Sourcing equity internationally with depositary receipt offerings: Two exceptions that prove the rule [J]. Journal of Applied Corporate Finance, 1998, 10 (4): 90-101.

[25] Callaghan J. H., Kleiman R. T., Sahu A. P. The market-adjusted investment performance of ADR IPOs and SEOs [J]. Global Finance Journal, 1999, 10 (2): 123-145.

[26] Miller D. P. The market reaction to international cross-listings:

Evidence from Depositary Receipts [J]. Journal of Financial Economics, 1999, 51 (1): 103 – 123.

[27] Schaub M., Highfield M. J. Short-term and long-term performance of IPOs and SEOs traded as American depository receipts: Does timing matter? [J]. Journal of Asset Management, 2004, 5 (4): 263 – 271.

[28] Alaganar V. T., Bhar R. Diversification gains from American depositary receipts and foreign equities: Evidence from Australian stocks [J]. Journal of International Financial Markets, Institutions and Money, 2001, 11 (1): 97 – 113.

[29] Tsai B., Li S. The effect of foreign ownership restrictions on the price dynamics of depositary receipts—evidence from the Taiwan and Hong Kong markets [J]. Journal of Accounting, Auditing & Finance, 2004, 19 (3): 301 – 330.

[30] Suarez E. D. Arbitrage opportunities in the depositary receipts market: Myth or reality? [J]. Journal of International Financial Markets, Institutions and Money, 2005, 15 (5): 469 – 480.

[31] Chung H., Ho T., Wei L. The dynamic relationship between the prices of ADRs and their underlying stocks: Evidence from the threshold vector error correction model [J]. Applied Economics, 2005, 37 (20): 2387 – 2394.

[32] Gupta R., Yuan T., Roca E. Linkages between the ADR market and home country macroeconomic fundamentals: Evidence in the context of the BRICs [J]. International Review of Financial Analysis, 2016, 45: 230 – 239.

[33] Wu Q., Hao Y., Lu J. Investor sentiment, idiosyncratic risk, and mispricing of American Depository Receipt [J]. Journal of International Financial Markets, Institutions and Money, 2017, 51: 1 – 14.

[34] Karolyi G. A. The role of American Depositary Receipts in the development of emerging equity markets [J]. Review of Economics and Statistics, 2004, 86 (3): 670 – 690.

[35] Chugh S., Fargher N., Wright S. Cross-listing as a Global Depository Receipt: The influence of emerging markets, regulation, and accounting regime [J]. Journal of Contemporary Accounting & Economics, 2014, 10 (3): 262 – 276.

NRA 账户为依托的前海蛇口自贸片区债券创新研究

余 臻[①]

一、债券市场开放的背景和意义

债券市场开放是指以债券为媒介的国际间资金自由流动,即超越国境的债券类有价证券的发行、投资和交易。债券市场开放有狭义和广义之分,狭义的债券市场开放是指投资性开放,包括债券筹资开放和债券投资开放,而广义的债券市场开放除了投资性开放,还包括服务性开放,即债券业务经营的开放,包括债券发行、投资和交易等中介服务。债券市场开放顺应全球金融市场发展的大趋势,是经济全球化和资本国际化的必然要求,也反映了国际金融一体化和国际融资证券化趋势。

债券市场开放对我国经济、金融市场和债券市场的发展具有非常重要的意义:一是可以扩大我国在国际资本市场上的信誉和影响,增强投资者对中国经济发展和人民币的信心,为我国资本账户的有序开放积累经验,推动人民币的国际化。二是有利于学习、借鉴国际经验,推动国内债券市场在较高起点上规范发展,可以借鉴国际债券市场的制度规范、运作方式、信用评级和担保、支付清算、监管体系等金融基础设施,促进国内债券市场制度的改革以及人才、技术与信息等金融基础设施的建设。三是有利于发挥债券市场在更大范围、更广领域配置资源的功能,吸收内外部资源发展我国经济。四是改进现有债券市场运行机制,通过引入境外发行人可以增加债券的供给,增加债券市场的吸引力,通过引入境外投资者可以改善投资者结构,增加资金来源,引导价值投资理念,形成科学的收益率曲线。

[①] 余臻(1987—),男,江西乐安人,管理学博士,中山大学岭南(大学)学院与前海金融控股有限公司博士后创新实践基地联合培养博士后(应用经济学专业),研究方向:资本市场开放。

债券市场开放也是向国际规则、国际惯例靠拢的过程,债券发行、评级、信息披露、监管等制度也将发生变革,推动债券市场的市场化和国际化。

二、发达国家和地区债券市场开放的经验

在债券市场开放方面,美国、欧洲和日本各具特色,对于我国债券市场开放具有重要的参考价值。

(一) 美国

第二次世界大战后初期,欧洲各国和日本为了恢复遭受战争破坏的经济,进口了大量美国物资,但又无法以出口换取美元进行偿付,造成这些国家国际收支赤字不断增长,形成了大量的美元债务。美国因为发了战争财而在资本主义世界占据经济领先地位,其黄金储备占到资本主义国家黄金储备的64%。布雷顿森林会议以后,美元与黄金实际上处于等同的地位。因此美国的债券市场成为国际上借款者寻求资金的主要市场。

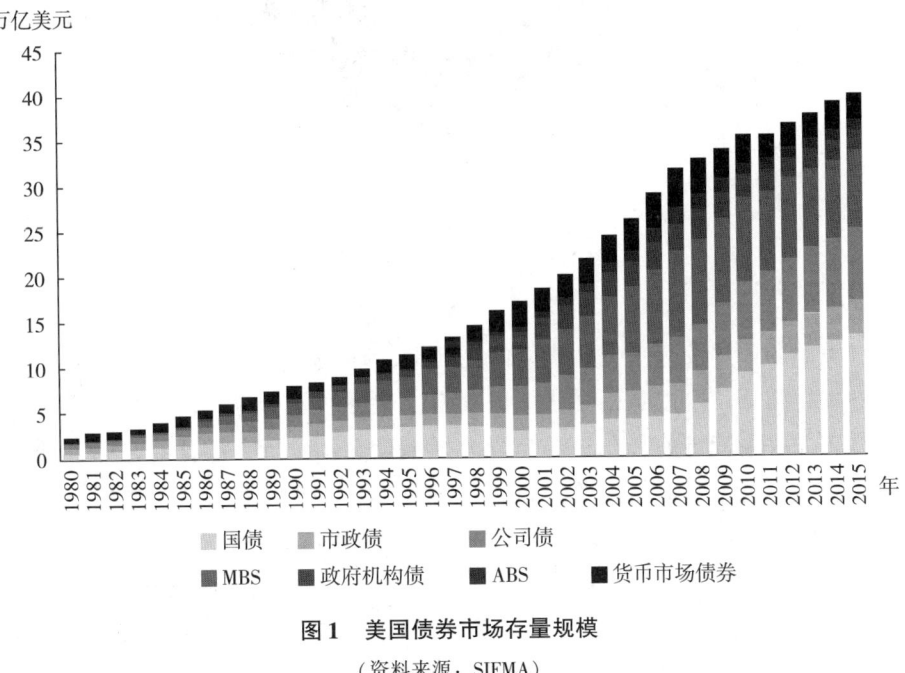

图1 美国债券市场存量规模

(资料来源:SIFMA)

扬基债券(Yankee Bond)是指美国以外的政府、国际组织、金融机构和工商企业在美国债券市场发行的、以美元计价的债券。扬基债券在历史

上曾是中长期固定利率资金的庞大源泉,约占到国际债券市场份额的一半,接着由于美国政府实行了资本管制计划而使它实际上向外国人关闭了。美国于1973年取消资本流入限制,1974年撤销资本管制,1983年基本实现利率自由化,1984年取消预扣税,扬基债券市场因此恢复。受制于对资本市场的限制最少,美国债券市场已成为种类齐全、汇聚全球资金的最重要资本市场。

由于没有资本流入限制,美国债券市场整体上层次和结构清晰,外国和国际组织、共同基金、央行、银行、保险公司持有债券占比分别为26%、18%、11%、11%和10%。外国和国际组织是美国国债的主要投资者,占比高达41%。

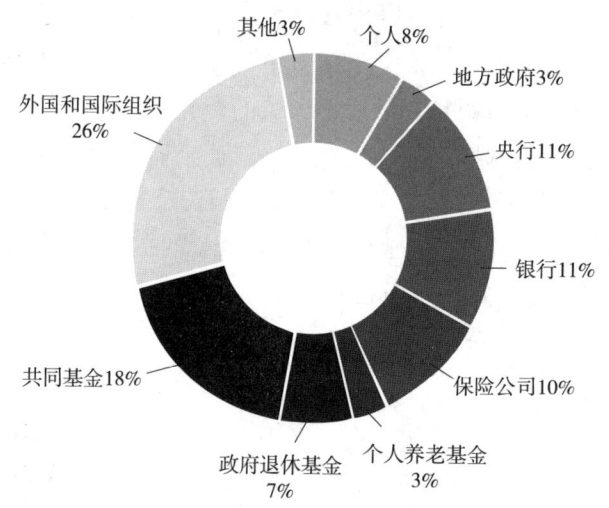

图2 美国债券市场投资者结构

(资料来源:美联储资金流量表)

美国的债券发行制度是典型的注册制,体现了公开的原则。发行者在债券发行前,需要按照相关法律的规定,向证券发行主管机关提交有关的文件,如果主管机关未在一定期限内提出疑义,发行人的证券发行注册即生效,主管机关不对债券的发行条件进行实质性审核。债券注册完毕,便可按照注册报告书的描述发售。注册报告书的内容包括发行者的经营情况、资本结构、财务状况、公司治理和发售对象等信息。发行者对已发行债券有持续信息披露义务,应向主管机关(SEC)定期申报类似注册报告书内所含信息。

按照《证券法》的规定,如果计划发行的证券未能获得有效的豁免,其发售和转售都必须在SEC注册,注册程序严格且耗时较长。因此,很多公司都希望能获得豁免。"144A"条款和"Regulation S"是广泛使用的两项豁免，"144A"豁免了证券在大型机构投资者的转售，"Regulation S"为证券在美国境外发售和转售提供了一个"安全港"。144A条允许当非美国发行人（non-US Person）以美国合格机构认购者（Qualified Institutional Buyer，QIB）为发行对象时，发售某些证券而无须注册。144A条例通过豁免注册，为外国公司提供了接触美国机构投资者和资本市场的机会。根据Regulation S，如果一家美国公司或外国公司的证券发行发生在美国境外，则该发行不再受美国证券法信息披露规则的管辖。Regulation S恢复美国证券法的属地管辖原则，放弃了其域外效力。意味着海外投资人可以受惠于Regulation S提供的豁免，参与美国发行商的适用Regulation S的债权及股权证券投资。

表1 仅根据S条例发行与144A规则发行比较总结

	S条例发行	144A规则/S条例
投资者基础	美国境外的机构性投资者和拥有高资产值的个人投资者	美国境内合格机构投资者以及S条例投资者
披露规定	发行通函，须载有风险因素、业务描述、近期经审计的中期财务报表	与S条例的披露规定相同，但通常有关于发行人业务运营的更详细披露，还须加入"管理层讨论与分析"一节，叙述性讨论发行人最近三年的财务业绩
适用法律	英国法律、中国香港法律，或在较小范围内受纽约州法律约束	纽约州法律、英国法律，或在较小范围内受香港法律约束
清算与结算	明讯结算系统（Clearstream）、欧洲结算系统（Euroclear）或针对点心债的债务工具中央结算系统（CMU）	美国存管信托公司以及欧洲清算系统/明讯结算系统
监管要求	如果在任何司法辖区均无对公众发售，就无须呈报，但证券交易所有相关上市要求除外	与S条例相同
执行时间表（假设不存在现有的信息披露）	4~6周	4~8周
法律尽职调查	对董事会会议记录、重大合同以及任何法律诉讼进行有限度的审阅	对董事会会议记录、重大合同、任何法律诉讼以及其他文件进行广泛的审阅

续表

	S 条例发行	144A 规则/S 条例
法律意见书	涉及发行人、担保人及可执行性的意见	除了与 S 条例相同的意见外，再加上 10b-5 规则的披露函及涉及投资公司法的分析

（二）欧洲

20世纪50年代末期至60年代初期，在美国经济衰退的同时，欧洲各主要资本主义国家经济得到了恢复，出口竞争能力增强，国际收支出现顺差，1958年欧洲主要货币恢复了自由兑换，欧洲资本市场得到发展。欧洲资本市场不受各国金融法令的管制，例如，在伦敦的专营美元存放业务的银行就不受英国金融当局的法令限制，无须缴纳存款准备金，存放款利率也可自行规定。由于美国国际收支逆差、大量美元流出美国，以及1973年石油提价以后出现的巨额石油美元，均大量流向欧洲的伦敦、法兰克福、苏黎世和卢森堡等地。尤其是在伊朗发生美国人质事件以后，很多在美国有大量存款的阿拉伯产油国，为了资金安全起见，将原来存在美国的大批流动资金调往欧洲，进一步活跃了欧洲债券市场。

欧洲债券市场是随着战后世界经济发展过程中离岸货币（主要是欧洲美元，以后又有欧洲马克、欧洲日元、欧洲英镑等各种主要货币种类）的大量积累而发展起来的。1961年，一家葡萄牙石油公司首次发行以欧洲记账单位标价的，国际辛迪加承保和销售的债券，这被看作欧洲债券市场的先声，1963年，一家意大利公司发行一笔15年期价值1500万美元的债券，也是国际辛迪加承保和销售；此后，欧洲债券发行逐渐增多，初步形成欧洲市场。20世纪60年代末期至70年代初期，以设在布鲁塞尔的欧洲清算所和设在卢森堡的世达系统（现 Clearstream，明讯）开张为标志，加上同时建立的国际债券交易者协会，交易未到期债券的二级市场也基本形成，至此，欧洲债券市场以全新的面貌在国际资本流动中担当起越来越重要的任务。

在欧洲债券市场形成以前，几乎所有的国际债券发行都与发行国的资本市场相联系，受到当地主管部门的监管，而欧洲债券市场不受任何国家监管当局的管辖，与任何国家的国内资本市场不发生联系。欧洲债券市场的计价货币可以是任何硬通货，也可以是货币篮子或国际记账单位。欧洲债券由国际辛迪加承销，是资本国际化的典型产物。

现在若以资金来源和标价货币划分的话，欧洲债券市场可分为欧洲美元债券、欧洲卢森堡法郎债券、欧洲日元债券、欧洲人民币债券、混合货币记账单位债券等。若按地区划分的话，欧洲债券市场除了在欧洲的主体部分外，还包括位于新加坡的亚洲债券市场和位于巴林的中东债券市场。欧洲债券的计息形式也是多种多样，既有固定利率债券，也有浮动利率票据，还有可转换成发行者股票的债券、可提前偿还债券、无息债券等。欧洲债券形式和种类的多样性，条件的优惠性，以及交易网络的全球性大大增强了它的广度和深度，吸引了大批国际投资者和借款者。

概括起来，欧洲债券市场具有以下特点：

（1）债券发行人、计价货币和发行地点分属于不同的国家。例如 A 国的机构在 B 国和 C 国的债券市场上以 D 国货币为面值发行的债券，即为欧洲债券。这个债券的主要发行人是各国政府、国际组织、大跨国公司或大商人银行。

（2）债券发行的承销以辛迪加为主。债券一般由 1 家专业银行/投资银行牵头，联合十几家甚至几十家银行/投资银行承销。大部分债券首先由这些承销团买进，然后转售到二级市场或其本国市场。

（3）高度自由。债券发行一般不需经过有关国家政府的批准，不受各国金融法规的约束，所以比较自由灵活。

（4）计价货币自由选择。发行人可根据各种货币的汇率、利率和自身需求，自由选择计价货币，投资者也可选择购买任何一种计价货币的债券。

（5）发行条件优惠。债券发行采用不记名方式，可以帮助投资者逃避国内所得税，支付的利息通常免除所得税，也不预先扣除发行人所在国家的税款，对发行人和投资者都降低了成本，极具吸引力。

（6）安全性较高，流动性强。欧洲债券市场的主要借款人是跨国公司、各国政府和国际组织。这些借款机构资信较高，故对投资者来说比较安全。同时该市场是一个有效的和极富有活力的二级市场，持券人可转让债券取得现金。

（7）二级市场交易便利。欧洲债券市场依托 Euroclear 及 Clearstream 两大清算系统，可以提供便利的二级市场交易服务，提高二级市场流动性。

（8）金融创新持续不断。欧洲债券市场是最具有活力的市场之一，它可以根据供求情况，不断推出新的或组合产品，并以此把国际股票市场、票据市场、外汇市场和黄金市场紧密地联系在一起，有力地推动了国际金融一体化与世界经济一体化。

(三) 日本

第二次世界大战后，日本在美国的扶植下，恢复和发展较快，到20世纪60年代末70年代初，出口竞争能力已很强大，国际收支开始出现顺差，日元汇价相对坚挺，加之国内通货膨胀率较低，因此吸引了大量国际游资，使东京成为重要的国际资本市场。伊朗人质事件后，一部分石油美元从美国转移到日本，进一步活跃了日本资本市场。

1972年日本正式实施《外国证券公司法》，开始允许外国证券公司在日本开展证券业务。1980年，日本颁布了《外汇管理法》（Foreign Exchange Control Law），这个法使外国在日本的交易由"原则禁止"到"原则自由"。1984年6月取消日元兑换限制，1988年又先后解除了对货币市场和资本市场的诸多限制，引进了各种金融期货市场。1998年4月1日，被称为"东京版金融大爆炸"的金融自由化改革正式启动，加快了日本债券市场的开放。同时，日本开始明确推行日元国际化进程，需要推动债券市场的自由化，以提高债券市场的吸引力。不断降低非居民参与日本债券交易的阻碍，所采取的措施包括：1992年通过偿还时返还应征所得税的方式对非居民投资短期贴现国债和短期政府债券免税。1999年4月全面废除短期贴现国债和短期政府债券收益的源泉征税制，对非居民投资国债实施利息免税。2007年对记账式地方政府债券实施免税政策。2010年6月废除了对非居民持有公司债征收15%预提税的政策，并扩大了免税的"合格的外国投资信托"实体的范围。

外国人在日本公开发行的日元债券叫作"武士债券"（Samurai bond），发行"武士债券"的市场称为"武士债券"市场。以1970年12月亚洲开发银行发行的60亿元债券为标志，"武士债券"正式启动。随着日本政府放松对资本市场的管制，这一市场也较为自由化和国际化，成为国外借款者筹集资金的日益重要的源泉之一。

亚洲开发银行发行的武士债采取公募发行，但武士债同时提供公募发行和私募发行两种方式，私募发行满足了部分发行人简化发行手续的诉求。1996年，受取消发债标准和日本国内利率走低等有利因素影响，发行额达到创纪录的近4万亿日元。武士债市场除了受亚洲金融危机、"9·11"等极端事件影响萎缩外，大部分时间的年均发行规模维持在2万亿日元左右（约1200亿元人民币）。

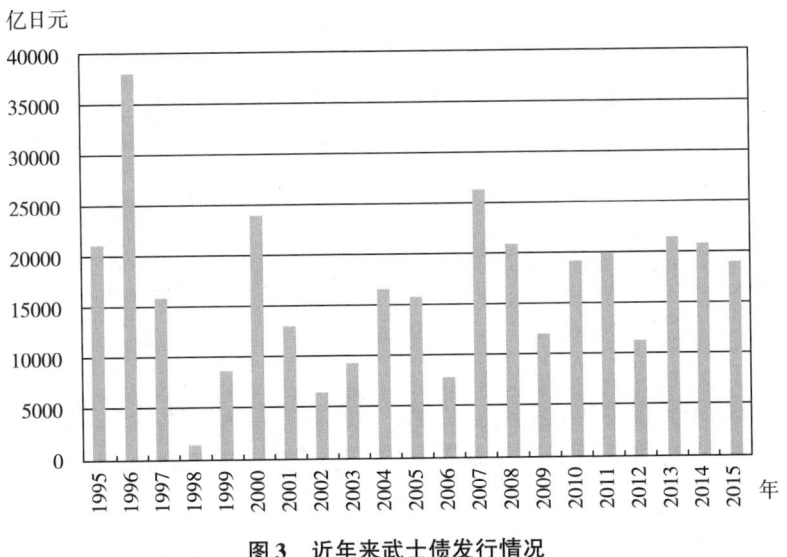

图3 近年来武士债发行情况

武士债在发行和存续期间除需遵守日本《金融商品交易法》和相关内阁法令的监管外,还受到相关市场惯例的制约。

1. 发行条件

武士债曾经对发行人规定了最低财务要求,比如净资产、资产负债率、利息保障倍数等。为了活跃债券市场,日本政府于1996年取消了发行人的最低财务要求,改由市场决定能否发行成功,大大扩大了发行人的深度和广度。

2. 债务发行的财务限制条款

武士债沿用了欧洲债券市场常见的财务限制条款,引入了担保限制、同顺位、交叉违约、资本约束等财务限制条款,为的是防范国际发行人在日本以外市场发行债券时,损害日本国内债券投资者的利益。

3. 信用评级

武士债不强制要求信用评级,但发行人一般会主动取得日本政府认可的信用评级公司的评级,因为这样有助于债券的销售,日本的机构投资者偏好信用等级高的债券。

4. 信息披露

武士债在发行和存续期内须按照《金融商品交易法》和相关内阁法令的规定进行信息披露。境外发行人发行武士债时,发行人须按日本政府规定的信息披露格式和认可的会计准则编制财务报表并进行披露。除了日本通用会计准则外,日本政府还认可国际会计准则、美国通用会计准则以及其他认可的会计准则。信息披露要求用日语,增加了境外发行人的成本,受到发行人诟病。为了增强武士债市场的吸引力,努力寻求市场监管和投资者保护之间的平衡,日本于2002年推出了英语披露制度,允许在海外交易所上市的境外公司在武士债存续期内以英语披露相关信息,但不包括发行披露。2011年又再次修订了《金融商品交易法》,允许部分发行资料也可用英语披露。但出于保护日本国内投资者的考虑,仍然要求发行人用日语披露其主要经营指标、业务内容、主要风险因素等信息。

(四)经验总结

美国和日本的债券市场开放经验表明,债券市场开放是经济实力增强、资本大量积累的必然结果,也是资本输出的重要途径。债券市场开放往往伴随着货币自由兑换、资本自由进出等资本项目开放。美国和日本的债券市场都是以本币计价为主,货币的国际化水平越高,其债券市场越容易受到全球投资者和发行人的青睐,国际债券的规模越大。美国和日本陆续取消了资本管制,也对外国投资者投资本国债券市场给予各种税收优惠,吸引全球的投资者持有本国发行的债券,提升其债券市场的开放程度。美国和日本对于债券发行实行注册制,区分公募和私募,对公募的监管要求严格,对私募的监管相对宽松,保证私募债券的流动性,债券的发行是市场化的,通过承销团分销债券。综合来看,美国和日本的债券市场不管对于投资者还是筹资者都是开放的,投资者和筹资者可以根据自己的需求,通过市场化手段满足自身需求。

综观欧洲债券市场,正是抓住了美国监管过严、成本过高,离岸货币聚集的战略机遇期,通过行业自律和市场化手段,铸就了全球最发达、最便利的国际债券市场。不管是计价币种、债券品种,还是税收优惠,都是最为灵活的,也不受各个国家制度的监管。欧洲债券市场的蓬勃发展也离不开欧清、明讯等国际证券托管清算组织的支持,使全球的投资者可以便利地发行、交易债券。欧洲债券市场的发展表明,让市场在资源配置中发挥决定性作用往往是更有效率的,管制只会让需求流向监管宽松的区域,提高市场参与者的成本。

综合美国、欧洲、日本债券市场的经验来看,债券市场开放是经济强大的必然结果,也是产业转型升级的要求,更是促进要素流动的基础,债券市场开放往往伴随着资本项目开放。货币强势、监管较少、成本较低、流动性好的市场容易脱颖而出。随着各个国家资本项目的开放和债券市场的开放，发行者和投资者越青睐成本低、交易便利的市场，计价币种越多元，债券品种越丰富，债券市场越全球化、一体化。融资者和投资者总能找到符合要求的市场，债券市场应该不断开发满足市场参与者需求的个性产品，才能在全球债券市场竞争中立于不败之地。

中国正在推动人民币国际化，未来人民币有望成为与美元、欧元等货币分庭抗礼的国际货币，中国的资本市场开放应以人民币计价债券为重点，建设发达的、低成本、高效率的覆盖全球投资者和融资者的人民币债券市场，满足市场参与者多样化和个性化需求。在人民币债券市场发展成熟后，可进一步拓展外币债券市场，打造全球资本配置中心。当前中国资本项目并未全面开放，可考虑在局部地区进行试点，建设支持高度发达人民币债券市场的金融基础设施、监管制度，有序推进资本市场开放和资本项目开放。

三、中国债券市场开放的现状

我国债券市场开放始于20世纪90年代，近年来在人民币国际化加速推进的背景下，债券市场发行人、投资人和中介服务开放明显加快，目前取得的进展如下。

(一) 投资人的开放

投资人的开放既包括境内主体"走出去"，参与境外证券市场，也包括境外主体"引进来"，参与国内债券市场的投资和交易。我国境内主体"走出去"是从参与香港债券市场开始的：我国中央国债登记结算公司中央债券簿记系统和香港金融管理局债务工具中央结算系统（CMU）于2004年实现联网，内地经批准的金融机构可通过该连接直接投资CMU债务工具，拉开了国内投资者直接投资香港债券市场的序幕。2007年，《合格境内机构投资者境外证券投资管理试行办法》颁布，标志着合格境内机构投资者（QDII）制度正式建立。2014年，《关于人民币合格境内机构投资者境外证券投资有关事项的通知》发布，人民币合格境内机构投资者（RQDII）制度正式推出，合资格的金融机构可以发行RQDII产品投资离岸人民币市场。

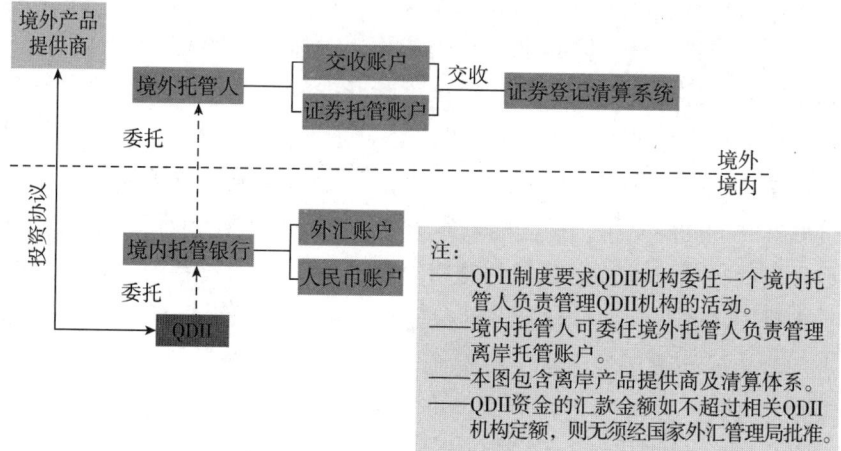

图 4　QDII 的运作方式

表 2　QDII 投资范围

境外投资产品类别	商业银行	信托公司	基金管理人/证券公司	保险公司
货币市场工具	中国银监会合格境内投资者规则中没有清晰规定	√（产品评级为投资级别或以上）	√	√（发行人评级为 A 级或以上）
固定收益产品	√（产品评级为 BBB 级以上）	√（产品评级为投资级别或以上）	√（发行人经中国证监会认可）	√（发行人和产品评级为 BBB 级或以上）
股票产品（在经过认可的海外证券交易所上市）	√（仅为股份）	√（股票、全球/美国存托凭证以及房地产投资信托基金）	√（股票、全球/美国存托凭证以及房地产投资信托基金）	√（股票、全球/美国存托凭证以及房地产投资信托基金）
共同基金（由认证的海外基金管理机构授权）	√	√	√	√
结构性产品	√（发行人评级为 A 级或以上）	√（发行人评级为投资级别或以上）	√（无评级要求）	√（根据 2007 年的《保险资金境外投资管理暂行办法》，结构性存款作为一种获准固定收益产品上市）

境外主体的"引进来"包括起步（2005—2010年）、稳步发展（2010—2014年）、加速发展（2015年至今）三个阶段。起步阶段：2005年央行批准泛亚基金和亚债中国基金投资银行间债券市场，打开了境外机构进入我国银行间债券市场的大门；2010年8月，央行发布《关于境外人民币清算行等三类机构运用人民币投资银行间债券市场试点有关事宜的通知》，允许三类机构在央行批复的额度内在银行间市场进行债券投资。稳步发展阶段：2011年推出人民币合格境外机构投资人（RQFII）制度；2013年推出合格境外机构投资人（QFII）制度。加速发展阶段：2015年6月，允许境外人民币清算行和境外参加行开展债券回购交易，且回购资金可调出境外使用。2015年7月，《关于境外央行、国际金融组织、主权财富基金运用人民币投资银行间市场有关事宜的通知》发布，境外央行、国际金融组织、主权财富基金等机构在银行间市场的额度限制和投资范围大幅放开，并将审核制改为备案制。2016年2月，央行发布3号公告，境外商业银行、保险公司、证券公司、基金管理公司及其他资产管理机构等被允许申请进入国内银行间债券市场，且对包括养老基金、慈善基金、捐赠基金等的中长期投资者取消额度限制。2016年5月，《境外机构投资者投资银行间债券市场备案管理实施细则》发布，进一步明确了3号公告关于银行间债券市场对外开放的细节，银行间债券市场对境外投资主体准入门槛进一步降低。

申请及设立	本金汇入及投资运作	本金及收益汇回
· 申请由托管人代为提交。 · 向证监会申请资格；向外汇局申请额度、开立外汇账户和人民币账户。 · 申请额度每次不得低于等值5000万美元，累计不得高于等值10亿美元（其中，主权基金、央行及货币当局等机构投资额度上限可超过等值10亿美元）。	· 额度审批6个月内汇入本金。 · 汇入本金累计未满等值2000万美元，不得结汇；汇入本金超过2000万美元但未到额度，以实际汇入金额作为额度。 · 养老基金、保险基金等QFII锁定期3个月，其余为1年。 · 开立券商账户进行投资运作。 · 在实际投资前10个工作日通知托管人结汇。	· 可在投资本金锁定期结束后，分期、分批汇出本金和收益。合格投资者每月汇出资金（本金、收益）总额不得超过其上年底境内总资产的20%。 · 本金汇回需向外汇局申请。 · 收益汇回需提交中国注册会计师出具的投资收益专项审计报告、完税证明等资料，报外汇局申请。

图5　QFII的设立及运作流程（非开放式中国基金账户）

申请及设立	本金汇入及投资运作	每周资金汇入或汇出
• 发起设立开放式中国基金后20个工作日内，应将基金招募说明书原件及中文译文报外汇局； • 除此之外，同非开放式中国基金一致。	• 额度审批6个月内汇入本金； • 锁定期为3个月； • 开立券商账户进行投资运作； • 在实际投资前10个工作日通知托管人结汇。	• 净申购作为本金汇入； • 净赎回按照公式区分本金和收益； • 每月累计净汇出资金不得超过上年底基金境内总资产的20%。

图6　QFII 的设立及运作流程（开放式中国基金账户）

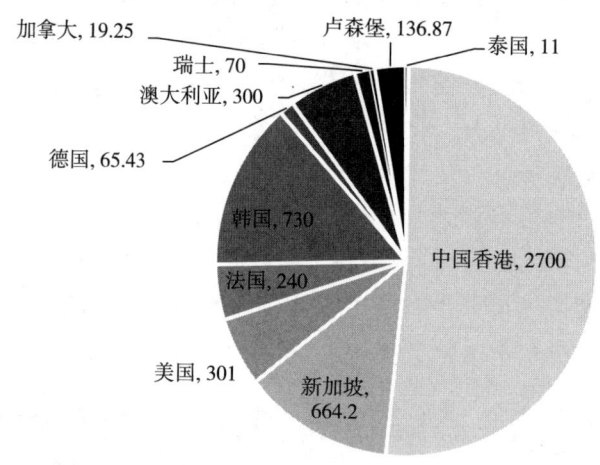

图7　RQFII 额度审批情况（亿元人民币，截至 2016 年 11 月 28 日）

（二）发行人的开放

发行人的开放包括境内机构"走出去"，境内机构境内外发行外币债券以及在境外发行人民币债券；也包括境外机构"引进来"，境外机构在境内发行本外币债券。我国债券市场发行人开放始于"走出去"，20 世纪 80 年代开始，中国国际信托投资公司、中国银行及财政部先后在国际债券市场发行了以日元、美元等货币计价的国际债券，开启了境内机构境外发行外币债券的序幕。境内机构也尝试在境内市场发行外币债券，典型案例有 2003 年国开行的 5 亿美元金融债和 2009 年中石油的 10 亿美元中期票据。随着人民币国际化的推进，境内机构也不断利用离岸人民币市场发行债券。2007 年 6 月和 2009 年 9 月，国家开发银行和财政部分别在香港发行了 50 亿元和 60 亿元离岸人民币债券；2011 年 4 月，宝钢集团在香港发行第一笔非金融企业离岸人民币债券。

境外发行人的"引进来"紧随境内发行人"走出去"。2005年，央行、财政部、发改委和证监会联合发布《国际开发机构人民币债券发行管理暂行办法》，国际金融公司（IFC）和亚洲开发银行（ADB）在该办法指引下，在银行间市场发行了共计40亿元的人民币债券（熊猫债）。2014年3月，戴姆勒股份公司成为首个在华发行人民币债券的非金融企业（融资5亿元人民币）。越来越多的境外发行人也开始利用离岸人民币债券市场进行融资，包括汇丰银行（2009年）、麦当劳（2010年）、英国政府（2014年）等在内的金融机构、非金融企业和主权主体等都先后选择在境外发行离岸人民币债券。

（三）服务开放

在债券承销方面，已有部分外资金融机构参与国债等债券的承销发行，汇丰银行渣打银行、摩根大通等入选记账式国债的承销团。2010年，日本瑞穗银行以联合主承销商身份参与承销国开行境内美元债券。在债券做市方面，摩根大通、花旗银行、渣打银行等取得银行间债券市场做市商资质，汇丰银行、花旗银行、渣打银行等具备公开市场一级交易商资质。在债券评级方面，国际评级机构通过参股国内评级公司或开展技术合作等方式参与国内债券评级业务，中诚信由穆迪参股（2006年），联合资信由惠誉参股（2007年），新世纪资信和标普开展技术合作（2008年）。甚至在国际开发机构发行人民币债券时允许直接使用境外评级机构的评级结果。在会计审计方面，四大会计师事务所进入中国之后就积极参与银行间市场债券发行相关工作。在会计准则方面，企业会计准则已经实现与香港地区和欧盟会计准则的互认，与国际会计准则也趋同。

尽管我国债券市场开放取得了显著进展，但还存在一些不足，比如主权债和企业信用债券持有不平衡，境外投资者持有债券中超过80%是国债、政策性金融债和政府支持机构债等低风险债券，境外投资者对投资信用债十分谨慎；跨境发行和跨境投资不平衡，境外机构在境内发行熊猫债是债券筹资开放的重要组成部分，但相对债券投资开放明显滞后，境内机构在香港发行点心债也存在审批周期长等问题；债券市场开放对应的债券市场制度改革滞后，例如境外投资者需要多头审批、多处开户（投资不同债券，需要分别在中央结算公司、上海清算所、中证登开户）。

表 3　熊猫债发行情况

债券市场	发行主体	发行人	发行时间	主管审批	主要适用法律法规
银行间债券市场	第一类：国际开发机构	亚洲开发银行	2005年10月	国务院、财政部、中国人民银行及国家外汇管理局关于债券发行的批复	《国际开发机构人民币债券发行管理暂行办法》等
		国际金融公司	2009年12月		
	第二类：主权国家和地方政府	韩国	2005年10月	国务院的同意及财政部和中国人民银行的批准	中国人民银行的监管、银行间交易商协会的自律管理及其他法律法规
		加拿大不列颠哥伦比亚省	2006年11月		
		波兰	2015年12月	向银行间交易商协会申请注册，得到注册通知书之日起在额度内发行，同时需得到境外授权审批	
			2016年1月		
			2016年8月		
	第三类：国际商业银行	三菱东京日联银行	2010年5月	中国银行业监督管理委员会和中国人民银行的发债批复	《全国银行间债券市场金融债券发行管理办法》《全国银行间债券市场金融债券发行管理操作规程》等相关法律、法规、规范性文件
		香港上海汇丰银行	2015年9月		
		中国银行（中国香港）	2015年9月		
		渣打银行（中国香港）	2015年12月		
		创兴银行	2016年5月		
	第四类：非金融企业债务融资工具	招商局集团（中国香港）	2015年11月	中国银行间市场交易商协会注册，得到注册文号后发行	参照适用《银行间债券市场非金融企业债务融资工具管理办法》
		华润置地有限公司	2016年5月		
		中芯国际集成电路制造有限公司	2016年6月		
交易所债券市场	第五类：境外公司	越秀交通基建	2016年3月	中国证券监督管理委员会对债券的核准	参照适用《公司债券发行与交易管理办法》《公开发行证券的公司信息披露内容与格式准则第23号》等
		北控水务集团	2016年8月		
		中国光大控股	2016年7月		
		普洛斯洛华中国海外控股（香港）（非上市企业）	2016年7月		

四、上海自贸区债券市场开放的探索

（一）上海清算所上海自贸区债券业务

经中国人民银行批准，银行间市场清算所股份有限公司（上海清算所）于 2016 年 5 月 9 日对外发布《银行间市场清算所股份有限公司中国（上海）自由贸易试验区跨境债券业务登记托管、清算结算实施细则》（以下简称《实施细则》）《银行间市场清算所股份有限公司上海自贸区跨境债券业务登记托管、清算结算业务指南》（以下简称《业务指南》），标志着上海清算所可正式为上海自贸区跨境人民币债券业务提供登记托管、清算结算服务。

概括起来，上海清算所上海自贸区跨境人民币债券业务主要特点：一是以跨境人民币计价，面向自贸区内或境外的国际机构投资者；二是债券发行人多样化，既可以是境内或区内的金融机构或企业，也可以是境外机构；三是建立上海清算所与国际托管机构互联的安排，国际投资人可"一点接入"参与，而无须单独在各市场开户、结算；四是债券投资方式多样化，既可以在集中电子平台进行，也可以通过自贸区商业银行柜台销售。通过上述机制探索，有助于逐步实现中国债券市场与国际债券市场在管理体制、业务模式等方面的东西互鉴，推动中国这一新兴经济体融入全球金融市场。

上海清算所上海自贸区债券柜台业务于 2016 年 9 月 23 日正式推出，为上海自贸区内和境外投资人提供了新的资产配置渠道。中国银行作为首家接入的承办银行，在中国人民银行批准额度内将其在银行间市场持有的存量债券划转至自贸区，通过其自贸区柜台、网站报价销售。当日，中国银行与其客户达成首笔自贸区柜台债券交易，交易标的为 1 只超短期融资券。自贸区债券柜台业务是自贸区跨境人民币债券业务的重要组成部分，经备案的承办机构可在自贸区分行柜台面向已开立自贸区柜台债券账户的区内和境外投资人销售人民币债券，并提供做市、二级托管服务，上海清算所作为总托管机构，负责总登记和日常监测。据悉，上海清算所已完成与欧清银行（Euroclear）等国际证券托管机构之间的跨境互联准备，相关发行人、投资人正在积极准备，预计上海自贸区首单债券将很快推出。

（二）中央结算公司上海自贸区债券业务

经中国人民银行同意，中央国债登记结算有限责任公司于 2016 年 9 月

8日发布《中央国债登记结算有限责任公司中国（上海）自由贸易试验区债券业务指引》（以下简称《指引》）。中央结算公司作为国家重要的金融基础设施、国务院批准设立的中央托管结算机构，将为上海自贸区债券业务提供包括发行、登记、托管、结算、付息兑付、估值、信息披露等在内的一体化服务。

概括起来，中央结算公司上海自贸区跨境债券业务主要具有以下特点：一是面向自贸区内或境外机构投资者。符合条件的境内外机构，可申请在中央结算公司开立债券账户并开通自贸区专用分组合，直接参与自贸区债券业务；境外机构也可通过结算代理人或合格境外证券托管机构参与自贸区债券业务。二是实现筹资主体多元化。境内区外、区内及境外的金融机构或企业均可以通过中央结算公司进行债券融资。三是与国际证券托管结算机构建立了符合我国债券市场发展和管理要求的制度安排，在坚持银行间债券市场一贯的直接账户体系原则基础上，通过代理结算等方式实现国际投资人参与跨境债券业务。四是投资者既可以通过自贸区交易前台的有关集中电子平台进行交易，也可以通过自贸区柜台市场承办机构进行投资。中央结算公司承担自贸区债券柜台业务的中央登记、一级托管和结算职能，承办机构承担自贸区债券柜台业务二级托管和结算职能。

《指引》将支持后续自贸区债券业务实施，逐步构建安全高效的自贸区债券业务体系，为境外机构参与中国债券市场提供更为便捷的途径与方式，有助于吸引全球发行人及投资者参与上海自贸区金融活动，助力实现我国金融市场的国际化、多元化和平衡性发展。据悉，目前地方政府、银行、信托公司等多家机构均为在自贸区发行债券进行充分准备，随着《指引》的发布，地方政府债、信贷资产支持证券（ABS）、绿色债券等有望在上海自贸区落地。

12月8日，上海市政府在上海自贸区成功发行30亿元人民币地方政府债券，获得83.3亿元的投标量，最终发行利率落在2.85%，标志着自贸区债券市场正式诞生。中国外汇交易中心12月13日公布，国泰君安证券、浦发银行上海分行、工商银行上海分行、新开发银行通过全国银行间同业拆借中心国际金融资产交易平台达成首批上海自贸区债券交易。

（三）上海清算所和中央结算公司方案对比

自贸区内债券发行和投资向境外主体开放，一方面为境外人民币提供了一种新的回流路径；另一方面为境内外机构提供新的融资渠道，对于增强人民币对国际市场参与者的吸引力，促进人民币国际化具有重要的积极作用。对于自贸区金融创新实践而言，上海自贸区债券试水有着重要意义：一是通过 FT 账户拓展"内外分离的离岸金融中心"模式，将上海的离岸人民币业务从贸易结算、直接投资扩展到资本项目；二是通过"一事一议"的有效管控，试验上海离岸金融业务从"内外分离"向"内外渗透"过渡。然而，上海自贸区债券市场作为与银行间债券市场、交易所债券市场和柜台债券市场并行的第四个债券交易场所，是否能获得市场认可，还需要许多配套措施和改革，其中包括扩大发行主体、便利化发行程序、培育投资主体以及提高市场的流动性，等等。例如，上海市政府首单自贸区债的发行利率较其他市场更高，一方面反映了离岸人民币基准利率的不同，另一方面也反映了流动性折价。

综合来看，上海清算所和中央结算公司上海自贸区债券业务都将我国债券市场的境外投资人由以往的合格境外机构投资者（QFII）、人民币合格境外投资者（RQFII）、境外央行或货币当局、国际金融组织、主权财富基金、境外人民币业务清算行、跨境贸易人民币结算境外参加银行等部分机构扩展到已开立自由贸易（FT）账户或境外机构人民币银行结算（NRA）账户的境外机构，便于境外机构广泛参与，提高债券市场的活跃度；将境外发行主体由以往的国际开发机构和"一事一议"的企业拓展到经管理部门备案或自律组织注册的境外金融机构或企业，扩大债券发行的受众；同时允许境外机构直接参与或通过结算代理人、境外证券托管机构参与，提高参与者的便利程度。上海清算所的指引中明确了上海自贸区债券以跨境人民币计价，而中央结算公司的指引并未明确，为跨境多币种债券的发行留有可能。

表 4　上海清算所和中央结算公司上海自贸区债券业务对比

	上海清算所上海自贸区债券	中央结算公司上海自贸区债券
发行人	经管理部门备案或自律组织注册的境内外发行人（需开立 FT 或 NRA 账户）	境内区外、区内及境外的金融机构或企业（需开立 FT 或 NRA 账户）
投资人	1. 已设立自贸区分账核算单元并经过验收的境内机构； 2. 已开立自由贸易账户（FT 账户）的境内、境外机构； 3. 已开立境外机构人民币银行结算账户（NRA 账户）的境外机构； 4. 其他符合条件的境外合资格机构等	1. 已设立自贸区分账核算单元并经过验收的境内机构； 2. 已开立自由贸易账户（FT 账户）的境内、境外机构； 3. 已开立境外机构人民币银行结算账户（NRA 账户）的境外机构； 4. 其他符合条件的境外合资格机构等

续表

	上海清算所上海自贸区债券	中央结算公司上海自贸区债券
依托银行账户	FT账户和NRA账户	FT账户和NRA账户
债券账户	自贸区跨境债券专用托管账户	自贸区专用分组合
币种	跨境人民币计价	《指引》未明确，预计短期内只允许以人民币计价
发行方式	公开或定向	《指引》未明确，预计公开或定向方式
境外机构参与方式	可直接参与，也可通过结算代理人或国际合作托管机构参与	可直接参与，也可通过结算代理人或合格境外证券托管机构参与

五、NRA账户体系

（一）NRA账户概述

NRA（Non-Resident Account）账户，即境外机构境内账户，是指在境外（含中国香港、澳门和台湾地区）合法注册成立的境外机构在境内开立的外币或人民币结算账户。目前与NRA账户相关的规定主要是国家外汇管理局于2009年发布的《关于境外机构境内外汇账户管理有关问题的通知》（汇发〔2009〕29号），以及中国人民银行于2010年发布的《境外机构人民币银行结算账户管理办法》（银发〔2010〕249号）。这两个办法的出台规范了NRA账户的管理，在推动贸易与投资便利化的同时也有效地防范了金融风险。由于境外机构在境内开户的限制被放宽，NRA账户的业务得以迅猛发展，在跨境交易中被广泛使用。与一般的结算账户相比，由于NRA账户的特殊性质，相关规章对于NRA账户的用途也有着较为详细的规定。

1. NRA账户基本用途

（1）NRA外币账户

对于NRA外币账户的使用规范主要集中在《关于境外机构境内外汇账户管理有关问题的通知》（汇发〔2009〕29号）。从相关条款看，该文件着重于规范NRA外币账户的"资金结算"功能。

NRA外币账户的开户没有币种和数量限制，对应审核资料也未做统一明确要求，只规定境内开户银行应审核境外机构合法注册成立的证明文件，境内开户银行根据了解客户原则按照自身的内控程序进行审核，同时严格区分NRA外币账户和合格境外机构投资者外汇账户、外国投资者专用外汇账户、境外机构 B 股外汇账户、具有外交豁免权的外国（地区）驻华使领馆或者国际组织驻华代表机构境内外汇账户，境外法人银行和境内银行的境外分行在境内开立外汇账户，也应适用汇发〔2009〕29 号文的规定，如实名账户、加注 NRA 标志、与境外往来自由、外汇账户资金纳入外债指标管理、不得存取现钞、不得结汇等，但不纳入外汇账户信息管理系统。

对于 NRA 外币账户的使用，境内机构和境内个人与 NRA 外币账户之间的外汇收支按照跨境交易管理，境内银行需有效商业单据和凭证确保外汇收支的合规性。除了外汇局另有规定，NRA 外币账户从境内外收汇、相互之间划转、与离岸账户之间划转或者向境外支付，境内银行可以根据客户指令直接办理。未经批准，不得从 NRA 外币账户存取外币现钞，不得直接或者变相将 NRA 外币账户内资金结汇。NRA 外币账户的资金余额需纳入境内银行的短期外债指标管理。境内银行可以将账户内资金纳入其经营头寸按照商业惯例统一运用，并按规定缴存存款准备金。账户内资金也可以存为定期或者结构性存款，利率按规定遵循商业惯例约定。

(2) NRA 人民币账户

NRA 人民币账户开户审核比较严格，境外机构首次开户时，境内开户银行需将开户申请资料报当地中国人民银行分支机构核准，虽对开户应审核资料未做统一明确规定，但要求提供在境外合法注册成立的证明文件，及在境内开展相关活动的法律依据或政府主管部门的批准文件，境内开户银行根据了解客户的原则按照自身内控程序履行审核责任。对于境外中央银行（货币当局）在境内银行开立人民币银行结算账户、境外商业银行因提供清算或结算服务在境内银行开立同业往来账户、合格境外机构投资者依法在境内从事证券投资开立的人民币特殊账户以及境外机构投资境内银行间债券市场的人民币资金开立的人民币特殊账户按现行有关规定办理，不按照银发〔2010〕249 号文管理；NRA 人民币账户实行年检制度。

对于 NRA 人民币账户的使用，目前规定收入范围仅限于：跨境货物贸易、服务贸易、收益及经常转移等经常项目人民币结算收入；政策明确允许或经批准的资本项目人民币收入；跨境贸易人民币融资款项；账户孳生的利息；从同名或其他境外机构境内人民币银行结算账户获得的收入；中国人民银行规定的其他收入。而支出范围限定为：跨境货物贸易、服务贸易、收益及经常转移等经常项目的境内人民币结算支出；政策明确允许或经批准的资本项目人民币支出；跨境贸易人民币融资利息及融资款项的归还；银行费用支出；中国人民银行规定的其他支出项目。

需要我们特别注意的是，NRA 人民币账户从同名境外账户或同名 NRA 人民币账户收款的操作是有区别的。如果 NRA 人民币账户从同名境外账户办理人民币收款，虽然不属于跨境人民币结算概念，但是境内银行也应该执行展业三原则对交易真实性按照上述"跨境货物贸易、服务贸易、收益及经常转移等经常项目"收入范围进行实质性审核后才予以办理入账手续。如果 NRA 人民币账户是从同名 NRA 人民币账户办理人民币收款，则境内银行在确认真实性后就可以直接办理入账手续。

对于 NRA 人民币账户的资金划转，也有明确规定。其中，对于境内机构与 NRA 人民币账户之间的资金收支，境内收付款行应当按照人民币跨境交易管理的有关规定办理，而对于 NRA 人民币账户向境外划转，以及 NRA 人民币账户之间的划转，境内银行则可以根据境外机构的指令直接办理，另有规定的除外。

对于 NRA 人民币账户，境内银行不得为开户人办理现金业务，确有需要的，需经中国人民银行批准。境内银行对于留存在 NRA 账户中的人民币资金进行内部信息登记后，可按照 NRA 账户持有人指令兑换成外汇，然后汇到境外外币结算账户或境内的离岸账户，并报送结售汇和头寸统计相关信息。NRA 人民币账户的资金余额不纳入现行外债管理，其存款利率参照中国人民银行公布的活期存款利率执行，而 NRA 外币账户的存款利率按现行外币存款利率执行。

2. 关于 NRA 账户存款利息代扣代缴利息税

还有一点需要注意的是，根据《非居民企业所得税源泉扣缴管理暂行办法》（国税发〔2009〕3 号）的规定，NRA 账户的开户行在支付 NRA 账户存款利息时，应履行代扣代缴利息税。根据《企业所得税法》和《企业所得税实施条例》的相关规定，税率视境外机构所在国与我国是否有税收协定而定。若境外机构所在国与我国无税收协定，按照 10% 的税率代扣代缴。

（二）NRA 与 OSA、FTN 账户对比

在我国现行规章制度下，通过境内银行为非居民提供金融服务的账户载体有三类，分别是 OSA、NRA、FTN 账户。

我国离岸银行业务（OSA 业务）诞生于 1989 年。20 世纪 80 年代末期，在我国改革开放的前沿阵地深圳，当地商业银行提出要学习香港等地开办离岸银行业务的经验，得到我国政府的大力支持。总部在深圳的招商银行

凭借毗邻香港的区位优势，于 1989 年率先向中国人民银行申请开办离岸银行业务。由于这一要求正好与我国改革开放政策吻合，很快就得到中国人民银行的批准，招商银行成为当时我国首家也是唯一获批开办离岸银行业务的商业银行，后拓展到深圳发展银行（现平安银行）、浦东发展银行、交通银行。当时离岸银行业务的品种主要以存款贷款和结算等业务为主，客户对象以国内三资企业外方股东和港澳中资企业以及香港公司为主，资金来源主要是吸收存款和境外同业的资金拆借，资金运用主要是商业贷款。1997 年 10 月，中国人民银行正式颁布《离岸银行业务管理办法》。

NRA 账户是国家外汇管理局为应对 2007 年国际金融危机对我国实体经济的冲击，保障我国"走出去"企业的资金安全，便利他们在境内银行进行资金管理，允许所有境内银行在谨慎经营的前提下为境外机构开立的境内账户，包括 NRA 外币账户和 NRA 人民币账户两类。NRA 账户兼顾了国内商业银行从事非居民业务的诉求，同时回避了外资银行在我国未经批准办理离岸业务的问题。

FTN 账户是顺应上海自贸区金融改革推出的账户，是 FT 账户体系中的一类。FT 账户根据开户主体的不同，分为区内机构自由贸易账户（FTE）、境外机构自由贸易账户（FTN）、同业机构自由贸易账户（FTU）、区内个人自由贸易账户（FTI）、区内境外个人自由贸易账户（FTF）。自贸区区内企业可以在自贸区银行办理传统商业银行业务，同时监管部门给予了自贸区特殊金融开放政策，允许区内银行为非居民企业开立专门的分账核算账户，即 FTN 账户。

目前，OSA 账户受银保监会、外汇局监管；NRA 外币账户受外汇局监管；NRA 人民币账户受人民银行监管；FTN/FTF 账户主要受人行上海总部监管。

三者在账户功能、业务范围、开户主体以及三者在跨境资金结算功能上的主要区别（经常项目和资本项目结算）对比如下：

表5 OSA、NRA、FTN 账户对比

	OSA 账户	NRA 外币账户	NRA 人民币账户	FTN 账户
启用日期	1989 年	2009 年	2010 年	2014 年
监管机构	银监会、外汇局	外汇局	中国人民银行	中国人民银行上海总部
开户主体	非居民机构和个人	非居民机构		非居民机构和个人
准入主体	离岸银行	境内中资和外资银行		建立自由贸易专用账务核算体系（FTU）的金融机构
账户币种	外币	外币	人民币	人民币和外币
主要功能	全面商业银行业务，包括存贷款；同业拆借；国际结算；大额可转让存单；担保；咨询、见证等	经常项目及直接投资等跨境交易结算	经常项目及直接投资跨境人民币结算；可办理跨境贸易人民币融资业务（含融资担保）	经常项下和直接投资项下的跨境资金结算；投融资汇兑创新业务；与其境内账户之间在部分业务项下可办理资金划转
跨境资金结算功能	可用于经常项目和资本项目结算	主要用于经常项目结算		可用于经常项目和资本项目结算
资金使用规定	1. 不得存取现金；免交存款准备金。2. 境外完全自由划转；与在岸账户之间按照跨境交易管理	1. 不得存取现金，不得结汇。2. 境外可自由划转，但受短债指标限制；与境内账户之间按照跨境交易管理	1. 不得存取现金，不得转换为外币使用；贸易项下可购汇汇出；暂不纳入现行外债管理。2. 境外仅部分自由划转；与境内账户之间按照跨境交易进行管理	1. 不得存取现金；经常项目和直接投资相关业务资金可兑换；投融资创新业务，可根据实际业务需求进行兑换；特定高风险业务应按相关细则规定条件兑换；暂不纳入现行外债管理。2. 境外自由划转；与境内（含区内）机构非 FT 账户之间（含同名账户）按照跨境交易管理；投融资汇兑及相关业务所涉及的资金划转，按照相关业务细则办理

（三）NRA 账户在债券领域的应用

NRA 外币账户和人民币账户的用途如下：

表6　NRA 外币账户和人民币账户的用途对比

功能	NRA 外币账户	NRA 人民币账户
结算	与居民（机构或自然人）的往来按跨境收支管理，与非居民（机构或自然人）的往来自由收支	与居民（机构）的往来按跨境收支管理，与非居民（机构）的往来自由收支
结售汇	账户内资金不得结汇	账户内资金可以购汇
现金	不得存取现金	不得存取现金
利率	执行现行相关外币利率规则	执行人民银行公布的活期存款利率
额度管控	账户余额占用银行短期外债指标	账户余额无须占用银行短期外债指标
融资	NRA 账户持有人融资目前在试点，注意与"离岸业务"区分	NRA 账户持有人可以办理"贸易融资"
担保	账户内资金可为境内机构的融资提供质押担保，按外保内贷处理	账户内资金可为境内机构的融资提供质押担保，按外保内贷处理

根据《境外机构人民币银行结算账户管理办法》（银发〔2010〕249号）的规定，NRA 人民币账户可用于政策明确允许或经批准的资本项目人民币收入/支出，从上海自贸区债券市场开放的探索情况来看，上海清算所和中央结算公司的自贸区债券业务除了支持 FT 账户，也支持 NRA 账户，可见 NRA 账户用于债券市场开放不存在政策和技术障碍，这为前海蛇口自贸片区等目前没有 FT 账户体系的地区的跨境债券创新提供了可能。

六、前海蛇口自贸片区以 NRA 账户体系为依托的债券创新方案

（一）债券市场开放的内涵

按照发行人（境内/境外）、投资人（境内/境外）、计价币种（本币/外币）三个维度，债券市场开放可用图 8 表示。以中国为境内、人民币为本币为例，图 8 中的①是指境内发行人针对境内投资人发行本币债券，这就是一般所说的国内债券市场；②是指境内发行人针对境内投资人发行外币债券，严格意义上也属于国内债券市场的范畴，在我国已有个案，例如 2003 年国开行发行了 5 年期的 5 亿美元该类债券，投资人限于银行间市场具有外币业务经营资格的中资金融机构；③是指境内发行人针对境外投资人发行外币债券，如扬基债、武士债（在境外发），已有先例，如 1982 年中国国际信托投资公司在日本债券市场发行了 100 亿日元的私募债券，境内发行人

针对境外投资人在境内发行外币债券未见先例；④是指境内发行人针对境外投资人发行本币债券，如点心债（在境外发），如果在境内发，类似允许境外投资人投资境内债券市场（已通过 QFII、RQFII、境外特殊机构准入等机制实现）；⑤是指外发行人针对境内投资人发行本币债券，如熊猫债（在境内发），如果在境外发，类似允许境内投资人投资离岸人民币债券（已通过 QDII 等机制实现）；⑥是指境外发行人针对境内投资人发行外币债券，未见以外国主权货币计价发行先例，世界银行 2016 年 8 月在银行间市场发行的 SDR 债券可近似看作此类债券，如果在境外发，类似允许境内投资人投资境外发行的外币债券（已通过 QDII 等机制实现）；⑦是指境外发行人针对境外投资人发行外币债券，典型案例如欧洲美元债券（在美国境外发行的以美元为面额的债券），如果在发行人所在国家和地区，且以发行人所在国家和地区的货币计价，即为发行人所在国家和地区的本地债券市场；⑧是境外发行人针对境外投资人发行本币债券，典型案例有英国政府于 2014 年 10 月在伦敦发行 30 亿元以人民币计价的国债。

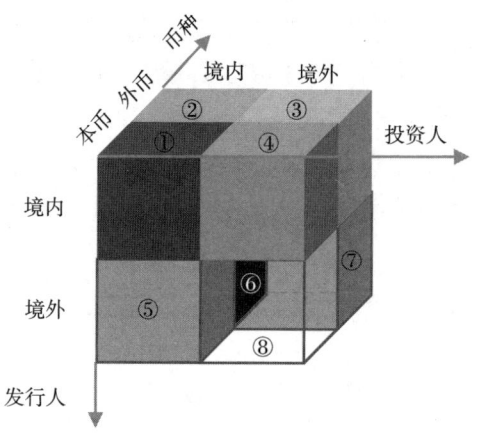

图 8　债券市场开放示意

严格意义上讲，图 8 中的①②⑦⑧不涉及中国债券市场的开放，上海自贸区债券业务是对④⑤进行探索，即允许境内外符合资格的发行人在上海自贸区发行针对上海自贸区内和境外投资人（需要开设 FT 账户或 NRA 账户）的人民币计价债券，其中在④的探索体现在境外投资人不再需要通过 QFII、RQFII 或特殊机构准入的形式参与国内的债券市场，而只需开设 FT 账户或 NRA 账户，在⑤的探索体现在境外发行人发行熊猫债不再局限于特殊机构或"一事一议"（目前只出台了《国际开发机构人民币债券发行管理暂行办法》），扩大了受众范围。

(二) 前海蛇口自贸片区的优劣势

1. 优势

(1) 先行先试优势

作为深圳未来发展的希望所在、潜力所在，前海共肩负着国家赋予的11项重要使命，包括打造自由贸易试验区、深港现代服务业合作区、保税港区、法治示范区、人才特区、服务业示范区、跨境人民币创新业务试验区、金融业对外开放试验示范窗口、世界服务贸易重要基地、国际性枢纽港和"一带一路"重要战略支点，是国家战略的实施要地和综合平台，前海自设立以来，中央赋予了前海/前海蛇口自贸片区多项先行先试政策，为前海蛇口自贸片区探索跨境债券创新，特别是人民币计价债券的创新提供了政策依据。典型的先行先试政策如下：

《前海深港现代服务业合作区总体发展规划》（2010年10月）提出，推动以跨境人民币业务为重点的金融领域创新合作。继续扩大跨境人民币业务试点，发挥深圳作为跨境人民币业务试点地区的区位优势，促进香港人民币离岸市场的发展。稳步推进深港资本市场合作。根据国家金融业对外开放总体规划，循序渐进地推动深圳资本市场对外开放，逐步扩大和深化深港两地证券市场合作，优势互补，互利双赢。

《国务院关于支持深圳前海深港现代服务业合作区开发开放有关政策的批复》（国函〔2012〕58号，2012年6月27日）提出，支持前海在金融改革创新方面先行先试，建设我国金融业对外开放试验示范窗口。允许前海探索拓宽境外人民币资金回流渠道，配合支持香港人民币离岸业务发展，构建跨境人民币业务创新试验区。支持在前海注册、符合条件的企业和金融机构在国务院批准的额度范围内在香港发行人民币债券，用于支持前海开发建设。

2014年"一行三会"支持前海金融创新的32条先行先试政策中，中国人民银行、国家外汇管理局提出：支持境外机构境内发行人民币债券并将募集资金调到境外使用，可以考虑允许在前海注册企业的境外母公司或控股子公司在境内发行人民币债券，募集资金既可以直接以人民币形式调出境外使用，也可以在境内购汇后用于境外。中国证监会提出：支持前海在资本市场领域开放创新发展，对上海自贸区实施金融扶持的政策，依相应的程序可以在前海试验和落地。支持前海企业的境外母公司或控股子公司在境内市场发行人民币债券，对募集资金境内或境外使用不做限制。

《中国（广东）自由贸易试验区总体方案》（2015年4月）提出，推动自贸试验区与港澳地区开展双向人民币融资。在总结其他地区相关试点经验、完善宏观审慎管理机制基础上，研究适时允许自贸试验区企业在一定范围内进行跨境人民币融资、允许自贸试验区银行业金融机构与港澳同业机构开展跨境人民币借款等业务。允许自贸试验区金融机构和企业从港澳及国外借用人民币资金。支持自贸试验区内港澳资企业的境外母公司按规定在境内资本市场发行人民币债券。放宽区内企业在境外发行本外币债券的审批和规模限制，所筹资金根据需要可调回区内使用。允许在自贸试验区注册的机构在宏观审慎框架下从境外融入本外币资金和境外发行本外币债券。

《中国人民银行关于金融支持中国（广东）自由贸易试验区建设的指导意见》（银发〔2015〕374号，2015年12月9日）提出，支持自贸试验区内金融机构和企业在宏观审慎管理框架下，从境外借入人民币资金并按规定使用。推动自贸试验区与港澳地区金融市场对接。支持区内外资企业的境外母公司或子公司按规定在境内银行间市场发行人民币债券。支持区内金融机构和企业在香港资本市场发行人民币股票和债券，募集资金可调回区内使用，支持自贸试验区开发建设和企业生产经营。

综合来看，前海蛇口自贸片区的各项先行先试政策强调金融业对外开放和跨境人民币业务创新，鼓励区内企业到境外特别是香港发行人民币债券，促进香港人民币离岸市场的发展，也支持境外机构在境内发行人民币债券并将募集资金调到境外使用，支持上海的创新政策在区内落地。前海蛇口自贸片区可以成为我国债券市场开放和债券业务创新的试验田。

（2）毗邻香港优势

前海蛇口自贸片区毗邻香港，位于香港半小时经济圈。香港的经济由家族企业占主导，这些企业债务少，且倾向于从银行融资，同时本地投资者倾向于股市投资而非债券投资，香港债券市场的参与主体较少，造成香港的债券市场相对较弱。但是香港的债务工具中央结算系统CMU十分发达，在发行多币种债券、吸引全球投资者和发行人方面具有独特优势。

前海蛇口自贸片区可以借助毗邻香港的独特区位优势，不断深化深港合作，充分借鉴香港国际通行商业规则，营造公正、透明、高效、廉洁、诚信的营商环境；充分发挥香港在前海开放中的独特作用，在粤港合作框架下，形成两地产业互补、经济一体和社会共融的发展格局；充分利用香港的金融基础设施，在债券市场开放方面进行探索。

2. 劣势

（1）账户体系劣势

据 FT 账户试点政策，在上海自贸区境内的合规企业或个人申办 FT 账户后，可更方便地办理经常项下和直接投资项下的跨境资金结算。具体包括：试验区跨境直接投资；包括证券投资在内的各类境外投资；个人在区内获得的合法所得可在完税后向外支付；区内个体工商户可根据业务需要向其在境外经营主体提供跨境贷款；区内企业的境外母公司可按国家有关法规在境内资本市场发行人民币债券；在试验区内的中外资企业、非银行金融机构以及其他经济组织可按规定从境外融入本外币资金；允许符合条件的区内企业按规定开展境外证券投资和境外衍生品投资业务，等等。

FT 账户具有本外币合一、连接境内外市场的优势，在自由汇兑、手续简化、境外融资、对接金融要素市场等功能上优势明显。前海蛇口自贸片区因为没有 FT 账户体系，图 8 中的⑤方面的探索受到制约（前海蛇口区内机构只能通过现有熊猫债的机制投资境外发行人在境内发行的本币债券，或者通过 QDII、RQDII 等机制投资离岸人民币债券），④方面的探索可以通过 NRA 账户实现。

（2）金融基础设施劣势

金融市场基础设施是指参与机构（包括系统运行机构）之间，用于清算、结算或记录支付、证券、衍生品或其他金融交易的多边系统，包含重要支付系统、中央证券存管、证券结算系统、中央对手和交易数据库等五类金融公共设施。经济学界普遍认为，完善的金融基础设施，如支付系统、征信系统、法律和监管环境等，可以促进金融发展，从而推动经济增长。对于债券市场，最重要的金融基础设施就是登记托管清算和结算系统。我国债券市场已形成银行间债券市场、交易所债券市场、银行柜台债券市场为主导，多个市场并存的局面，其中银行间债券市场占比超过 90%。银行间债券分别登记托管在中央国债登记结算有限责任公司（中央结算公司，主要登记托管结算国债、地方政府债、政策性金融债、商业金融债、企业债、资产支持证券、国际机构债券等）、银行间市场清算所股份有限公司（上海清算所，主要登记托管非金融企业债务融资工具、可转让存单等）两大债券登记托管机构，中央结算公司总部位于北京（在深圳目前只成立了服务中心），上海清算所位于上海，交易所债券市场的登记结算机构中国证券登记结算有限公司总部也位于北京（其深圳分公司位于福田），前海蛇口自贸片区未有全国性的债券登记托管平台。对于银行间债券市场，其交易平台中国外汇交易中心暨全国银行间同业拆借中心位于上海，前海蛇口自贸片区也缺乏相应的平台。

（三）建议的创新方案

按照国家对前海蛇口自贸片区的定位，短期内，前海蛇口自贸片区应努力探索人民币计价的债券创新。当前人民币计价债券市场的痛点：境外（香港）的人民币资金池有限，境外人民币债券市场规模较小、流动性较差，境内机构在境外（香港）发行人民币债券（点心债）审批时间长，容易错过最佳发行时机；境外机构参与境内银行间债券市场的渠道还不够畅通，境外机构在境内发行人民币债券没有清晰和简便的流程。针对这一现实问题，前海蛇口自贸片区应努力探索境内外机构发行和投资人民币计价债券的便利化。

因为前海蛇口自贸片区目前没有FT账户体系，在便利境内外投资人和发行人方面存在不足，根据中国现有资金账户体系，一种思路是改造现有离岸账户（OSA账户），通过对离岸账户增加人民币业务和允许前海蛇口自贸片区内企业开设离岸账户，可以尽快补足前海在FT账户上缺失的差距（招商银行原行长马蔚华建议该种方式）；另一种思路是允许前海蛇口自贸片区内符合资格的企业开设NRA账户，境内外发行人和投资者通过NRA账户实现联通。改造OSA账户涉及两个创新：一是离岸账户增加人民币业务，二是允许前海蛇口自贸片区内企业开设离岸账户，而通过NRA账户只涉及批准部分区内机构开设NRA账户（NRA账户同时支持外币和人民币），获批的可能性相对较大。此外，因为目前只有4家国内银行可以开设OSA账户，而几乎所有银行都可开设NRA账户，开设NRA账户也更加便利，建议采用允许部分企业开设特殊NRA账户的方式在前海蛇口自贸片区进行债券创新探索。具体方案如下：

1. 允许前海蛇口片区内符合资格的企业开设NRA账户

NRA账户和FT账户体系的一大特点是可以实现一定程度的隔离和有限渗透，有助于宏观监控和控制风险，在中国并未全面开放资本项目的情况下，NRA账户和FT账户是探索资本项目开放的重要抓手。前海蛇口自贸片区目前没有FT账户，如果区内企业不能开立NRA账户，意味着区内企业无法参与可隔离的境外发行人发行的债券，无法实现境内外投资者和融资者的联通，所以前海蛇口自贸片区的债券创新要从NRA账户入手。初期可考虑在前海蛇口片区内注册的银行、证券、保险等金融持牌机构，港资、澳资、台资等外资机构的前海蛇口片区分支机构（分公司、子公司），有一定国际贸易量、国际业务收入占总营业收入比重达到一定水平的企业，以及一定规模以上的企业开设 NRA 账户（短期内为控制风险、减少资金外流，可只开放 NRA 人民币账户），可采用 QNRA（Qianhai NRA）标记，后期逐步拓展到所有前海蛇口片区内注册机构。开设 QNRA 账户的企业可以投资境内外发行人在自贸区内发行的债券（甚至可以放开允许投资香港发行的点心债），也可以发行自贸区债券，供境内外投资者认购。

2. 允许境内外机构通过 NRA 账户发行和投资债券

对于前海蛇口区内开立 QNRA 账户的企业，以及开设 NRA 账户的境外机构（甚至开设 FT 账户的境内外机构），可以利用中央结算公司深圳服务中心的信息系统，在前海蛇口自贸片区发行登记托管在中央结算公司、在银行间债券市场交易系统交易的以人民币计价的债券（交易平台可共享上海自贸区的全国银行间同业拆借中心国际金融资产交易平台），所有开设 NRA 账户（含 QNRA 账户）或 FT 账户的投资者都可以投资该类债券，开设 QNRA 账户的机构也可投资在上海自贸区发行的债券。以《国际开发机构人民币债券发行管理暂行办法》为蓝本，出台便利境外机构在前海蛇口自贸片区发行人民币债券的办法和细则，基本原则：简化审批、市场化发行、降低发行成本、募集资金可自由调配使用。以《境内金融机构赴香港发行人民币债券管理暂行办法》《国家发展改革委关于境内非金融机构赴香港特别行政区发行人民币债券有关事项的通知》为蓝本，出台前海蛇口区内企业赴香港发点心债的办法，基本原则是：区内企业可便利高效地在香港发行点心债，募集的人民币资金可在境外使用或全额调回境内使用。境外机构可直接在中央结算公司开户，也可以建立 CMU 和中央结算公司的连接，由 CMU 代理结算。联合香港出台相应办法，允许前海蛇口区内开设 QNRA 账户的机构和开设 FT 账户的境内机构投资在香港发行的点心债，投资方式可以是直接在 CMU 开户，或者借助中央结算公司和 CMU 签订的债券结算联网合作协议，由中央结算公司代理。

3. 发展回购交易

依托中央结算公司现有抵押品管理系统，开发跨境抵押品管理系统，支持跨境回购交易，香港发行的点心债和自贸区内（含上海自贸区和前海蛇口自贸片区，甚至未来可拓展到其他自贸区）发行的债券（可约定一定评级以上的债券）均可作为抵押品，实现自贸区债和点心债市场的联通，提高两地债券市场的流动性。

4. 探索建立一体化外币债券市场

在自贸区、香港人民币计价债券发展成熟后，可探索发展自贸区和香港一体化外币债券市场，满足境内外投资者和发行人的个性需求。探索自贸区内发行人在自贸区/香港针对境内外投资人发行外币债券，境内持有合法外汇的投资人通过境内外汇账户/NRA账户投资外币债券，探索自贸区/香港发行的外币债券的跨境回购交易。

综合来看，该方案相比上海自贸区债券方案的创新体现在：

第一，在前海蛇口自贸片区没有FT账户体系的前提下，通过允许前海蛇口自贸片区内注册的部分机构开设特殊的NRA账户，实现境内外投资者和发行人共同参与的人民币计价债券市场，扩大了受众，且对现有系统的改造最小，创新引致的成本最低。

第二，经验可复制性强。目前中央已批准第三批自贸试验区，各自贸区内企业均有利用境内境外两个市场、两种资源发展自身的需求，前海蛇口自贸片区通过给符合资格企业开设特殊NRA账户的做法可以复制拓展到其他自贸区，实现前海"依托香港、服务内地、面向世界"的使命。

第三，共享上海自贸区的金融基础设施，实现和上海自贸区债券市场的联动。共享中央结算公司的登记托管结算平台和上海自贸区的交易平台，上海自贸区开设FT账户的机构也可参与前海蛇口自贸片区的债券业务，减少重复投入。前海蛇口自贸片区开设QNRA账户的机构也可投资上海自贸区发行的债券，共同做大做强自贸区债券市场。

第四，实现香港点心债和境内自贸区债券的联动。境内发行人可投资登记托管在中央结算公司的债券，也可以投资在CMU登记托管的债券，境外发行人既可在前海蛇口自贸片区（甚至其他自贸区）发行人民币债券，也可以在香港发行人民币债券。自贸区债券市场和香港点心债市场还可以通过回购交易进一步联通，实现境内外联动。

（四）对前海金控业务的意义

从短期来看，该债券创新方案对前海金控的业务直接影响有限，但随着自贸区债券市场的发展壮大，公司旗下各合资证券公司可以大力发展自贸区债券的承销、投顾服务，实现特色发展；公司参股的中证信用增进公司可以开发自贸区债券增信相关业务；公司参股的各保险公司可开发针对自贸区债券的保险品种；公司参股的基金公司可发行投资自贸区债券的基金产品；公司还可将债券创新的经验复制推广到其他自贸区，实现自贸区的联动。总之，自贸区债券将为公司各板块带来持续业务收入，公司将间接受益。亚洲开发银行曾估算，未来20年亚洲基建投资额逾8万亿美元，其中"一带一路"国家连同周边国家涉及投资额达4万亿~6万亿美元。"一带一路"沿线大部分国家的资本市场不够发达，前海蛇口自贸片区债券有望成为参与"一带一路"倡议的中资企业以及"一带一路"沿线国家的企业的优先选择，将有力推动人民币国际化。此外，该债券创新还将深化深港合作，做大做强香港债券市场，助力公司履行促进深港合作政策使命。

七、政策建议

（一）出台前海蛇口自贸片区跨境债券办法和细则

联合中央结算公司深圳服务中心，以《银行间市场清算所股份有限公司中国（上海）自由贸易试验区跨境债券业务登记托管、清算结算实施细则》《银行间市场清算所股份有限公司上海自贸区跨境债券业务登记托管、清算结算业务指南》《中央国债登记结算有限责任公司中国（上海）自由贸易试验区债券业务指引》为蓝本，制定出台前海蛇口自贸片区债券业务办法和细则，要点：前海蛇口自贸片区债券同时支持QNRA账户和FT账户，境内外机构可便利地在前海蛇口自贸片区发行人民币计价债券（不受财务报表标准、偿债能力、发债规模等条件限制），发行审批简化、发行程序市场化，前海蛇口自贸片区发行的人民币计价债券在中央结算公司登记托管（通过自贸区专用分组合进行隔离），境内开设QNRA和FT账户的机构可投资在前海蛇口自贸片区发行的债券，境外机构通过NRA账户/FT账户参与前海蛇口自贸片区债券业务，建立中央结算公司登记托管结算系统与CMU等境外证券登记托管结算系统的连接，境外机构也可以通过CMU间接参与前海蛇口自贸片区债券业务。

（二）向有关部门申请前海蛇口片区内部分机构开设QNRA账户

向人民银行、外汇局等部门申请特批前海蛇口自贸片区内注册的部分机构开设QNRA账户，用于投资/发行前海蛇口自贸片区债券。QNRA账户同时支持人民币和外币（含SDR等货币计价单位），初期可以只开通人民币功能。关于合资格机构的条件，由公司和中央结算公司进一步研究，报人民银行、外汇局等部门批准。

(三)向外汇局申请 QNRA 账户和普通人民币账户之间流动的额度

按照现有管理办法，NRA 账户与境内账户之间按照跨境交易进行管理。为了便利人民币资金流动，应向外汇局申请一定额度（比如 1000 亿元人民币），允许额度内 QNRA 账户可以和普通境内人民币账户之间的自由流转。额度建议采用总额控制，即任何时候从境内普通人民币账户流入 QNRA 账户的金额或从 QNRA 账户流入境内普通人民币账户的金额均不超过 1000 亿元人民币，既保证前海蛇口自贸片区债券市场的流动性，又降低资金进出对人民币汇率的影响，控制金融风险。QNRA 账户和 FT 账户之间，QNRA 账户之间，以及 QNRA 账户与香港债券市场之间自由流动（为防止大量资金进出，也可考虑一定的额度控制）。前海蛇口自贸片区内开立 QNRA 账户的机构可以通过该通道获得投资于自贸区债券/香港点心债的资金，也可将募集的资金调回境内区外使用。

回归保险保障本源
服务实体经济发展

刘 洋[①]

金融大发展，服务实体经济是根本。党的十九大报告提出，"建设现代化经济体系必须把发展经济的着力点放在实体经济上，把提高供给质量作为主攻方向，显著增强我国经济质量优势""深化金融体制改革，增强金融服务实体经济能力""着力加快建设实体经济、科技创新、现代金融、人力资源协调发展的产业体系"。第五次全国金融工作会议提出服务实体经济、防控金融风险、深化金融改革的三项任务。会议上，习近平总书记强调"保险业要发挥长期稳健风险管理和保障的功能"。这一系列重要思想和要求，进一步明确了金融服务实体经济的定位和发展方向，成为新时代金融工作的根本遵循和实践指南。面对新形势新要求，保险业要大力推动行业回归风险本源，发挥长期稳健风险管理和保障功能，全方位服务好实体经济发展，成为维护经济安全、促进经济发展、改善民生保障、创新社会治理的重要力量，真正为经济社会发展保驾护航。

一、风险保障是保险业的立身之本

保险作为现代社会风险管理最基本、最有效的手段，已经渗透到经济的各行各业、社会的各个领域、生活的各个方面，发挥着经济"减震器"和社会"稳定器"的重要作用。保险所提供的不仅是产品和服务，而更多的是一种有利于社会经济稳定的制度安排。因其自身的独特功能，它在参与社会风险管理、完善社会保障制度、维护社会稳定、促进经济发展等方面发挥着重要作用。

---

① 刘洋（1981— ），男，内蒙古呼和浩特人，哈尔滨工业大学与深圳市前海金融控股有限公司联合培养博士后，研究方向：再保险中心发展。

1. 促进社会稳定。社会稳定问题是关系到我国政治安定、经济增长的基础问题。保险可以通过给予保险人经济方面的补偿来分散风险，转移自然灾害、市场风险带来的损失，从而有效保障居民个人和家庭生活安定，实现社会稳定。

2. 完善社会保障。社会保障是国家通过立法，动员社会各方面资源，进行收入再分配，为劳动者提供在年老、失业、患病、工伤、生育时基本生活保障的制度安排。商业保险作为社会保障体系的重要补充，能够提供多样化的商业养老与健康保险产品及服务，有利于提高社会保障体系的整体水平，逐步成为家庭保障计划的重要内容。

3. 参与社会管理。保险是市场经济条件下参与社会管理的重要手段，它通过拓展保险服务、提供风险保障，不断推进社会管理体制创新和整合社会管理资源，形成社会管理和社会服务的合力。同时政府运用保险这一风险管理机制辅助社会管理，助力扶贫攻坚、灾害救助、大病保障、健康养老等方面工作，成为民生保障的重要支撑。

4. 助力经济发展。保险是现代市场经济发展水平的重要标志，保险资金具有投资期限长、规模大、资金量稳定的特点，是基础设施建设重要的资金提供者，是资本市场重要的机构投资者。随着保险资金投资渠道的不断拓宽和投资工具的日益丰富，分散化、多元化、国际化配置趋势已成为保险资产配置的主流，保险资金正在以多种方式参与实体经济和金融市场的建设。

二、服务实体经济是保险业的历史使命

实体经济创造物质和精神财富，既是社会生产力的集中体现，也是社会财富和综合国力的基础。金融是现代经济的核心，也是经济发展的血液。只有把握好实体经济和金融之间的关系，才能不断提升金融服务实体经济的能力和水平。

1. 服务实体经济是金融业发展的根本目标。实体经济是金融存在和发展的基础，离开了实体经济创造的价值，金融就会成为无本之木、无水之源，成为实体经济体外循环的虚拟经济。同时，服务实体经济也是防范金融风险的有效途径，通过金融的产品和功能，让金融资源配置到经济社会发展的重大领域和薄弱环节，服务好供给侧结构性改革和实体经济的金融需求，从而促进实体经济加速成长。实体经济的发展又有利于促进金融回

归本源,使保险回归风险管理功能,从而为有效防控风险、确保金融业的平稳健康发展创造条件。

2. 保险业回归"姓保"本质,服务实体经济发展。金融是实体经济的血脉,离开了金融的支持,实体经济发展就缺乏动力和活力,失去了发展的机遇。保险作为金融业三大支柱之一,是经济运行的安全保障和社会稳定的减震器。保险业支持实体经济发展,既是保险业的本源所在和责任担当,也是其发展的现实需要。因此无论从功能定位还是社会需求来看,保险业都必须不忘初心、回归本源,回归到长期稳健风险管理和保障上来,回归到"保险业姓保"、做强保障、做精专业上来,回归到围绕实体经济需求和人民日益增长的美好生活需要构建全面风险保障体系上来。只有这样,才能真正担负起保险的职责使命,才能坚持以人民为中心的工作导向,才具有旺盛的生命力和广阔的发展前景。

三、前海保险业支持实体经济发展的建议

前海地处珠三角核心地带,毗邻港澳,背靠珠三角腹地,具有先行先试的政策优势,前海保险业应以将前海打造成为深圳建设国际化保险创新中心的"主引擎"和"示范区"为目标,依托深港两地庞大的金融市场和优质的营商环境,聚集香港、内地资金和人才,为推动实体经济发展做出贡献。

(一)发挥保险优势,服务国家战略

在我国由保险大国向保险强国转变的进程中,保险业最核心的任务和最关键的着力点,在于按照全面建成小康社会、基本实现现代化、全面建成社会主义现代化强国的宏伟目标,站在服务国家治理体系和治理能力现代化、服务全体人民共同富裕的战略高度,坚持以人民为中心,着力提高保险供给体系质量与效率,拓展服务领域和覆盖面、渗透度,大力推进风险保障型产品开发,满足实体经济和社会民生多样化的风险保障需求。

党的十九大报告提出了推动形成全面开放新格局,支持香港、澳门融入国家发展大局等要求,前海保险业应积极对接国家战略,积极参与"一带一路"、粤港澳大湾区、粤港澳深度合作区、自由贸易港区等建设,为国家重大战略和基础设施建设提供全方位、多层次的保险服务和资金支持。保险资金是支持实体经济发展的重要力量,具有长期性、稳定性的特点,

与"一带一路"倡议基础设施建设项目资金需求大、建设周期长、收益稳定的特点非常匹配。前海保险业可以通过债权、股权、股债结合、股权投资计划、资产支持计划和私募基金等方式,以及通过投资亚洲基础设施投资银行、丝路基金和其他金融机构推出的金融产品等途径,直接或间接投资"一带一路"和粤港澳大湾区等重大投资项目,支持实体经济发展。在"一带一路"倡议中,前海可大力发展"一带一路"重点项目财产保险、重大工程保险,大力发展出口信用保险、航运保险等,为国家重大战略提供风险保障,提高"中国制造"的国际竞争力,促进外贸出口和海洋经济增长。可发展科技保险、专利保险、首台(套)重大技术装备保险等,服务先进制造业、战略新兴产业创新驱动发展,培育新动能,引领经济结构调整和产业转型升级,构建服务实体经济的创新支持体系。

(二)创新保险产品和服务,支持重点领域与行业的保障需求

前海保险业应努力提升保险支持实体经济发展的针对性和有效性。针对社会经济重点领域和薄弱环节的风险保障需求,着力强化保险业在支持长期投资、拉动和促进消费、服务企业"走出去"、保障农业生产、支持创新和结构调整、精准扶贫、改善民生福祉等方面的作用,着力强化保险业在服务小微企业等薄弱环节,支持科技创新、出口贸易等重点领域的作用,为实体经济提供全方位、多层次的风险保障服务。

1. 支持小微企业发展。"大众创业,万众创新"是中国经济发展的新引擎。在实体经济中,中小微企业数量庞大,在人口就业、国民经济中占有重要地位,但小微企业资产规模偏小,抗风险能力弱,金融服务覆盖面不足,普遍存在融资难、融资贵等痛点问题。要解决这一问题,可以通过保险的方式对小微企业进行风险安排,增强其信用担保能力,如通过提供信用保证保险,帮助小微企业拓宽融资渠道,提升融资能力,降低融资成本,缓解小微企业融资担保难题。在实践中可以通过政府、银行、保险等各方联合建立风险共担机制,对于可能出现的损失,约定按照一定比例共同分担,这样有助于银行机构更好地管理风险,稳健运行,更好地服务小微企业发展。

2. 推动商业养老和健康保险等业务发展。在当前我国社会老龄化趋势下,商业养老和健康保险是我国社会保险的重要补充,具有越来越重要的现实意义。前海保险业应积极布局健康养老产业,加快发展商业健康保险、重大疾病保险,探索开展长期护理、失能保险,推进健康保险与健康管理

相结合。建议积极发展商业养老险，争取在前海率先试点开展税延养老保险业务，服务民生福祉。

3. 发展与公众利益密切相关的责任保险。环境污染、食品安全、生产安全、公共安全、医疗责任等责任保险，有利于提升企业的防损减灾能力，降低社会风险总水平。

（三）推进深港保险合作，打造保险联动平台

前海作为"深港合作区"，应发挥深港融合功能，研究探索深港两地保险产品、服务、资金、人才等领域互联互通，探索创新保险发展机制、完善保险服务，构建具有前海特色的保险生态圈，将前海打造成为专业化、市场化、国际化的保险平台。

一是充分学习香港保险业先进理念。发挥香港超级联系人的角色，增加与香港的关联度，建立与香港保险业的合作、交流、研发机制，使前海成为连接国际保险市场的纽带，合力推进前海保险市场的发展。

二是利用香港在保险技术、人才队伍、管理经验、制度规则体系等方面的优势，携手香港保险业共同探索创新产品，探索两地保险产品双向互认。

（四）聚集资源要素，推动保险业转型升级

在产业选择上，建议前海重点布局创新型和专业型市场主体，如自保、相互制、互联网等创新型保险机构，健康、养老、责任、科技、文化、人才保险等专业保险机构，形成创新开放发展的高地。顺应金融科技是下一个风口的发展态势，建议加快发展科技金融，推动金融业升级换代。鼓励各类保险主体积极研发互联网、大数据、云计算、人工智能、区块链等前沿金融科技，改造传统金融服务模式，实现决策、业务、协同、风控的数字化和信息化，完善前海保险主业链条。同时，积极构建前海系统化"引才惜才重才"的人才支持政策，战略性人才储备体系和多元化人力资源管理机制，努力打造创新活力交相迸发、聪明才智充分涌现的人才特区和人才生态，为前海金融业创新发展、服务实体经济提供重要的人才保障和智力支撑。

指数保险发展与案例分析

李 曼[①]

一、灾害与保险

(一) 中国自然灾害概况

过去的几十年,全球经历了气候变化加剧、极端事件增加、自然灾害频发的一段时期。从1980年到2018年的近40年间,自然灾害频次呈现明显的上升趋势(如图1所示),由此导致了平均每年7万多人口死亡和近千亿美元直接经济损失[②]。而据联合国减灾署(UNISDR)分析,大多数可能发生的灾害目前还尚未发生,未来仅建成环境的期望年均损失就高达3140亿美元。

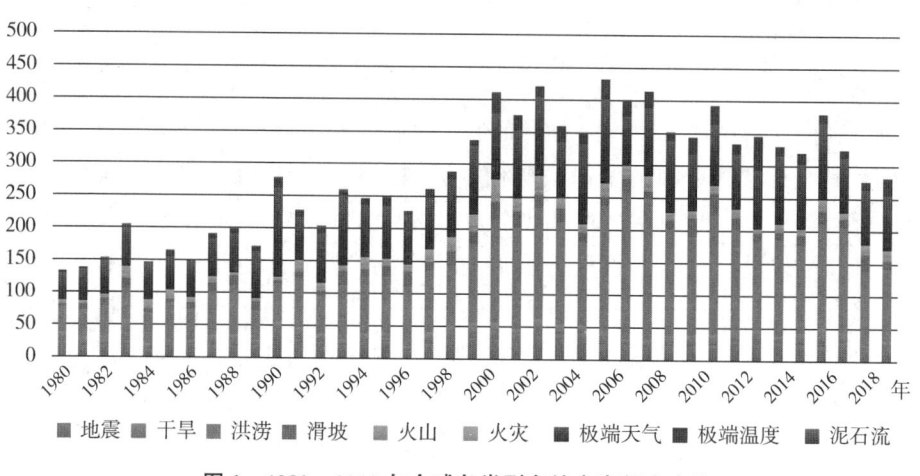

图1 1980—2018年全球各类型自然灾害频次变化

中国自然灾害种类多,发生频率高,分布地域广,造成了巨大的生命

---

① 李曼(1988—),女,湖北宜昌人,武汉大学与前海金融控股有限公司联合培养博士后,研究方向:巨灾保险。
② 资料来源:瑞士再保险。

和财产损失，是世界上自然灾害最为严重的国家之一，除了现代火山活动以外，其他类型的自然灾害包括气象灾害、地震地质灾害、海洋灾害、生物灾害和森林草原火灾在中国都时有发生。这些自然灾害对中国各省（自治区、直辖市）均造成了或多或少的影响，大部分城市和人口都受到多种灾害的严重威胁。

在全球气候变化的背景下，气候异常和极端事件的频率和强度呈现上升趋势。同时，自然灾害在时间上的群发和空间上的群聚，以及部分灾害引起的严重次生灾害，增加了自然灾害风险防范的复杂性。随着经济快速发展和城市化进程不断加快，中国的资源环境和生态受到巨大的压力，也使得更多的财产和人员受到自然灾害威胁，给灾害的防御和应对工作带来了更多的挑战。此外，随着经济全球化和区域化不断发展，其他国家遭受的自然灾害影响也会通过供应链和生产链扩散到中国，间接打击到中国经济，其不确定性和高度复杂性进一步增加了应对灾害风险的难度。

为了实现减轻灾害风险与可持续发展战略，降低灾害影响，建立与风险共存的社会体系，必须加强区域综合灾害风险防范。灾害风险分散是区域综合灾害风险防范结构体系中不可或缺的组成部分，它通过大量筹集资金，在灾害发生并造成影响后快速地给灾区提供资金以降低灾害的间接影响并保障灾后的恢复与重建，将个人或个别区域面临的灾害风险在其他群体或区域内实现高效分散。应对灾害风险，充足的资金准备是综合灾害风险防范的中心环节。而随着灾害事件的日益频发及其影响不断增大，应对灾害风险的成本在增加，灾后救助和恢复重建的资源缺口正在扩张，风险减轻的方法已不足以有效降低灾害尤其是巨灾的影响，灾害风险分散的手段在综合灾害风险防范中越来越凸显出其重要性。

(二) 灾害风险分散工具组合与保险

针对不同等级的风险，风险管理的方式有所侧重。风险减轻的方法更适合高频率低损失的灾害事件，也就是低风险；而风险分散始于应对更高等级的风险，即中风险；而针对那些极低概率、极高损失的风险，即高风险，风险最终都由政府或供体组织来承担。同时，一部分风险分散工具也可用于应对低等级的风险，减轻受灾个体的经济负担。广义的风险分散有传统型和创新型的、正式和非正式的、灾前和灾后的各种工具，这些风险分散工具的组合总结在表1中，针对高中低等级的风险，包含了宏观、中观和微观尺度。

表1 应对不同层级风险的传统型和创新型风险融资机制

	家户/小公司/农田	金融机构/供体组织	政府
传统风险融资机制			
团结基金（高风险）	灾后政府救助，人道主义援助	政府担保，紧急救助	双边和多边援助，欧盟团结基金
储蓄和信贷（中风险）	储蓄，小额信贷，借贷	应急流动基金	准备金，灾后信贷
非正式风险分散（低风险）	亲属帮助，互助共同协定		从其他预算项目转移
传统保险工具（中风险）	财产保险，农作物保险，国家灾害保险	再保险	
创新型风险融资机制			
新型保险相关工具（中—高级风险）	指数作物保险和牲畜保险，天气对冲基金，灾害彩票，捐赠	巨灾债券，灾害保险基金	主权风险融资，或有信用，区域巨灾保险联营

不同的灾害风险融资工具由于机制和运作方式不同，与灾前融资工具相比，财政支持或灾后国际援助等灾后风险融资手段在效率性、效益性和充足性上存在巨大的局限，因此不能成为政府有效分散巨灾风险的主要手段。而在灾前融资工具中，保险是效益成本比最高的。除此之外，保险还能减少个体风险的方差，以及促使灾民积极地应对灾害降低灾害影响。

保险在发达国家的灾害风险融资体系中占据了非常重要的地位，发达国家的金融市场发展快，灾害保险起步早，灾损保险赔付高。从1970年到2017年，在瑞士再保险公司定义的巨灾损失中，保险赔付覆盖了很高的损失比例，为灾害损失的分散发挥了重要作用。经济发展、人口增长、灾害频发地区的资产集中度提升，气候变化加剧使自然灾害的经济成本增加。如果保险深度未能相应增加，长期而言，以上各因素将导致灾害保险保障缺口的进一步扩大。

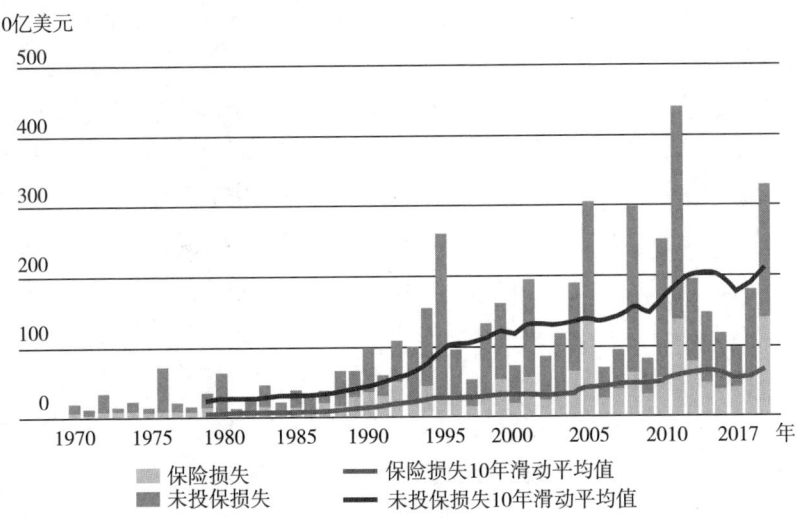

图 2　1970—2017 年巨灾保险损失与未保险损失

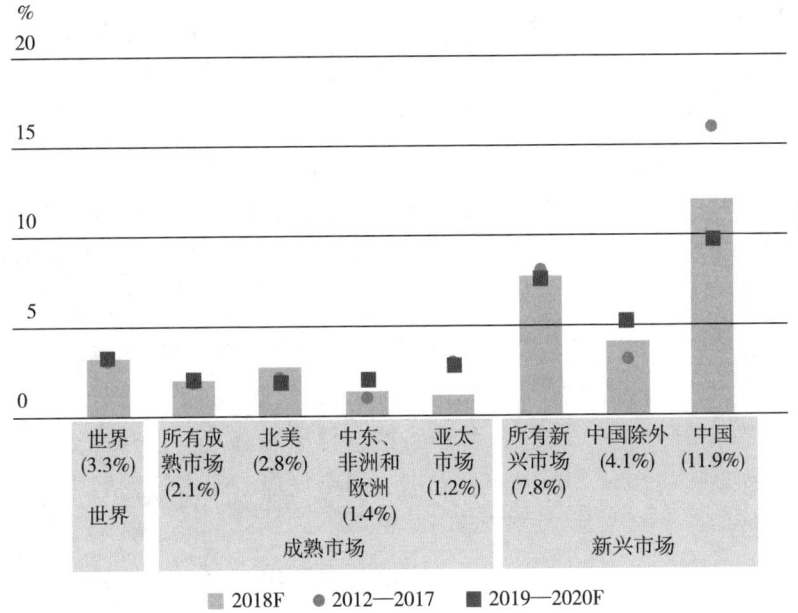

注：括号中为 2018 年数据。

图 3　全球非寿险保费实际增长率，实际值和预测值

（资料来源：瑞士再保险）

目前，中国保险市场处于发展阶段，尚未填补自然灾害风险保障缺口。

发达国家的自然灾害损失中有30%左右可以被保险覆盖,而在中国等发展中国家平均只能达到1%。然而,随着中国近年经济快速发展,并逐步向高质量发展转型,保险深度和密度也随之得到提高。过去一年中国和亚洲新兴市场保费增长达到8.1%,而受政府大力支持的农业保险则是中国保费主要增长驱动因素,也促使农业保险成为农业自然灾害风险管理最重要的策略之一。瑞士再保险预测,中国和亚洲新兴市场是保险业未来数年的增长引擎,将会带领全球保险市场保持温和复苏。受益于强劲的经济增长与其他利好因素,各类巨灾保险再保险市场将迎来机会,填补风险保障缺口,促进国民经济稳定发展。

二、指数保险的应用与发展

(一)指数保险发展状况及其特征

指数保险是近年来新兴起的一种保险类型。与传统保险相比,指数保险的触发机制和理赔标准不再依赖于人为核定损失,而是基于一个事先约定的特定指数,该指数一般兼具透明性、客观性和随机性,比如台风的等级、地震的等级、航班延误的发生等。

指数保险最早起源于天气衍生品,由于天气衍生品和农业指数保险在合同格式和内容上有很多共同之处,天气衍生品在其他行业风险管理有效性得以凸显后,便有不少国家将其用于农业天气风险管理中。20世纪90年代后期,农业气象指数保险首先被北美能源供应商用于规避异常天气所致的亏损。面对发展中国家的贫困陷阱,指数保险被认为是最有潜力的风险分散工具,此后,指数保险日益受到理论界和保险业界的重视,最终在农业生产领域得到应用,并在世界银行的指导下在乌克兰、马拉维、埃塞俄比亚、加勒比海地区、肯尼亚、泰国、坦桑尼亚、印度等发展中国家得以试点和推广。

指数保险的概念被提出之后,大量研究聚焦于对农业指数保险和传统农业保险的对比上。与传统保险相比,指数保险具有明显的优点:(1)指数保险对投保、承保、理赔等经营环节所需信息相对简单,灾害信息大多是公开且容易获得的,查勘定损效率高;(2)指数保险的赔偿不是针对个别标的的损失,因此在责任风险发生时,保险公司无须进行核损和农户间损失调整等繁杂的过程,而是直接按照标准合同给投保人以相应的赔偿,可以有效降低行政和交易成本;(3)指数保险赔偿所基于的指数是事先在合同中约定的、与个别标的的损失无直接关系,被保险人在责任风险发生时更加积极地进行补救,增强减灾积极性,因此道德风险问题易于控制;(4)由于损失补偿是按标准化合同约定的,高风险区域的被保险人由自己负担额外的风险责任损失,因此减少了逆选择问题的发生;(5)指数保险标准化透明程度高,相对传统保险产品更容易进行流通转让,从而可以通过资本市场实现进一步的风险分散。

但同时,天气指数保险也存在较高水平的基差风险,即保险赔偿与实际损失之间存在差异,来自依据指数的赔付款和保险原本要抵御的实际损失之间的不完全匹配。天气指数保险的基差风险包括三种:因灾害空间分布不均导致的空间基差风险、因作物在不同生长期受灾害影响不同而导致的时间基差风险和因不同作物对灾害敏感性不同而导致的特定基差风险。基差风险影响投保人购买指数保险的积极性,情况严重时还可以引发涉稳风险。学者指出,为最小化基差风险,被选择的指数必须能够精确地预测损失,但是基差风险不能被完全消除,只可通过保险产品的设计减小。

天气指数保险的优势及其在发展中国家农业风险管理领域内的成功经验,为指数保险在其他风险管理领域内的应用提供了有益的借鉴,在洪水、地震等灾害风险分散的应用场景得到初步探索和实践,在巨灾风险防范中也有重要的应用前景。

(二)指数保险的应用领域

指数保险具有操作简单高效、交易成本低、解决了信息不对称问题等优点,使其在很多领域得到应用,一般来说,其应用场景包括以下几个方面:(1)对赔款时效有很高的要求;(2)所需保障无法通过购买传统保险的方式获得,需要创新保险模式,比如位于"台控区"企业的台风保险,一部分农业保险,一部分中小企业的营业中断险等;(3)被保险人灾后的费用增加很难通过传统形式定损,比如灾害发生后对个人家庭的日常生活工作学习带来冲击,企业安置员工、转移生产线的额外费用,原材料价格因交通受阻而上涨,政府需要支出额外的施救费用,抢修基础设施、安置灾民等;(4)灾害会对被保险人的资产负债表产生冲击(非物质损失),比如地震会使当地地产公司的楼盘贬值,飓风过后对当地经济产生冲击,银行坏账率增加,极端天气(大风、暴雨)使旅游景区收入减少等。

近年来,越来越多的政府意识到自然或人为灾害对政府资产负债表带来的严重冲击：当灾害发生时，政府需要第一时间抢险救灾；在灾害发生后，还需要组织基础设施的灾后重建、安置灾民，以上都会导致财政支出的大幅增加。与此同时，灾害的发生还会对当地的经济和生产活动带来冲击，造成税收的减少。为降低灾害对政府财政的冲击，许多地区或国家政府都选择了指数保险作为其风险转移、灾后融资的重要手段。

（三）常见的指数类型及经典案例

常见的指数类型包括干旱、强风、强降水、洪水、高温/低温、地震等。干旱触发指数主要代表了一个区域的缺水状况，根据需求，可选用的指数包括标准化降水蒸散量指数、降水距平百分率、帕尔默（Palmer）指数等。强风触发指数代表了区域台风、飓风、大风等各类强风的风速，包括各时段的最大风速、最小风速、平均风速或各类分析指数。强降水触发指数代表了区域降雨、降雪等强度，可选用的指数包括各时段的最大降雨量、平均降雨量、降水距平百分比、标准化降水指数、积雪深度、积雪面积等。洪水触发指数描述了洪泛区的淹没特征，可选用的指数包括最大流量、洪水总量、水深、洪水历时等。高温和低温触发指数代表了区域温度偏离正常范围的程度，可选用的指数包括最高/低气温、平均气温、积温等。地震触发指数主要代表了一次地震的能量强度或区域地震动的强度，可选用的指数包括震级、烈度、地震动参数等。

在实际产品设计过程中，需要根据区域灾害特征，结合标的类型，因地制宜地选择合适的指数，使最终选择的指数能更好地代表标的损失，同时容易获取和被公众接受。

（1）肯尼亚畜牧业旱灾指数保险

肯尼亚北部干旱半干旱地区人口的生存主要依赖于牲畜，牲畜收入占总收入的2/3，牲畜死亡是牧民家庭面临的最严重的经济风险。在过去100多年里，北肯尼亚发生过约30次严重的干旱，其中约5次发生在近十余年。牧民传统的风险管理方式是改善畜牧管理方式和牧民之间的互助，但这些方法无法应对系统性的风险。近些年来，在世界银行和国际牲畜研究所的帮助下，肯尼亚牲畜指数保险产品进行设计，并于2010年初开始销售。

肯尼亚畜牧业旱灾指数保险是通过遥感指数——归一化植被指数来构建的。由于牧区牲畜几乎完全依赖于可得到的牧草作为营养，因此NDVI可以作为牲畜啃食和营养状况的间接指标。肯尼亚相关部门利用统计方法，建立了NDVI与牲畜死亡率数据之间的关系。这样根据NDVI数据，就可以获得肯尼亚特定地区的牲畜死亡率预测数据。

肯尼亚畜牧业旱灾指数保险的保险标的包括骆驼、牛、绵羊和山羊。根据保险时期内观测的 NDVI 指数，基于该指数与牲畜死亡率的函数响应关系，计算各地区的牲畜死亡率；当死亡率低于 15%，牧民自行承担，超过 15% 的部分由保险公司赔偿。

（2）加勒比地区地震、飓风和强降水指数保险

加勒比地区巨灾风险保险基金 CCRIF 是世界银行帮加勒比地区的岛屿国家策划的一个解决灾后短期资金流问题的方案，以保证各参与国灾后恢复重建的同时保障政府的基本运作。自 1970 年以来，加勒比地区年均因灾损失占 GDP 的 2% 左右，当面临巨灾时损失更加严重，另外，由于国家面积小，实现区域间的风险分散几乎不可能，也没有足够的经济能力购买交易成本高的巨灾保险产品。因此，2007 年 6 月，在世界银行的帮助下，耗时两年，成立了 CCRIF，允许各参与国在飓风或地震发生后，迅速获得现金流。

CCRIF 的地震指数、飓风指数和强降水指数都是基于灾损模型估算的 20 年一遇的损失来开发的。地震指数保险以震级为指数，强降水指数保险以最大累积降雨量为指数，飓风则是基于用于损失模型的多种参数，包括风强、风暴潮参数、暴露度等。标的为各参与国家的损失。各成员国支付的保费从 20 万美元到 200 万美元不等，分别对应保额 1000 万美元到 5000 万美元，保额为估计损失的 20%。自 2007 年始，基金已经为参与的 17 个成员国中的 12 个，共计赔付了 1.2 亿美元。

CCRIF 的财务战略是可应对 1500 年一遇的巨灾，这需要最大赔付能力达到 1.45 亿美元。对此，基金的风险转移结构分为四个层次：第一层次，基金风险自留 1250 万美元；第二层次，再保险承担超出第一层次以上的 1250 万美元损失；第三层次，再保险承担超出第一、第二层次之上的 3000 万美元的损失；第四层次，共有 9000 万美元，包括 6000 万美元的再保险和 3000 万美元的掉期。2008 年，CCRIF 共购买了总保额为 1.325 亿美元的再保险，共支付保费 930 万美元，是年均损失 550 万美元的 1.69 倍。

（3）印度洪水遥感指数保险

2017 年 12 月，德国小额保险解决方案实施团队与德国航空航天中心（DLR）签订了一份协议，合作的目标是实现洪水自动监测，基于此构建洪水指数保险。

作为小额保险解决方案实施团队和德国航空航天中心框架协议下的首

次合作，现代地球观测卫星的大部分未开发潜力可在合作发展方面得到应用。得益于卫星数据质量和数量的不断提高，遥感技术是发展指数保险方案的一项有前途的技术。该保险项目的目标是为印度农村的农业和非农业家庭开发一种抵御洪水风险的指数保险，以 Sentinel 1 和 Sentinel 2 卫星的免费卫星数据为基础，提供高精度洪水参数，实现大范围高效、经济的洪水保险保障。到目前为止，已在多个区域实施了试点。若试点成功，将会扩展到更大的区域。

(4) 安徽水稻高温指数保险

2017 年 2 月初，苏州市农险办开发了具有苏州地方特色的农险项目新险种，即大闸蟹高温指数保险。该指数保险合同的触发条件为连续两日以上达到高温天气（即达到37℃）。值得注意的是，该保险产品的保费由政府补贴70%，蟹农仅需出资30%。

该保险产品推出后，苏州市吴江地区出现连续高温天气，单日最高气温更是达到了40.8℃，创下 1959 年以来吴江最高气温的历史极值。持续高温致使多家蟹户遭受损失。对此情况，保险公司迅速成立专项工作小组，制订赔付方案，实现快速理赔。

三、农房地震指数保险的案例分析

(一) 中国地震保险的发展历程

20 世纪 50 年代以来，地震保险在中国经历了发展、停滞、恢复、限制与规范发展等历程。

中国地震保险在 1949 年至 1958 年开始起步。部分省份为农业生产提供了包含地震责任的农业保险，火险和财产险相关条例也均把地震列入财产保险的基本责任范围，开创了中国包括地震等巨灾责任在内的"一揽子"责任财产保险。

中国地震保险在 1958 年至 1979 年发展全面停滞。1958 年，全国财政会议正式作出"立即停办国内保险业务"的决定，地震保险发展因此停滞了 20 余年。在地震保险缺失的情况下，国家财政承担了全部损失，其中包括 1976 年的唐山大地震。

中国地震保险在 1979 年至 1995 年恢复发展。1979 年，全国保险会议举行，国务院批准逐步恢复国内保险业务。企业财产保险、国内货物运输保险、家庭财产保险和汽车及公众责任保险仍将地震列入上述财产保险的基本责任范围之内，面向企事业单位的财产保险、工程保险、车险、船舶保险、货运保险以及面向农民的农业保险，全部涵盖了地震责任。在这个时期，保险普及率高、费率低、保障充分、优惠力度大、简便易于操作。

中国地震保险在1995年至2000年发展受到限制。1996年，中国人民银行考虑到中国地震保险经营缺乏科学的精算基础，为保障保险公司的稳健经营，规定在"财产保险基本险条款"和"财产保险综合险条款"中，保险人的承保责任将地震除外。至此，在各项保险条款中，地震都被作为除外责任，或附加险责任，"一揽子"责任保险彻底退出历史舞台。

中国地震保险在2000年规范之后得到进一步发展。2000年1月，考虑到地震风险属于巨灾风险，而中国尚未建立相应的风控制度，保监会规定，未经保监会同意，任何保险公司不得随意扩大保险责任，承保地震风险，中国再保险公司不得接受地震保险的法定分保业务，任何保险公司不得采取向国际市场全额分保的方式承保地震风险。2001年10月，保监会放宽了地震保险的承保责任，并在承保方式、分保安排、财务管理等方面提出了规范性要求。2002年12月，中国保监会取消了地震保险的报批制度。2003年，保监会完成并提交了《建立我国家庭财产地震保险研究报告》，温家宝总理亲自批示，要求"深入研究地震保险方案，加快推进赈灾保险体系建设"，政府积极支持发展地震保险，有力地推进了地震保险的基础研究工作。

近年来，地震保险问题受到政府和学界越来越广泛的重视。2008年汶川地震之后，全国人大财经委员会、民政部、发改委、保监会、国务院发展研究中心、财政部、世界银行等对中国巨灾保险的研究成果表明，中国有必要尽快建立地震保险制度并提出具体建议。2015年8月20日，全国首个农房地震保险试点在云南省大理白族自治州启动。2016年，保监会、财政部印发《建立城乡居民住宅地震巨灾保险制度实施方案》，提出"以地震巨灾保险为突破口，开发城乡居民住宅地震巨灾保险产品"。同时，政府联合各保险公司在四川、深圳、云南等地相继进行了地震/巨灾（涵盖地震责任）保险试点，但没有在较大范围内推广。

从中国地震保险发展的艰难历程中不难发现，地震保险的发展和特征，与整个国家发展的历史进程是相生相随的，从中华人民共和国成立初期强制保险、独家经营、行政干预为特征的保险体制，到保险发展全面停滞和缓慢恢复，到改革开放不断深入和社会主义市场经济带来的技术和制度革新,从而为维持稳定经营而将地震责任除外,到中国经济发展对地震保险提出新的需求,每一个转折,都将地震保险逐步向规范发展的方向推进,这表明,对地震保险展开研究,尤其对地震灾害底层数据库建设、制度建设和科学合理的费率厘定,是约束、规范和指导地震保险发展的必要条件。

(二) 地震指数选取

地震突发性强、破坏性大、难以预测,加之建筑物的不可移动性,传统风险减轻的方式不足以应对地震对农房农户带来的影响。在此背景下,应该将地震风险管理的重心从灾后政府救助向以保险为核心的灾前风险融资转移,以尽可能减少政府的财政压力。近年来,在世界银行的指导下,指数保险在发展中国家进行了较为系统的研究和试点,而中国地震保险正处于规范发展的阶段,因此地震指数保险这种创新型的保险产品也受到政府、业界和学界的高度重视。构建地震指数保险指标体系、选取最优的地震指数,是地震指数保险研究的基础,它决定了指数保险产品能否发挥其优势、克服其缺点。

孕灾环境、致灾因子和承灾体组成了地震灾害系统,其稳定性、危险性和脆弱性共同决定了成灾致损的过程。其中,孕灾环境是致灾因子孕育的环境,对于地震成因分析和地震及其次生灾害的预警预测至关重要,但很难与标的物的损失建立直接的量化关系;致灾因子的强度与标的物的损失直接相关,主要表征强度的指标包括震级、烈度和地面峰值加速度;承灾体即标的物与损失直接相关,本研究的承灾体选取了农村居民住房,表征承灾体特征的指标包括住房的建筑类型、结构、材料、高度、建筑时间等。致灾因子危险性和承灾体脆弱性评估是使用精算方法进行指数保险费率厘定的核心。表征致灾因子强度的指标,包括震级、烈度和地震动参数(一般用地面峰值加速度),以及与震级形成组合关系的震源深度和震中距,是联结致灾因子危险性评估和承灾体脆弱性评估的桥梁,在地震指数保险合同中称为地震指数。

通过从四个角度对比不同的地震指数,其各自的优势和缺陷可总结为:其一从数据可获取性的角度,地震震级,通常结合震中和震源深度,在国内外数据库中记录最完整,主要与历史地震相关,烈度和地面峰值加速度仅被部分记录,但不仅包含历史地震数据,也包含表征地震强度的未来预测值;其二从效率的角度,地震震级,通常结合震中和震源深度,相较于烈度和地面峰值加速度具有更高的时效性;其三从居民认知度的角度,以震级为核心的震级、震中距和震源深度是认知度最高的指数组合,而地震动峰值加速度认知度较低,但通过对地震各指数的说明解释,峰值加速度的认知度得到了最大限度地提升;其四从基差风险的角度,作为分析类脆弱性模型输入参数的烈度和地面峰值加速度,能够尽可能地降低基差风险。单个指数几乎不可能满足数据可获取性高、高效性、居民认知度高和基差风险低的所有要求。考虑到指数保险设计的原则——降低基差风险的前提下保持指数保险的优势,建议在指数保险合同中,以烈度为地震指数保险设计的基础指数,表征地震事件的强度,基于此进行地震指数保险的设计和费率厘定。

(三) 农房地震指数保险费率厘定

利用概率地震危险性分析方法,以地面峰值加速度为参数,对中国地震危险性进行分析,并截取出云南省境内的地震危险性数据。用三级潜在震源区模型划分出潜在震源区,云南省境内分割为青藏地震区—滇西南地震带的龙陵—耿马地震构造区和思茅地震构造区、青藏地震区—鲜水河滇东地震带的攀西—滇中地震构造区和川西地震构造区、华南地震区—右江地震带以及华南地震区—长江中游地震带的渝黔地震构造区,最小的潜在震源区最大潜在地震为5级,最大为8级。

假设条件地震统计区内地震活动在不同潜在震源区之间为不均匀分布,在潜在震源区内则满足均匀分布,构建地震活动性模型,利用全样本抽样的方法,在三级别的潜在震源区中随机生成地震事件。并利用衰减模型,计算每个场点的地面峰值加速度。

选取农村住房作为地震指数保险的标的,不同的建筑类型在面对地震时表现差异较大,造成的损失也因此不同。中国幅员辽阔,建筑类型千差万别,统计口径也大相径庭,仅在农村地区,就由于气候、抗震设防要求等原因,导致不同地区的建筑类型不可统一,脆弱性关系更加需要因地制宜地制定。

为此,以云南省为例,将农村地区房屋分为穿斗木屋架结构、土木结构、砖木结构、未设防砖混结构、设防砖混结构和钢筋混凝土框架结构6种,并通过1993年以来的历史地震损失评估记录,将损害程度划分为基本完好、轻微破坏、中度破坏、严重破坏和损坏,构建了震害矩阵,进而计算了破坏比累积概率矩阵。结果显示,钢筋混凝土框架的抗震性能最好,其次依次为设防砖混结构、穿斗木屋架结构、未设防砖混结构、砖木结构和土木结构。

结合云南省各结构类型农房的重置成本、震害超越概率和烈度概率分析,计算基于场点的纯费率。结果表明,基于单个场点的纯费率空间分布与地震危险性分布保持一致,呈现出一定的规律性。总体而言,西南部位于青藏地震区滇西南地震带的德宏傣族景颇族自治州、临沧市、保山市、普洱市和西双版纳傣族自治州以及位于青藏地震区鲜水河—滇东地震带包括大理白族自治州部分地区、丽江市部分地区、楚雄彝族自治州部分地区和昆明市部分地区的区域费率较高,而东部和南部地区费率较低。由于抗震性能的差异,土木结构的农房费率最高,钢筋混凝土农房费率最高,穿斗木类型的农房费率最低。

结合云南省各市/州调查的各结构类型的房屋数量比及基于场点的纯费率,计算各市/州的平均费率。结果表明,以市/州为单位计算平均纯费率极大地降低了组内标准差。平均纯费率水平从迪庆藏族自治州的 1.47×10^{-4} 到临沧市的 $1.90‰$ 不等,纯费率水平受到潜在震源分布和房屋结构类型的影响。

结合云南省各市/州的农村人口数量,计算了纯保费规模,在农房最低重置成本估值和人均住房面积最少的情景下,假设参保率为50%,则总纯保费规模为2.9亿元。

(四) 中国特色地震指数保险模式

与传统保险相比,指数保险最大的优势在于效率高、交易成本低,CCRIF正是利用该优势,在灾后为各参与国快速提供现金流,以保障各参与国政府在正常发挥能效的情况下快速启动灾后恢复重建功能。

但地震指数保险也存在明显的缺陷,即由于灾害空间分布差异及灾害强度测量的误差,导致出现基差风险。尤其对于邻近区域,在同样的费率水平甚至同样的实际损失情况下,若由于测算差异,导致赔付大相径庭,会影响投保积极性,严重时甚至引发涉稳风险。

另外,从基于场点的纯费率厘定结果来看,由于地震潜在震源区的空间特征明显,整个云南省境内费率差异过大。但从次级行政区,也就是市/州来看,一个市大部分地区处于相近的构造环境,组内差异得到有效控制,以市/州为单位计算平均费率并统一投保是可行的。

此外,中国的救灾国策是举国救灾,在发生灾害后尤其是重特大地震灾害后,会根据初步评估的灾害影响,启动相应的应急响应,以中央或地方政府救援的方式进行生活救助、转移安置、死亡抚恤、倒房重建等，另外，"一方有难八方支援"的传统，决定了大灾后可筹集大量社会资金用于灾害救助的各个方面。但大量的研究证明，这两种方式的效率较低，且存在较高道德风险。若将政府某个大灾年份用于救灾的财政资金分散到每年的财政预算中，专用于为居民购买地震指数保险，将极大地提高财政资金利用率。

综上几个条件，都指向了一个显而易见的结论，即中国特色的地震指数保险应采用市/州级层面指数保险+家庭层面传统保险并行的模式，以市/州为单位进行费率厘定，以个人积极参与、前期政府补贴的方式，利用市/州级别省级转移支付财政资金统一投保。同时，中央也应以财政补贴的方式积极推动，或采用与沿海发达城市一对一的模式，定向扶持云南等不发达地区的地震保险发展。建立指数保险和传统保险相结合、政府主导、市场运作、公众参与的地震指数保险经营模式。

长期以来，中国地震保险在发展过程中都存在供给和需求同时不足的问题。从供给层面，应该通过建立巨灾模型的方式，完善地震频发地区的致灾因子和承灾体数据库，以加州地震局（California Earthquake Authority，CEA）的模式为范本，改善精算方法，精进精算结果，便于建立精确的再保险和指数保险证券化模型，将超额风险向资本市场转移。同时，各级财政建立巨灾保障基金，建立兜底机制，解决保险公司承保能力问题。从需求层面，应由政府主导，采用高比例补贴的方式，提升居民购买保险的积极性。

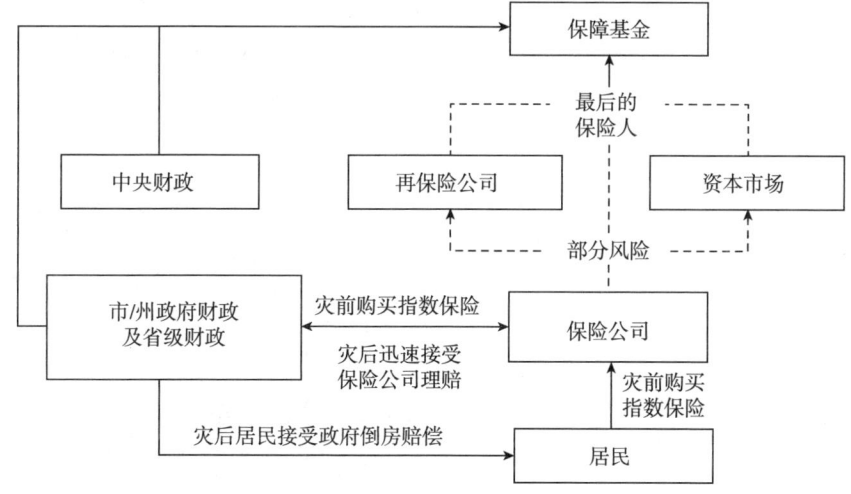

图4 地震指数保险模式

地震影响的区域性，使其难以实现在空间上的高度分散。云南、四川、华北等地震高发区位于不同的地震带，不同地震带和构造区的地震活跃期不同，因此可利用此时间差异，将这些地震频发的省份形成一个风险池，联合保险，形成空间和时间上的双重风险分散。

第二部分　金融创新及开放类

我国资本市场开放的现状与展望

余 臻[①]

一、引言

资本市场是指期限在1年以上的各种资金借贷和证券交易的市场,资本市场按融通资金方式可分为银行中长期信贷市场和证券市场,证券市场又分为股票市场和债券市场,因为银行信贷一般不能交易且融资日益证券化,所以通常所说资本市场是指债券市场和股票市场。资本市场作为现代经济体系的重要组成部分,其在资源优化配置方面的作用日益突出。资本市场使资金从缺乏投资机会的储蓄者手中转移到有投资机会的融资者手中,转化为资本,进而可以和其他要素组合,实现储蓄到投资的转变。资本市场在给投资者和融资者提供渠道的同时,也提供了分散风险的途径,融资者可以将经营风险转移和分散给投资者,投资者通过构建投资组合分散投资风险。资本市场的财富效应也可以增加消费,进而促进实体经济发展。

资本市场开放包括服务性开放和投资性开放,服务性开放指对外开放资本市场的相关服务,属于服务贸易范畴,投资性开放则与资本账户开放密切相关,指资金在各国资本市场之间自由流动,包括融资开放和投资开放。资本市场开放将促进资本市场的成熟,提高资本市场资源配置效率。改革开放以来,我国在资本市场开放方面不断探索,先后实行了B股、QFII、RQFII、银行间债券市场特殊机构准入、QDII、RQDII、沪港通、深港通、内地与香港基金互认、债券通(北向通)等资本市场开放政策,从不同层面推动资本市场开放。然而我国资本市场发达程度和开放水平离发达国家和地区还有诸多差距,与我国经济地位和综合国力不匹配,难以支撑

[①] 余臻(1987—),男,江西乐安人,管理学博士,中山大学岭南(大学)学院与前海金融控股有限公司博士后创新实践基地联合培养博士后(应用经济学专业),研究方向:资本市场开放。

新常态下我国经济发展。党的十九大报告指出，要深化金融体制改革，增强金融服务实体经济能力，提高直接融资比重，促进多层次资本市场健康发展。资本市场开放是推动多层次资本市场健康发展的重要一环。本文将研究资本市场开放的意义，剖析我国资本市场开放取得的进展和存在的不足，展望我国资本市场开放的未来发展方向。

二、国内外研究综述

资本市场开放往往和资本项目开放联系起来，资本项目开放指的是放松乃至取消国际收支平衡表中资本与金融账户下各子账户境内外资金往来的限制，资金跨境流动往往以资本市场为载体，因此资本市场开放是资本账户开放的主要组成部分。国内外关于资本市场开放的研究大多探讨其经济效应，概括起来有三种观点：（1）资本市场开放可以促进金融发展和经济增长，即正面效应（Positive Effects）；（2）资本市场开放对金融发展和经济增长有害，即负面效应（Negative Effects）；（3）资本市场开放要发挥对金融发展、经济增长的正面效应需要满足一定条件，即存在门限效应（Threshold Effects）。

（一）正面效应

根据新古典增长理论，资本市场开放可以让资源在全球范围内优化配置，资本从发达国家向发展中国家流动可以降低发展中国家的资本成本，促进投资和经济增长，提高福利。Bekaert、Harvey、Lundblad（2003）发现资本市场开放可以降低资本成本，将带来投资增长和更好的GDP增长前景。Bekaert、Harvey、Lundblad（2005）发现资本市场开放平均带来每年1%的真实经济增长，这一效应即使采用不同的资本市场开放测量方法也显著，也不受经济周期影响。Klein、Olivei（2008）发现资本账户开放对金融深度和经济增长均有显著正面影响。Quinn、Toyoda（2008）发现资本账户开放不管对发达国家还是新兴市场国家都有正向影响。李巍、张志超（2010）认为，对于低开放度经济体来说，债券市场的开放会导致金融不稳定程度的下降。陈学胜、张建波、董文龙（2012）发现资本市场开放有效缓解了企业的融资约束。张楠（2015）发现我国目前处于服务经济发展期，提高金融开放程度将加速我国经济结构转型，且其边际效用递增。徐国祥、蔡文靖（2018）发现债务类证券开放和权益类证券开放对货币成为国际金融计价货币都有正向影响，债务类证券开放还可以促进货币成为国际储备货币。

（二）负面效应

资本市场开放后，一国资本市场与全球资本市场紧密联系起来，金融风险易于传播和扩散，一国经济也暴露在全球环境下，如果对资本流动控制不当，可能导致资本市场不稳定，严重的话有可能引发金融危机和经济危机。所以有观点认为，资本市场开放促进资源配置效率提高只是理想中的情况，前提是经济没有扭曲，资本自由流动也没有阻碍，实际情况是新兴经济体往往有各种扭曲和阻碍，资本市场开放政策的效果大打折扣，甚至导致新兴市场的危机。Komulainen、Lukkarila（2003）发现在新兴市场国家，伴随着资本市场开放的往往是外债增加，危机发生时会发生大量资本外流，进而加深危机。Stiglitz（2004）发现资本市场开放往往导致的不是经济增长，而是经济不稳定。Bonfiglioli（2008）发现金融开放并没有提高本地金融深度，反而会提高银行系统发生风险的可能性，对投资的影响也是负面的。资本市场开放后，本国和国际市场的联系更紧密，本国更容易受国际市场风险影响，同时外国投资者因为投资环境也可能变成短期投机者，因而市场波动性增加（Bae、Chan、Ng，2004；Chen 等，2013）。

（三）门限效应

由于不同国家制度和发展水平的不同，可能导致资本市场开放的不同效应。Kraay（1998）认为资本账户开放带来的宏观经济效应不确定主要有两方面原因：一是资本账户开放带来的好处被其带来的波动抵消，二是资本账户开放带来的好处只会在拥有较好制度和政策环境的国家发生。Honig（2008）发现需要一个好的制度环境保障资本市场开放的正面效应。Eichengreen、Gullapalli、Panizza（2011）发现资本账户开放对金融依赖行业增长的促进效应只在具有发达金融体系、良好会计标准、债权人保护良好、法律制度健全的国家发生，一个国家必须先达到一定的制度和经济发展水平，才能享受资本账户开放带来的益处。Kose、Prasad、Taylor（2011）发现要获得金融开放的正面效应同时避免金融开放带来的风险，必须满足一些门限条件（Threshold Conditions），其中金融深度和制度质量是最重要的条件。Chen、Quang（2012）发现要获得资本账户开放对经济增长的促进效应需要满足一些基本条件，如经济发展水平、制度、金融发展。杨文、杨婧

(2017）发现资本账户开放对就业存在门限效应，是否促进就业取决于人均 GDP 水平、通货膨胀水平和经常账户余额。

（四）评述

学术界关于资本市场开放的效应并未达成一致，可能的原因包括各国的制度环境不同、采取开放的方式和节奏不同、资本市场开放配套的政策不同等。我国经济总量已跃居世界第二位，股票、债券市场也日益健全，资本市场开放的条件已经具备。随着我国经济与全球联系日益紧密，以资本市场开放为主体的金融开放不可避免。即使资本市场开放会带来风险，也并不意味着应该限制开放或暂停开放，而是需要合理引导、趋利避害。现有文献鲜有对我国资本市场开放所做的努力和取得的进展进行分析，也没有对我国资本市场开放的发展方向给出系统化建议。

三、我国资本市场开放的历程和现状

（一）发行开放

由于改革开放初期，我国经济建设比较缺资金，我国资本市场发行开放是从"走出去"开始的，包括股票发行开放和债券发行开放。

1. 股票发行开放

股票发行开放可追溯到 20 世纪 90 年代，华晨汽车于 1992 年 10 月在纽交所上市，拉开了中国企业海外上市序幕，随后青岛啤酒、马钢股份、广船国际等企业纷纷在海外上市，2000 年左右出现互联网公司赴美上市潮。随着证监会逐步放宽境内企业境外上市条件，赴境外上市变得十分平常。目前，境外上市有直接上市和间接上市两种，其中间接上市又分为造壳上市和买壳上市两种。

截至 2017 年底，共有 252 家中国大陆注册的公司在香港交易所上市（即 H 股）。从 H 股上市年份分布情况来看（如图 1 所示），每年都有企业发行 H 股上市，且最近几年上市公司有增多的趋势。

除了 H 股，截至 2017 年底，香港交易所还有 158 家红筹上市公司，全球各交易所共有 335 家中概股。青岛海尔于 2018 年 4 月宣布将在中欧国际交易所发行 D 股，探索了股票发行开放"走出去"的新路。

在相当长时间内，我国对股票发行"引进来"持保守态度。我国正在探索推出中国存托凭证，便于注册在境外的公司在 A 股上市。2018 年 3 月，《关于开展创新企业境内发行股票或存托凭证试点若干意见的通知》印发，2018 年 6 月 6 日，证监会发布《存托凭证发行与交易管理办法（试行）》等规章及规范性文件，正在推进的沪伦两地股票市场互联互通机制也拟采取存托凭证互挂方式实现两地市场互联互通。

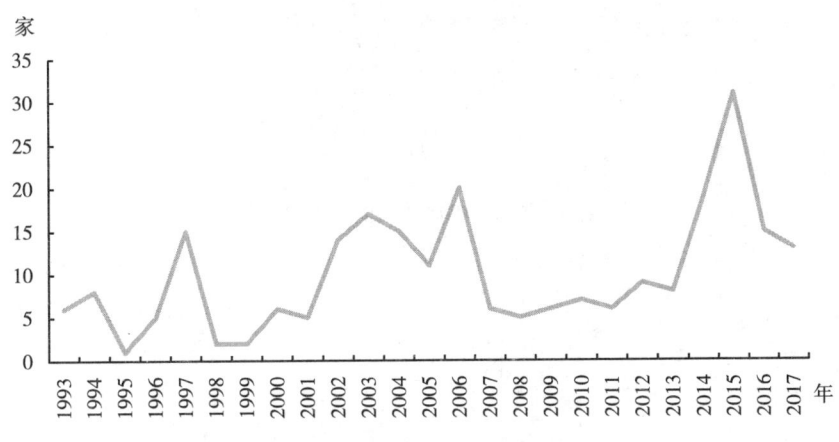

图 1　历年 H 股上市情况

（资料来源：Wind 资讯）

2. 债券发行开放

我国债券发行开放也是从"走出去"开始，1982 年，中国国际信托投资公司在东京发行 100 亿日元私募债券，此后财政部、金融机构、大型企业等都以个案审批的形式在境外发债。后来我国制定了赴境外发债和境外机构来境内发债的管理办法，形成了债券发行开放"点心债"和"熊猫债"两大体系。

根据 Wind 的统计，截至 2017 年底，在离岸人民币市场共发行了 727 笔人民币债券，共计 8302.14 亿元人民币，如图 2 所示。从境外人民币债券的上市地点来看，约一半在香港联交所上市，另有超过 1/4 在香港债务工具中央结算系统上市，两者合计占比超过 80%。

我国针对国际开发机构发行熊猫债制定了专门的管理办法，其他机构发行熊猫债结合现行法律、法规和主管部门的窗口指导进行。以发行公告日计，截至 2017 年底，共有 51 个主体发行了 118 笔熊猫债券，募资金额合计 2229.4 亿元，各年度发行情况如图 3 所示。

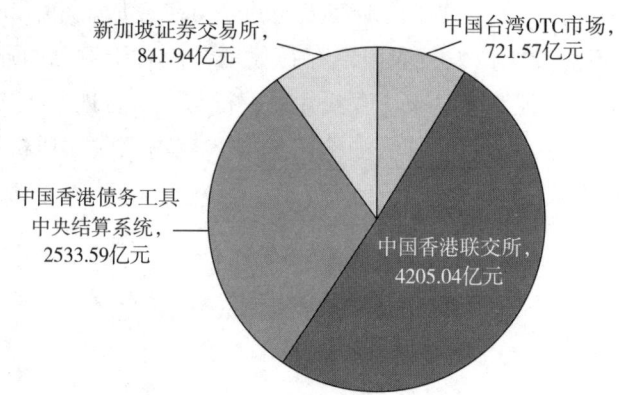

图 2　境外人民币债券上市地点分布情况

（资料来源：Wind 资讯）

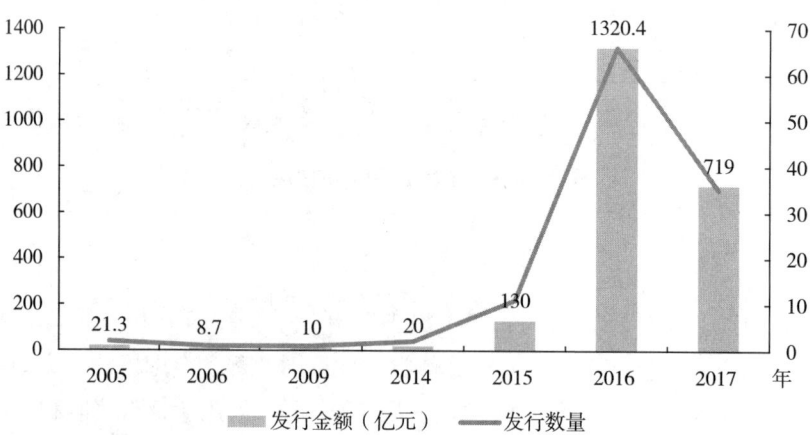

图 3　历年熊猫债发行情况

（资料来源：Wind 资讯）

除了点心债，我国企业还可以在境外（含香港）发行以外币计价（以美元居多）的债券，也可以在除香港以外的其他境外发行以人民币计价的债券，这类债券的监管思路参考外债，分为直接发行和间接发行两种。我国暂未开放在境内发行外币计价债券，世界银行、渣打银行分别于 2016 年 8 月、2016 年 10 月在银行间债券市场发行了特别提款权（SDR）计价债券（木兰债）。

（二）投资开放

我国资本市场投资开放是从 B 股开始的，随后探索了 QFII、RQFII、银行间债券市场特殊机构准入、QDII、RQDII、沪港通和深港通、内地与香港基金互认、债券通（北向通）等资本市场投资开放措施。

1. B股

B股于1992年1月推出，以人民币标明面值，以外币认购和买卖，目前在上海证券交易所（以美元认购和买卖）和深圳证券交易所（以港元认购和买卖）都有交易。截至2017年底，B股共有上市公司100家，其中上交所51家，深交所49家，市值以10亿元级别居多。2000年以后，无新的公司在B股上市，许多公司选择到香港等境外市场上市，B股的融资功能逐步弱化。B股市场也由最初境外机构投资者为主变成个人投资者占比超过99%的散户市场，A股和B股联动增强。由于B股流动性不高，因此有部分B股公司选择了B股转H股，如中集、万科和丽珠。

2. QFII

2002年11月7日，证监会和央行联合发布《合格境外机构投资者境内证券投资管理暂行办法》，宣布QFII制度落地，境外基金管理机构、保险公司、证券公司以及其他资产管理机构等合格境外机构投资者可以投资交易所市场。2016年2月3日，外管局发布2016年第1号公告《合格境外机构投资者境内证券投资外汇管理规定》，宣布放宽单家QFII机构投资额度上限，对基础额度内的额度申请采取备案管理，对QFII投资本金不再设置汇入期限要求。截至2018年6月底，共有287家QFII机构获得总计1004.59亿美元额度。

3. RQFII

2011年12月，证监会、央行、外管局联合发布《基金管理公司、证券公司人民币合格境外机构投资者境内证券投资试点办法》，允许符合条件的基金公司、证券公司香港子公司作为试点机构开展RQFII业务。RQFII于2013年3月拓展为境内商业银行、保险公司等香港子公司或注册地及主要经营地在香港地区的金融机构。2016年8月30日，RQFII的基础额度采取备案管理，境外主权基金、央行及货币当局等机构的投资额度不受资产规模比例限制。截至2018年6月底，共197家RQFII机构共获得6220.72亿元人民币额度。

4. 银行间债券市场特殊机构准入

2005年央行个案批准了泛亚基金和亚债中国基金进入银行间债券市场。2010年8月16日，央行启动境外人民币清算行等三类机构运用人民币投资银行间债券市场试点。2015年6月3日，央行开放境外人民币清算行和参加行参加债券回购交易。2015年7月4日，央行将境外央行、国际金融组织、主权财富基金投资银行间市场改为备案制，取消额度限制，投资范围从现券扩展至债券回购、债券借贷、债券远期、利率互换、远期利率协议等交易。目前有超过60家境外央行类机构进入银行间债券市场。

5. QDII

2006年4月13日，央行发布第5号公告，允许符合条件的银行集合境内机构和个人的人民币资金，在一定额度内购汇投资于境外固定收益类产品；允许符合条件的基金管理公司等证券经营机构在一定额度内集合境内机构和个人自有外汇，用于在境外进行的包含股票在内的组合证券投资；允许符合条件的保险机构购汇投资于境外固定收益类产品及货币市场工具，QDII政策落地。截至2018年6月底，共计153家QDII机构累计获得1033.33亿美元额度，其中银行类30家，额度148.40亿美元；证券类59家，额度462.30亿美元；保险类46家，额度339.53亿美元；信托类18家，额度83.10亿美元。

6. RQDII

2014年11月，央行发布《关于人民币合格境内机构投资者境外证券投资有关事项的通知》，正式推出RQDII制度，允许具有资质的金融机构利用自有资金或自主发行RQDII产品投资境外金融市场的人民币计价产品，为了缓解中国资本净流出压力以及防范机构产品投向风险，该政策在2015年被央行以窗口指导的形式暂停。2018年5月3日，央行发布《关于进一步明确人民币合格境内机构投资者境外证券投资管理有关事项的通知》，重启RQDII。

7. 沪港通和深港通

沪港通于2014年11月17日正式启动，深港通于2016年12月5日正式运行。沪股通开通初期总额度为3000亿元人民币，每日限额130亿元人民币，港股通总额度2500亿元人民币，每日限额105亿元人民币。深港通开通后，沪港通南北向总额度限制取消，但每日额度保留。2018年4月11日，为配合A股纳入MSCI指数，中国证监会和香港证监会发布联合公告，宣布沪港通/深港通每日额度提高到之前的4倍，2018年5月1日起生效。截至2018年6月底，沪股通累计已用额度超过4000亿元，沪市港股通累计已用额度超过8000亿元，深股通累计已用额度超过2400亿元，深市港股通累计已用额度超过2300亿元。

我国资本市场开放的现状与展望

8. 内地与香港基金互认

2015年5月22日，中国证监会和香港证监会发布联合公告，启动内地与香港基金互认。基金互认的初始投资额度为资金进出各3000亿元人民币，允许符合一定条件的内地与香港基金按照简易程序获得认可或许可在对方市场向公众投资者进行销售。从基金互认的资金进出情况来看（如图4所示），截至2018年6月底，香港基金内地发售的累计净汇出金额约100亿元，而内地基金香港发售的累计汇入金额约5亿元。

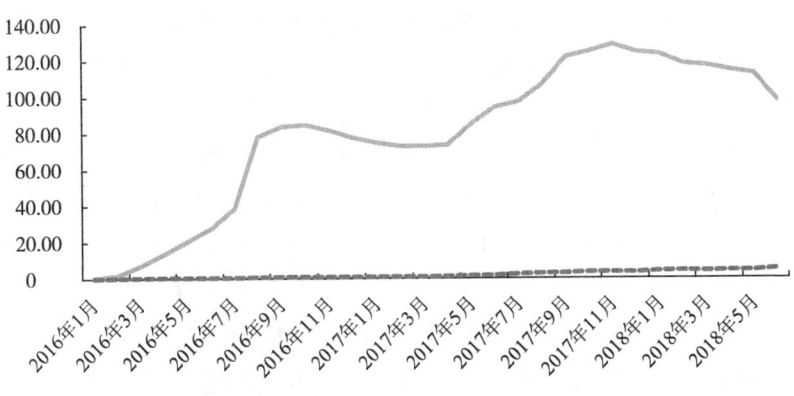

图4　内地与香港基金互认资金进出情况

（资料来源：国家外汇管理局网站）

9. 债券通（北向通）

2017年6月21日，央行正式发布《内地与香港债券市场互联互通合作管理暂行办法》，明确境外投资者可通过"北向通"参与内地银行间债券市场发行认购，境外投资者可使用自有人民币或外汇投资。2017年7月2日，央行和香港金管局发布联合公告，债券通（北向通）定于2017年7月3日上线试运行。"债券通"（北向通）首日交易活跃，共有19家报价机构、70家境外机构达成142笔、70.48亿元交易，全天交易以买入为主，共买入128笔、49.04亿元。截至2017年底，247家境外机构投资者通过"债券通"进入银行间债券市场。在债券通的带动下，截至2017年末，境外机构持有我国债券余额9741.45亿元，同比增长25.08%。

10. 其他投资开放

除了上述资本市场投资开放政策，我国还对特殊机构开放了其他市场。2015年9月30日，央行开放境外央行（货币当局）和其他官方储备管理机构、国际金融组织、主权财富基金参与中国银行间外汇市场交易。2016年6

月21日,中国外汇交易中心允许境外金融机构及人民银行认可的其他机构投资我国银行间同业存单。2017年2月24日,国家外汇管理局允许银行间债券市场境外机构投资者在实需原则下,自主选择办理外汇远期、外汇掉期、货币掉期和期权等对冲业务。

(三)服务开放

我国资本市场服务开放包括允许外资银行在我国设立分支机构,允许外国银行参股我国商业银行,允许中外合资证券公司、公募基金公司、期货公司,外商独资私募基金管理人,开放评级、审计、律师等配套服务等。

1. 银行业服务开放

1979年,日本输出入银行在北京设立代表处,拉开了我国银行业服务开放的序幕,随后越来越多外资银行在我国设立分支机构。1985年8月,我国首家中外合资银行——厦门国际银行成立,随后又设立了上海巴黎国际银行、福建亚洲银行、浙江商业银行、华商银行、青岛国际银行、华一银行、浦发硅谷银行等中外合资银行。2006年11月,《外资银行管理条例》《外资银行管理条例实施细则》相继出台,允许外资银行法人化。2007年4月,花旗、汇丰、渣打和东亚成为首批转为法人银行的外资银行,随后大量外资银行分行转为法人银行。2015年7月,修订后的《外资银行管理条例实施细则》发布,放宽了外资银行营业性机构申请经营人民币业务的条件。2017年7月,修订《中资商业银行行政许可事项实施办法》,进一步放宽了外资银行投资中资银行的门槛。2018年4月发布《关于进一步放宽外资银行市场准入相关事项的通知》,明确允许外资银行可以开展代理发行、代理兑付、承销政府债券业务。截至2017年底,我国共有39家外资法人银行,共有外资银行业营业性机构209家,外资银行总资产3.24万亿元,同比增长10.76%;2017年全年外资银行净利润146.46亿元,同比增长14.59%。2004年8月,汇丰银行入股交通银行,拉开外资机构参股我国商业银行的序幕,据不完全统计,目前有交通银行、恒丰银行等21家商业银行拥有外资成分。

2. 证券业服务开放

我国证券市场建立较晚,证券业服务开放也启动较晚。1995年,我国发布《中外合资投资银行类机构管理办法》,并在此基础上成立了第一家中外合资投资银行——中国国际金融有限公司。2001年我国加入世界贸易组织后,我国就证券业对外开放做出承诺。2002年6月,《外资参股证券公司设立规则》《外资参股基金管理公司设立规则》发布，明确了外资参股证券公司和基金管理公司的条件和流程，及合资证券公司、基金公司的业务范围。第一家中外合资证券公司——华欧国际证券公司于2003年4月获批。2002年10月，中国证监会批准第一家中外合资基金管理公司——国安基金管理公司筹建，此后，招商基金管理公司、华宝兴业基金管理公司等合资基金公司相继成立。另外，《外资参股证券公司设立规则》分别于2007年12月、2012年10月修订，外资参股证券公司的权益比例由原来的不超过1/3调整到不超过49%；《外资参股基金管理公司设立规则》被2004年8月发布的《证券投资基金管理公司管理办法》取代，《证券投资基金管理公司管理办法》又于2012年9月修订；2018年4月28日，证监会正式发布《外商投资证券公司管理办法》，允许外资控股合资证券公司。

截至2017年底，我国共有13家中外合资证券公司。2015年11月，瑞信方正证券被允许在前海开展证券经纪业务，成为2007年证券业重启对外开放进程后第一家获准扩大业务范围的合资证券公司。汇丰前海成为第一家港资控股证券公司，瑞银证券、野村证券、摩根大通相继向中国证监会提交控股合资券商的申请。此外，目前我国还有三家中外合资的期货公司：摩根大通期货、银河期货和中信新际期货。截至2018年4月底，我国共有43家中外合资公募基金管理公司，占全部公募基金管理公司的37.07%，恒生前海成为第一家港资控股基金公司。2016年6月30日，中国证券投资基金业协会发布《私募基金登记备案相关问题解答（十）》，明确境外金融机构可以通过在境内设立外商独资机构（WFOE）的方式开展私募证券投资基金管理业务。截至2018年6月底，共有13家外商独资私募基金管理人。

3. 资本市场配套服务开放

资本市场的发展成熟，离不开评级、审计、律师等配套服务，我国在这些领域的开放也取得了一定进展。联合资信评估有限公司和中诚信国际信用评级有限责任公司都有外资参股。2017年7月"债券通"（北向通）开通之际，央行发布第7号公告，开放境外评级机构在银行间债券市场开展信用评级业务。

我国于1992年开始允许外国会计师事务所与中国会计师事务所根据《中外合作经营企业法》设立中外合作会计师事务所，安永、德勤、毕马威、普华、永道、安达信成为首批准入者，合作期限为二十年。截至合作期满前的2011年底，全国共有中外合作所4家，分所达到25家。2012年开始，四大中外合作所开始了本土化转制，全部转制成为特殊普通合伙制会计师事务所。根据《境外会计师事务所在中国内地临时执行审计业务暂行规定》，境外会计师事务所经批准，可以接受境外委托方的委托，对中国设立的公司或其他相关机构临时性执行审计业务。

1992年5月，司法部联合国家工商局制定了《关于外国律师事务所在中国境内设立办事处的暂行规定》，指出：根据互惠原则，如一国允许中国律师事务所设立办事机构，则该国律师事务所可在中国境内设立办事处。2001年12月，国务院发布《外国律师事务所驻华代表机构管理条例》。共有215家外国律师事务所驻华代表机构通过2017年度检验，获准在中国境内执业，提供境外法律服务。2002年3月，司法部发布《香港、澳门特别行政区律师事务所驻内地代表机构管理办法》，并于2003年11月、2006年12月、2015年4月分别修订。共有60家香港律师事务所驻内地代表机构通过2017年度检验，获准在内地执业，提供香港特别行政区及境外法律服务。2010年，内地允许台湾律师事务所在厦门和福州设立代表处，2017年9月扩展到福建全省、上海市、江苏省、浙江省、广东省，同时允许设立代表机构满3年的台湾律师所与大陆律师事务所联营，大陆律师事务所可以聘用台湾执业律师担任法律顾问。我国还在南沙、前海、横琴三地推行了粤港澳合伙联营律师事务所试点，共11家获批。此外，取得内地法律职业资格的港澳台居民可在内地执业。

（四）小结

改革开放以来，特别是加入世界贸易组织以来，我国资本市场开放进程不断加快，发行开放、投资开放、服务开放都取得了相当进展。根据央行发布的《2017年人民币国际化报告》，目前，人民币在7大类共40项资本项目中，已实现可兑换、基本可兑换、部分可兑换的项目共计37项，占全部项目的92.5%。然而还存在一些问题和不足，具体表现在：还有一些项目仍然不可兑换或者可兑换的程度比较低，比如个人对外投资、境外企业来我国上市；部分项目的兑换存在约束，需要满足的条件过于苛刻、程序烦琐、限制较多，便利性不够；部分可兑换的项目的管理办法不明确，在实际操作中容易受窗口指导影响，常态化不足。这些资本市场开放的不足将影响我国对外经贸往来，不利于发挥资本市场在优化资源配置中的作用。

四、我国资本市场开放展望

截至2017年底,我国银行业金融机构的总资产超过250万亿元人民币,位居全球第一,我国股票市场总市值位居全球第二(仅次于美国),债券市值位居全球第三(仅次于美国和日本)。然而,我国资本市场的开放水平还有很大提升空间,截至2017年末,外资银行在中国的总资产仅占中国银行业总资产的1.3%,甚至低于2007年的2.3%,境外投资者在银行间债券市场的份额也只有1.8%左右,远低于国际平均水平,与我国经济实力和国际地位完全不匹配。针对我国资本市场开放现状,我国未来应朝以下方向努力,提高我国资本市场开放水平,更好地为实体经济服务。

(一)发行开放常态化

目前,我国在债券市场发行开放方面,还存在管理办法不明确等问题,"一事一议"普遍存在,容易受窗口指导影响,不利于发行者抓住债券发行窗口。未来应考虑修订完善熊猫债和点心债等债券品种的发行管理办法,使符合条件的企业可以自主、便捷地发行债券,助力企业利用境内境外两个市场两种资源发展自身。我国企业赴境外上市需要繁复的审批或搭建规避监管的架构,既耗费大量成本,也加大了监管的难度。在粤港澳大湾区建设的大背景下,建议以香港为试点,探索境内企业赴港上市审批便利化。目前,我国对境外企业来境内上市仅限于较大规模的四新企业,未来可考虑通过存托凭证形式吸引全球的优质公司来我国上市,让我国投资者分享优质企业的成长收益。

(二)投资开放便利化

虽然我国股票市场和债券市场已经通过沪港通、深港通、债券通等机制实现了对外开放,但还存在额度管理、收益汇出管制等障碍,影响了境外投资者进入的热情。未来可考虑允许境外的养老基金、保险资金等长期资金自由进出我国资本市场。目前,我国衍生品市场只有部分市场对特定外资机构开放,未来也应逐步探索向外资开放。当前我国对境外投资者投资我国资本市场持开放态度,但对境内投资者赴境外投资管理较严,不利于双向交流、互动,也影响了外资的进入,未来应提高QDII、QDIE、QDLP等的额度,适时开通"债券通"(南向通),探索启动QDII2,扩大境外投资范围，提升市场主体在更大空间配置资产的便利性，便于我国投资者分享全球的投资机会。

（三）外资控股普遍化

目前，我国只在前海等地区试行了证券公司、公募基金公司等可以由外资（港资）控股，而且也只是个案，外资控股金融机构未能实现普遍化，其他地区、其他金融行业的外资控股还在推进中。为了推动我国资本市场和国际接轨，促进我国资本市场的成熟，有必要允许外资在银行、证券、保险、基金等领域实现独资或绝对控股，而且保证各个细分领域有相当数量的外资控股机构，促进金融机构之间的竞争，为我国资本市场带来先进技术和管理理念，提高我国资本市场的效率和国际化水平。

（四）配套服务国际化

资本市场的成熟离不开国际一流的会计、审计、支付、法律、评级、金融基础设施等配套服务，目前，我国的配套服务市场对外资开放不足，金融基础设施的国际化水平也有很大提升空间。未来可以考虑允许国际知名的会计师事务所、支付机构、评级机构、律师事务所等在我国独立执业，通过引入竞争，提高我国配套服务的整体水平和国际化程度，同时推进我国会计标准和国际标准趋同、互认，降低市场主体成本，加快我国金融基础设施与国际社会互联互通，让市场主体可以以其熟悉的方式参与全球的资本市场。此外，随着我国企业"走出去"步伐加快，我国也应努力培育若干知晓国内和国际规则的、具有国际影响力的会计师事务所、支付机构、评级机构、律师事务所等中介服务机构，为市场主体提供优质服务。

五、总结

资本市场开放有助于提高资本市场效率，促进资本市场的成熟，进而有利于经济增长。经济金融全球化不可逆转，资源在全球范围内配置，对资本市场开放也提出了更高要求。企业拓展业务、居民财富配置都呼唤更加成熟和开放的资本市场。资本市场开放可以通过提高市场效率、降低资金成本、优化金融结构，给金融体系带来积极影响；也可以通过弥补资金不足、刺激投资、促进资源优化配置，助力经济增长和经济结构优化。

改革开放以来，我国资本市场不断发展壮大，并以不断开放的姿态走向世界。在发行开放方面，允许境内企业直接或间接到境外上市，正在探索通过存托凭证形式引进境外企业到我国上市，既允许境内机构到境外直接或间接发债，也允许境外机构到境内发行债券。在投资开放方面，实施了B股、QFII、RQFII、银行间债券市场特殊机构准入、QDII、RQDII、沪港通、深港通、内地与香港基金互认、债券通（北向通）、对部分机构开放衍生品市场等政策。在服务开放方面，允许外资银行在我国设立分支机构，允许外国银行参股境内商业银行，允许中外合资证券公司、公募基金公司、期货公司，外商独资私募基金管理人，开放债券评级、审计、律师等配套服务，正在探索外资控股金融机构。可以说，我国资本市场开放已取得明显进展，但还存在部分领域开放不彻底等问题，影响了我国资本市场的发展和成熟，降低了资本市场服务实体经济的效能。

习近平总书记在博鳌亚洲论坛2018年年会上向世界郑重宣布了扩大包括金融业对外开放在内的若干重大举措，央行行长易纲也在会上给出了中国金融开放的时间表，资本市场开放有望成为我国金融开放的主战场。发行开放常态化、投资开放便利化、外资控股普遍化、配套服务国际化有望在我国未来的资本市场开放实践中不断得到检验。

参考文献

[1] 李巍，张志超. 中国资本账户开放的最优时点 [J]. 国际经济评论，2010（4）：76–87.

[2] 陈学胜，张建波，董文龙. 资本市场开放降低了企业融资约束吗？——基于中国上市公司的实证研究 [J]. 证券市场导报，2012（11）：32–38.

[3] 张楠. 金融开放与中国经济结构转型——基于Pugno修正模型的实证研究 [J]. 国际金融研究，2015（10）：32–42.

[4] 徐国祥，蔡文靖. 金融发展下资本账户开放对货币国际化的影响 [J]. 国际金融研究，2018（5）.

[5] 杨文，杨婧. 资本账户开放对就业的门槛效应研究 [J]. 世界经济研究，2017（11）：17–31.

[6] Bekaert G., Harvey C. R., Lundblad C. T. Equity market liberalization in emerging markets [J]. Journal of Financial Research, 2003, 26 (3): 275–299.

［7］Bekaert G., Harvey C. R., Lundblad C. Does financial liberalization spur growth？［J］. Journal of Financial Economics, 2005, 77（1）：3 – 55.

［8］Klein M. W., Olivei G. P. Capital account liberalization, financial depth, and economic growth［J］. Journal of International Money and Finance, 2008, 27（6）：861 – 875.

［9］Quinn D. P., Toyoda A. M. Does capital account liberalization lead to growth？［J］. The Review of Financial Studies, 2008, 21（3）：1403 – 1449.

［10］Komulainen T., Lukkarila J. What drives financial crises in emerging markets？［J］. Emerging Markets Review, 2003, 4（3）：248 – 272.

［11］Stiglitz J E. Capital – market liberalization, globalization, and the IMF［J］. Oxford Review of Economic Policy, 2004, 20（1）：57 – 71.

［12］Bonfiglioli A. Financial integration, productivity and capital accumulation［J］. Journal of International Economics, 2008, 76（2）：337 – 355.

［13］Bae K., Chan K., Ng A. Investibility and return volatility［J］. Journal of Financial Economics, 2004, 71（2）：239 – 263.

［14］Chen Z., Du J., Li D., et al. Does foreign institutional ownership increase return volatility？Evidence from China［J］. Journal of Banking & Finance, 2013, 37（2）：660 – 669.

［15］Kraay A. In search of the macroeconomic effects of capital account liberalization［Z］. Unpublished, 1998.

［16］Honig A. Addressing causality in the effect of capital account liberalization on growth［J］. Journal of Macroeconomics, 2008, 30（4）：1602 – 1616.

［17］Eichengreen B., Gullapalli R., Panizza U. Capital account liberalization, financial development and industry growth：A synthetic view［J］. Journal of International Money and Finance, 2011, 30（6）：1090 – 1106.

［18］Kose M. A., Prasad E. S., Taylor A. D. Thresholds in the process of international financial integration［J］. Journal of International Money and Finance, 2011, 30（1）：147 – 179.

［19］Chen J., Quang T. The impact of international financial integration on economic growth：New evidence on threshold effects［J］. Economic Modelling, 2014, 42：475 – 489.

我国自由贸易试验区外商投资制度改革研究

任春杨[①]

2013年9月，我国首个国内自由贸易试验区——中国（上海）自由贸易试验区成立。2014年12月，中央决定继续推进国内自由贸易试验区战略，扩大自由贸易试验区范围，增设中国（广东）自由贸易试验区、中国（天津）自由贸易试验区以及中国（福建）自由贸易试验区。2015年4月，广州、天津、福建三大自由贸易试验区正式挂牌运营。2016年8月，中央再次决定在辽宁省、河南省、浙江省、湖北省、重庆市、四川省、陕西省新设立中国（辽宁）自由贸易试验区、中国（河南）自由贸易试验区、中国（浙江）自由贸易试验区、中国（湖北）自由贸易试验区、中国（重庆）自由贸易试验区、中国（四川）自由贸易试验区和中国（陕西）自由贸易试验区7个自由贸易试验区，这意味着我国自由贸易试验区建设进入试点探索新阶段。至此，我国形成了由东部沿海向西部内陆延伸的"1+3+7"的自由贸易试验区"雁行阵"。

三年多来，我国自由贸易试验区在金融服务、税收制度、离岸功能、政府管理等相关制度创新方面进行了一系列突破性尝试并取得了显著成效，为我国深化新一轮对外开放提供了实践样本和参考依据。尤其是在外商投资制度改革方面，自由贸易试验区确立了以外商投资准入制度、商事登记备案制度和事中事后监管制度等为主要创新点的外商投资制度。目前，我国自由贸易试验区外商投资制度改革虽已初显成效，提高了我国对外开放程度，降低了外商投资的交易费用，发挥了制度的激励和约束作用，体现了我国投资制度国际化、自由化、便利化、法治化发展的特征，但外商投资制度改革尚存在亟待解决的问题。本文旨在为完善自由贸易试验区外商

---

① 任春杨：前海金融控股有限公司博士后创新实践基地博士后、助理研究员，吉林大学经济学院博士，研究方向：制度经济学、自由贸易区发展。

投资制度提供具有参考价值的对策建议。

一、我国自由贸易试验区外商投资制度改革内容

（一）外商投资准入制度改革内容

我国自由贸易试验区在外商投资准入制度改革方面试行外商投资准入前国民待遇和负面清单管理模式。具体而言，准入前国民待遇就是负面清单以外的外商投资按照国内外一致的原则给予准入前国民待遇，而负面清单以内的外商投资按照我国原有的模式进行管理。负面清单则是列明了外商投资企业在我国不能投资的领域和产业，相当于投资领域的"黑名单"。负面清单以外的领域和产业对外商投资企业来说是全面开放的，其在这些领域将被视为东道国的本国企业，并且将与本国企业享有同样的国民待遇。负面清单管理模式是自由贸易试验区投资准入制度改革的亮点之一，继2013年9月29日国务院办公厅发布《中国（上海）自由贸易试验区外商投资准入特别管理措施（负面清单）（2013年）》和2014年7月1日国务院办公厅发布《中国（上海）自由贸易试验区外商投资准入特别管理措施（负面清单）（2014年）》后，2015年4月20日，国务院办公厅再次发布2015年版《自由贸易试验区外商投资准入特别管理（负面清单）》。目前，2015年版《自由贸易试验区外商投资准入特别管理（负面清单）》共同适用于上海、广东、天津、福建四大自由贸易试验区。从我国负面清单的发布频次可以看出，自由贸易试验区外商投资准入制度改革受到了中央和地方政府的高度重视，同时意味着自由贸易试验区外商投资准入制度正走在愈加完善的道路上。

（二）商事登记备案制度改革内容

1. 自由贸易试验区商事登记制度改革内容。区商事登记制度改革包括企业试行认缴登记制、年度报告公示制、"先照后证"登记制以及"一表申报、一口受理"工作机制。商事登记制度改革体现了我国正在按照法治化和便利化的要求发展，也体现了我国加强政府职能和政府管理方式转变的态度和决心。首先，注册资本认缴登记制。投资企业在自由贸易试验区内试行注册资本认缴登记制，但法律、行政法规对企业注册资本实缴登记另有规定的除外。自由贸易试验区试行认缴登记制后，工商部门仅需要登记

企业的注册资本，不需要登记企业的实收资本。其次，年度报告公示制度。过去执行的企业年度检验制度改为自由贸易试验区企业年度报告公示制度，推进政府管理由注重事前审批转为注重事中事后监管。同时，自由贸易试验区信息公示系统将记载未按规定期限公示年度报告的企业。再次，"先照后证"登记制。工商部门向自由贸易试验区内投资企业授予企业营业执照后，企业即可开始从事一般性的生产活动和经营活动，但法律、行政法规、国务院决定规定的企业登记前置许可事项除外。最后，"一表申报、一口受理"工作机制（见图1）。由自由贸易试验区工商部门统一接收原本需分别呈交工商、质监、税务以及自由贸易试验区管委会各部门的申请材料，然后经由工商、质监、税务以及自由贸易试验区管理委员会通过各部门内部流转完成审批或备案工作，最后再统一经由"一口受理"窗口向投资企业发放证照或审批文书。

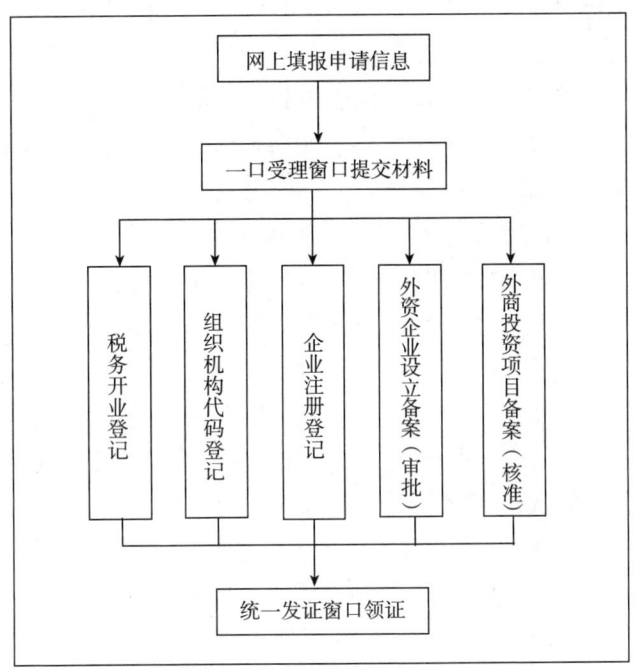

图1　自由贸易试验区"一表申报、一口受理"工作机制

2. 自由贸易试验区项目和企业备案制度改革内容。首先，就自由贸易试验区项目备案制度改革而言，项目备案管理范围包括自由贸易试验区外商投资准入负面清单之外的中外合作、外商独资、中外合资、外商投资合伙等各类外商投资项目（法律、行政法规和国务院决定另有规定的，从其规定)。① 其次，就自由贸易试验区企业备案制度而言，企业备案管理范围包括自由贸易试验区外商投资准入负面清单之外的外商投资企业设立和变更（法律、行政法规和国务院决定另有规定的，从其规定）。2015年4月，自由贸易试验区项目和企业备案制度进行了更进一步的调整和改进，主要涉及引入信息报告制度、外商投资企业合同章程备案与企业设立或变更的登记环节脱钩、细化对外商投资的监督检查要求以及建立外商投资诚信档案系统。

（三）事中事后监管制度改革内容

自由贸易试验区事中事后监管制度改革核心是构建政府监管、行业自律、企业自控、社会监督"四位一体"的监管体系，重点从事中事后监管制度改革使企业经营由原来的政府监管转为政府与社会共同监管，进而提高了企业自律意识和社会共治意识。自由贸易试验区事中事后监管制度主要包括建立七大机制，即企业年度报告公示机制、信用管理机制、安全审查机制、反垄断审查机制、综合执法机制、部门监管信息共享机制以及社会力量参与市场监督机制（见图2）。2016年8月，为不断营造法治化、国际化、便利化的营商环境和公平、统一、高效的市场环境，我国自由贸易试验区事中事后监管制度进行了进一步深化改革，在加强政府监管方面，健全监管标准，制度实施政府监管行为标准，提升监管过程的科学性和透明度；完善风险监测、预警和防范体系，降低区域性、行业性、系统性风险；完善市场退出机制，简化企业注销流程；建立健全行政与司法部门的信息共享和协调合作机制。在加强企业自控方面，建立完善市场主体首负责任制，促使企业加强自我监督、履行法定义务；创新市场主体评价机制，促进市场参与各方加强自我约束。在加强行业自律方面，建立新型业界自治平台，发挥在权益保护、自治认定、纠纷处理、失信惩戒等方面的作用；② 推动建立健全行业公约、行业自律规范以及行业道德准则。在加强社会监督方面，完善政府向社会力量购买服务机制，推动社会组织多渠道参与市场监管；培育社会信用评级机构，开展信用评级和第三方评估；加强对第三方检验、检测、认证机构的监督管理；推动专业机构、鼓励专业人

---

① 上海市发展改革委. 改革创新 试点探索 发挥市场配置资源的决定性作用 [J]. 中国经贸导刊, 2014 (1): 15-16.

② 上海市人民政府办公厅. 上海市人民政府办公厅关于印发《进一步深化中国（上海）自由贸易试验区和浦东新区事中事后监管体系建设总体方案》的通知 [Z]. 2016.

士参与市场监管。另外，在创新监管方式方面，实行"互联网+"监管模式，实现在线即时监督监测；试点建设重要产品的物联网追溯体系，形成产品信息可及时追踪链条。

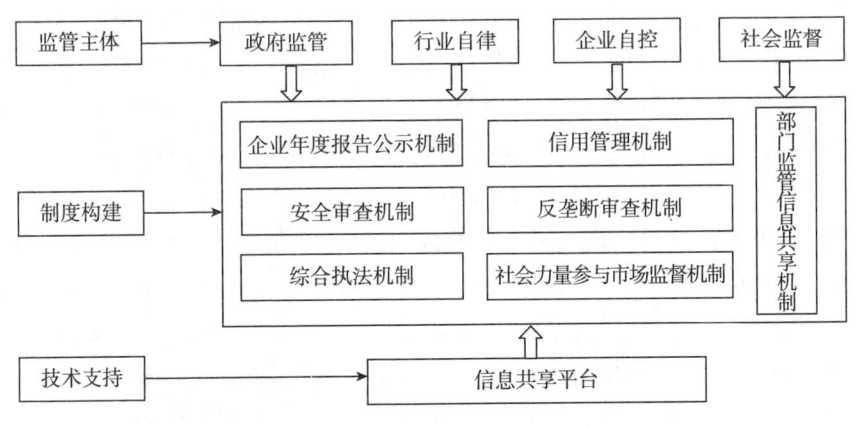

图2　自由贸易试验区"四位一体"事中事后监管格局

二、我国自由贸易试验区外商投资制度现存问题

（一）外商投资准入制度存在的问题

目前，我国自由贸易试验区外商投资准入制度存在的问题主要集中体现在我国现行版本的负面清单尚且不够完善，具体体现在负面清单的制定形式、负面清单的投资内容、负面清单的投资口径、负面清单的制定过程、负面清单的行业开放等方面。

从负面清单的制定形式看，自由贸易试验区现行的2015年版负面清单属长清单形式，总计50个条目、122项特别管理措施。虽然与2013年首版负面清单相比较，现行版本已做出较大调整和删减，但与发达国家自由贸易试验区通常采用的短清单形式的负面清单相比较仍显冗长。从负面清单的投资内容看，自由贸易试验区现行的2015年版负面清单在不符措施内容上还只限于强调国民待遇，对于注重企业董事会和高管、业绩要求等内容尚未加以强调，而这些内容在美国双边投资协定范本的不符措施中均已涉及。同时，我国自由贸易试验区现行的2015年版负面清单在所涵盖门类上尚未囊括所有国民经济门类，而在美国双边投资协定范本则已完全涵盖了国民经济的所有门类。从负面清单的投资口径看，自由贸易试验区现行的2015年版负面清单属于"窄口径"投资清单，负面清单所列出的投资只包括直接投资，还未将间接投资纳入其中，且准入前国民待遇仅限于企业在设立阶段。而发达国家自由贸易试验区的负面清单多数属于"宽口径"投资清单，负面清单所列出的投资不仅包括直接投资，还包括间接投资，且准入前国民待遇涵盖设立、获得和扩大阶段。从负面清单的制定过程看，自由贸易试验区现行的2015年版负面清单的制定尚且完全属于政府行为，政府在制定2013年版和调整2014年版负面清单的过程中，没有能够深入且广泛地征求社会相关机构、协会、企业及人员的合理化意见，导致负面清单制定的社会参与度较低，进而导致负面清单实施反馈信息存疑。从负面清单的行业开放度看，自由贸易试验区现行的2015年版负面清单对外商投资企业所能够投资的行业以及对投资行业所拥有股权比例仍存在较大限制。如负面清单中要求外商投资企业对保险行业、电信行业、电影制作行业、汽车制造行业、广播电视投资行业等所拥有的股权比例必须小于或等于50%。从负面清单的透明度看，自由贸易试验区现行的2015年版负面清单对部分特别许可的准入措施表述不够清晰，主要体现在对有关解决投资程序和市场准入的表述，有些较为模糊，有些甚至缺失。

(二) 商事登记备案制度存在的问题

1. 在商事登记制度方面。首先，商事登记制度运行过程中的行政审批效率仍有待提高。我国自由贸易试验区虽对商事登记制度进行了改革，但服务窗口的便捷度仍有待提高，如当前企业登记预约之前并不审核相关资料，若正式审核时不通过又要重新预约，这直接影响了行政审批效率。其次，商事登记信息平台推送的企业信息内容有限，审批部门无法清晰了解企业的具体经营信息，无法为后续许可部门提供详细参考。[①] 如上海自由贸易试验区商事登记要求企业的经营范围按照国民经济行业分类标准进行表述，也按此分类将企业信息通过商事登记管理信息平台推送给相关部门，但国民经济行业分类识别企业的具体经营信息，这极大地影响了审批效率。最后，商事登记信息系统登记的企业信息有限，无法准确掌握企业所涉及的有关许可项目，这对后续监管部门的巡查监管形成一定障碍，使部门间的信息联动作用无法得以高效发挥。

2. 在备案制度方面。新形势下，我国自由贸易试验区备案制实施的本意是减少政府对经济活动的干预，最大限度地给予外商投资企业以自由权，

---

① 高王斌. 南沙区商事登记制度改革问题研究 [D]. 广州：华南理工大学，2015.

实现公平条件下的自主决定、自负盈亏、自由竞争。备案制实施仅需掌握外商投资企业的资格资质、投资领域行业等基本信息，为投资企业进入自由贸易试验区大开方便之门，但这也难以避免地使一些不符合特定行业的生产经营资质的投资企业混入其中，导致相关产品和服务质量参差不齐、市场竞争秩序在一定领域内被破坏，为自由贸易试验区市场管理增加了难度。

(三) 事中事后监管制度存在的问题

目前，我国自由贸易试验区事中事后监管制度存在的问题主要体现在政府监管、行业自律、企业自控、社会监督"四位一体"的监管体系尚不完善。

1. 在政府监管方面，政府监管是监管体系的核心，政府监管机制是否完善在很大程度上决定了监管体系是否完善。目前，由于事中事后监管制度实践时间尚短，政府监管还存在一系列的问题。一是监管制度缺乏标准化流程和规范化程序，导致监管的精细化程度不够；二是综合监管平台和公共信用信息服务平台作用发挥不足，企业信息采集、规整难度较大，且信息覆盖面尚且有限，导致监管部门可能无法及时获取所需的有效信息；三是监管惩罚力度不够，企业失信成本较为低廉，导致企业选择违法违规的概率增加；四是监管专业化能力不足，部分监管人员在一定程度上存在专业能力不达标、知识结构不匹配等问题。

2. 在行业自律方面，目前我国行业协会和商会发展的程度参差不齐，部分行业协会和商会甚至缺乏健全的行业经营自律规范、自律公约以及行业经营职业道德准则，导致其无法在权益保护、资质认定、纠纷处理、失信惩戒等方面发挥有效的作用。

3. 在企业自控方面，目前我国企业信用机制不健全、企业失信的成本较低，导致企业无法有效进行自我监管、自我约束。同时，我国市场主体第三方评价机制不健全，导致企业在缺乏第三方监管的情况下更加容易出现失信行为。

4. 在社会监督方面，目前我国社会组织自身建设不足，尤其是第三方信用评价机构、第三方检测检验机构、相关专业机构和专业人员极为有限，导致在事中事后监管过程中社会力量介入不够。同时，目前我国政府购买社会服务机制不健全，这也在一定程度上降低了社会力量参与监管的可能性。

三、完善我国自由贸易试验区外商投资制度的对策建议

（一）审慎完善投资准入制度，加强负面清单的顶层设计

1. 就国民待遇而言，国家给予外商准入前国民待遇是实现更大程度对外开放、经济一体化的意愿，而非意味着国家放弃了对外商投资的监管以及放宽其准入的要求，任何国家都不会无条件地予以外商准入前国民待遇。我国自由贸易试验区给予外商投资准入前国民待遇，应进一步明确"准入前国民待遇"中"国民"的具体范畴，清晰界定内资与外资企业可进入的领域，并确保在此范畴内中外企业享受同步开放、鼓励同台竞争，从而提高外商企业利好的投资预期和积极性。美国通常通过运用不符措施条款，在特定情况下排除对国内部分重要行业的国民待遇的义务，这种做法非常值得我国参考借鉴。

2. 就负面清单而言，负面清单的制定应以我国经济发展水平以及产业发展阶段为基础，在符合我国国情且不危及国家经济安全和产业安全的前提下，可进一步更新负面清单管理的具体内容，但值得注意的是，无论是负面清单的制定还是修改，都需要以国内法律法规为依据，才能真正提高外商投资开放度和负面清单透明度，进而充分发挥其更为有效的激励和约束作用。具体完善措施包括：一是在负面清单的制定形式上，应考虑进一步缩短负面清单，使负面清单逐步由长清单向短清单模式转变。二是在负面清单的投资内容上，应考虑进一步放宽对外商投资企业的准入限制。三是在负面清单的投资口径上，应考虑进一步加快转变现行负面清单"窄口径"的现象，尽早实现负面清单与国际通行规则的全面接轨。四是在负面清单的行业开放上，应考虑进一步减少对部分行业投资股权比例的限制。五是在新版负面清单的制定上，应考虑进一步提高社会相关机构或人员的参与度。

（二）积极改善商事登记备案制度，降低交易费用、提高行政管理效率

1. 就商事登记制度而言，我国自由贸易试验区应秉持市场归市场、行政归行政、司法归司法、社会归社会的改革理念，工商部门应做好外商投资企业的主体资格登记工作，将主体营业资格确认职责归还相应行业主管及监管部门，构建权责明晰、办公高效的商事登记管理体系。同时，制度

价值应注重由安全向效率的转变,回归商事登记制度公共服务功能的制度本质。具体完善措施包括:一是加快构建综合性外商投资法律体系,确保商事登记制度执行的效率与安全,降低投资的不确定性。一方面可充分体现外商投资的国民待遇原则,营造统一开放、公开透明的法律环境;另一方面可使内外资在企业经营方面享有同样的法律地位和公平竞争的市场环境,且可充分保护我国整体经济安全,防止外商企业在某行业形成垄断。二是重新梳理行政审批所需提交的相应材料和流程,出台更加细致且全面的"办事指南"和"业务手册",特别是针对不同行业、不同类型市场主体,应分门别类地提供差异化指引,减少信息不对称性。再通过网络、政务大厅宣传栏等途径向社会及企业公布,有效指引市场主体办理登记申请事宜,提升行政审批效率。[①] 三是可在商事登记申请环节引入市场中介组织,以提高行政审批效率。市场中介组织因其自身承担的法律责任和经济责任,服务具有专业、高效、灵活、考评明晰的特点,是政府部门与企业间的优质润滑剂。通过其专业化的培训和分工,行政审批流程可更加细化,从而将审批人员从接待受理流程中解放出来,从而降低交易费用。同时,企业对客户的反应相较于行政部门更为敏感和迅速,有利于减少窗口与办事群众间的矛盾,提升商事登记服务质量。四是进一步完善商事登记制度"一表申请""一口受理"的工作机制,畅通企业准入渠道,推行商事登记电子化。借助网络的便捷性,积极推进网上申请、网上受理、网上审核、网上公示、网上发照等全程电子化登记的工作机制。商事登记电子化不受时间和空间限制,将大大提升商事登记效率、降低商事登记成本,不仅可以最大限度地为外商企业提供便利,还可以减轻登记部门相关人员的工作压力。

  2. 就备案制度而言,我国自由贸易试验区实行外商投资企业备案制度的最终目的是简化行政程序、提高行政效率,同时备案制度实施的本质是将事前监管转变为事中事后监管。为不断完善我国自由贸易试验区备案制度及提高监管能力,一是加快构建我国自由贸易试验区行政备案管理体系,使备案制度的实施有规可循。具体应对备案的设定和实施的主体、程序、时限、标准等进行规定,对备案实施后的后续监管的相关行政机关的监管责任进行分配,并对行政机关的权力行使方式、不当行为责任等进行确定。二是继续转变政府执政理念,还权于市场、还权于企业。我国自由贸易试

---

① 高王斌. 南沙区商事登记制度改革问题研究 [D]. 广州:华南理工大学,2015.

验区备案制度的实施要求政府转变执政理念，政府执政角色应从管理者转变为服务者，不断克服政府原来官本位的思想，建立市场本位、企业本位的思想，将市场和企业的需求作为执政能力及水平的评价标准，为我国自由贸易试验区经济发展保驾护航。三是企业应严格自律、诚信经营，并积极行使自身的监督权。备案制度实施效果的关键就在于企业作为市场主体的配合程度如何，企业应做出备案资信属实、企业诚信经营承诺，一旦出现违法或毁约行为应接受处罚，以显示企业严格自律、诚信经营的决心，同时给予政府部门和消费者更多的信心。同时，企业应积极行使自身的监督权，对政府部门在备案过程中的违法行为进行检举和举报，监督政府部门严格执法、廉政执法。四是加强媒体宣传和舆论引导，为备案制度的实施创造良好的外部环境，同时为政府部门后续监管增加公众媒体助力。一方面媒体的宣传可使公众了解备案制度产生、实施以及后续监管的全过程；另一方面舆论的引导可使备案制度立法及相关配套制度立法早日实现。另外，媒体和舆论作为监督的有力手段，对政府部门备案制度实施也具有监督作用，及时发现问题并真实、公开报道可促进备案制度不断完善。

（三）继续探索创新事中事后监管制度，提高监管的约束和激励效应

1. 加快建立监管制度协同创新机制。一是在中央层面应专设自由贸易区领导小组，成立专门的管理部门，通过专项管理实现中央与地方监管机构的协调运行。同时，在地方层面应建立自由贸易区相关管理部门的联席工作机制和联席会议制度，通过各部门的协同配合推动监管机制创新。① 二是应集中各部门的执法力量更好地实现自由贸易区事中事后协调监管，加快建立综合执法制度。三是应以信息化手段推动各部门协同创新监管机制。加快建立健全自由贸易区专业化、权威化的信息平台，通过信息平台统一发布区内企业相关信息，实现信息共享，实时为监管部门提供风险监测和风险监管的有效信息。②

2. 积极完善事中事后监管配套制度。一是自由贸易区应进一步提高行政管理部门的透明度，加快完善信息公开制度。二是自由贸易区应加快建立健全权益保护制度，尤其针对知识产权侵权问题，应加大对企业违法行

---

① 邵学峰，任春杨. 中国自由贸易区外商投资事中事后监管制度优化研究——基于新制度经济学理论视角［J］. 经济纵横，2016（11）：38－42.

② 邵学峰，任春杨. 中国自由贸易区外商投资事中事后监管制度优化研究——基于新制度经济学理论视角［J］. 经济纵横，2016（11）：38－42.

为的惩处力度。① 三是自由贸易区应参照国际惯例，加快推动建立第三方检验制度、第三方评估制度以及评估结果采信制度。四是自由贸易区应有序发展社会中介组织，培植社会监管力量。② 一方面应通过立法明确社会中介组织的性质和地位，使社会中介组织的运行和管理实现法治化；另一方面应有序培植社会监督力量，鼓励社会中介组织合理联合以扩大组织规模，同时应定期对从业人员组织专业培训，以提高社会中介组织的整体监管水平。

3. 稳步落实安全审查和反垄断制度。一是自由贸易区应加快建立健全反垄断审查工作机制，尤其在落实责任主体时，应进一步明确从提请到开展再到出具意见到最后执行检查的具体责任主体。二是应加快建立反垄断信息共享平台，实现反垄断信息收集、分析、交流、反馈的网络化操作和管理。同时，应将负面清单管理和反垄断制度相结合，并以反垄断信息共享平台为基础，建立针对外商投资并购的安全审查制度，确保外商投资并购行为是以国家安全为前提的。三是应充分借鉴国外反垄断安全审查制度的可行性经验，不断强化国际合作、区域合作，在必要时应积极寻求外部支持。同时，应积极主动建立广泛的国际合作机制，在借鉴国外自由贸易区反垄断制度经验的同时，逐步构建和完善具有中国特色的反垄断安全审查制度。

注释：

①中国（上海）自由贸易试验区涵盖上海市外高桥保税区、洋山保税港区、外高桥保税物流园区和上海浦东机场综合保税区4个海关特殊监管区域，面积28.78平方千米；扩容后包括陆家嘴金融片区共34.26平方千米、金桥开发片区共20.48平方千米、张江高科技片区共37.2平方千米。

②中国（广东）自由贸易试验区范围包括广州南沙新区片区共60平方千米、深圳前海蛇口片区共28.2平方千米、珠海横琴新区片区共28平方千米。

③中国（天津）自由贸易试验区范围包括天津港片区共30平方千米、天津机场片区共43.1平方千米、滨海新区中心商务片区共46.8平方千米。

④中国（福建）自由贸易试验区范围包括平潭片区共43平方千米、厦

---

① 邵学峰，任春杨. 国外自贸区外商投资准入制度实践经验及启示 [J]. 中州学刊，2016 (9)：23 – 27.

② 邵学峰，任春杨. 国外自贸区外商投资准入制度实践经验及启示 [J]. 中州学刊，2016 (9)：23 – 27.

门片区共 43.78 平方千米、福州片区共 31.26 平方千米。

⑤中国（辽宁）自由贸易试验区的定位是打造东北老工业基地发展整体竞争力和对外开放水平的新引擎。

⑥中国（河南）自由贸易试验区的定位是建设服务于"一带一路"倡议的现代综合交通枢纽。

⑦中国（浙江）自由贸易试验区的定位是推动大宗商品贸易自由化，提升大宗商品全球配置能力。

⑧中国（湖北）自由贸易试验区的定位是发挥在实施中部崛起战略和推进"长江经济带"建设中的示范作用。

⑨中国（重庆）自由贸易试验区的定位是发挥重庆战略支点和连接点的重要作用，带动西部大开发战略深入实施。

⑩中国（四川）自由贸易试验区的定位是打造内陆开放型经济高地，实现内陆与沿海、沿江、沿边地区协同发展。

⑪中国（陕西）自由贸易试验区的定位是打造内陆型改革开放新高地，探索内陆与"一带一路"沿线国家和地区的经济合作、人文交流新模式。

⑫准入前国民待遇是指在企业设立、获得、扩大等阶段给予外国投资者及其投资不低于本国投资者及其投资的待遇。我国自由贸易试验区现行准入前国民待遇仅涵盖设立阶段。

⑬负面清单是一种国际通行的外商投资管理办法，表现形式为一国禁止外商投资进入或限定外资比例的行业清单，相当于一国投资领域的"黑名单"。在此名单之外，政府不再进行太过严格的监管，即"法无禁止即合法"。

⑭企业年度报告公示机制指在每年 3 月 1 日至 6 月 30 日，自由贸易试验区企业需将上一年度的年度报告报送给工商行政管理机关以向社会公示。

⑮信用管理机制指包括审计报告制度、异常目录和"黑名单"等在内的企业信用信息记录和披露以及信用记录使用和行业信用联动奖惩机制。

⑯安全审查机制指对涉及国际安全的外国直接投资、外资兼并收购实施专门审查的国家制度。

⑰反垄断审查机制指在垄断协议、滥用市场支配地位和经营者集中等方面探索实施反垄断审查的制度。

⑱综合执法机制指建立由质监、食监、药监、工商、税务、知识产权

等监管部门联动执法、协调合作的机制。

⑲部门监管信息共享机制指构建包括企业基础、运营、管理和综合统计信息等在内的信息共享和服务平台。

⑳社会力量参与市场监督机制指建立包括行业协会、商会、基金会、中介组织、专业服务机构以及公众等在内的社会第三方参与的市场监督机制。

推动自贸试验区升级为自由贸易港的对策研究

任春杨[①]　张佳容[②]　毛艳华[③]

自贸试验区是我国对外开放的重要平台，多年来自贸试验区对外开放制度创新的实践探索，已使其在外商"引进来"和企业"走出去"方面发挥了举足轻重的作用。自由贸易港建设是新时代我国搭建全面开放新平台、形成高质量发展新载体、实现制度创新新高地及推动形成全球治理新格局的重要战略举措。未来，在新一轮对外开放政策指引下，研究如何实现自贸试验区向自由贸易港提档升级、加快推进自由贸易港建设意义重大。

一、自贸试验区升级自由贸易港的现有条件

（一）以负面清单管理模式为核心的投资管理制度基本建立

我国自贸试验区对外商投资管理实行外商投资准入前国民待遇和负面清单管理模式。具体而言，准入前国民待遇就是负面清单以外的外商投资按照国内外一致的原则给予准入前国民待遇，而负面清单以内的外商投资按照我国原有的模式进行管理。负面清单则列明外商投资企业在我国不能投资的领域和产业。负面清单以外的领域和产业对于外商投资企业是全面开放的，其在这些领域将被视同为东道国的本国企业，并且将与本国企业享有同样的国民待遇。负面清单管理模式是我国自贸试验区投资管理制度改革的亮点之一，2013年、2014年、2015年、2017年、2018年共发布5版《自由贸易试验区外商投资准入特别管理措施（负面清单）》。目前，2018年版总计包括45项特别管理措施，适用于我国12个自贸试验区。相

[①] 任春杨：中山大学自贸区综合研究院和前海金融控股有限公司博士后创新实践基地博士后。
[②] 张佳容：吉林省社会科学院副研究员。
[③] 毛艳华：中山大学自贸区综合研究院、粤港澳发展研究院教授。

较于2013年版的190项特别管理措施减少了145项，充分体现了我国不断扩大对外开放的坚定立场及自贸试验区对外开放"先行先试"的显著成效。另外，2017年6月上海市金融服务办公室、中国（上海）自由贸易试验区管理委员会印发《中国（上海）自由贸易试验区金融服务业对外开放负面清单指引（2017年版）》，该清单共涉及10个类别、48项特别管理措施，进一步提高了金融服务业对外商投资的开放度和透明度。从我国负面清单的发布频次可见，自贸试验区外商投资管理制度改革受到中央和地方政府的高度重视，同时意味着自贸试验区外商投资管理制度的改革为自由贸易港投资便利化的落实奠定了坚实基础。

（二）以贸易便利化为重点的贸易监管制度基本形成

首先，加快实施"境内关外"的监管制度创新。为构建国际高水平投资贸易体系，满足国际贸易投资便利化需求，2013年至今我国在自贸试验区不断探索创新贸易监管模式，全面实施"境内关外"特殊海关监管制度。"境内关外"监管制度的实施原则为"一线逐步彻底放开、二线安全高效管住、区内货物自由流动"。① 具体而言，在一线，自贸试验区对过去货物"先申报、后入区"的海关监管模式进行改革，允许企业"先入区，再申报"，且凡符合国际惯例的货物均可畅通进入，不存在关税壁垒和非关税壁垒。在二线，自贸试验区采用物理围网与电子围网相结合的监管方式，并对物理外网的特殊监管区采用"围网内+围网外"的双向监管方式，实现自贸试验区与境内区外之间的安全高效管制。在区内，自贸试验区允许企业根据自身业务需求自由存储、加工制造、组装和展示货物，实现区内货物自由流动。自贸试验区"境内关外"特殊海关监管制度的实施，改变了过去我国"境内关内"海关监管制度，既为国际贸易投资打开了投资窗口，又为国内贸易监管预留了安全空间，同时通过系列监管制度的实施和监管设施的智能化建设，极大地提升了贸易便利化水平，为自由贸易港实现更高的贸易便利化目标进行了前期有效探索。

---

① "一线"是指自由贸易试验区与国境外的通道口，"一线放开"是指境外的货物可以自由地、不受海关监管地自由进入自由贸易试验区，自贸试验区内的货物也可以自由地、不受海关监管地自由运出境外；"二线"是指自由贸易试验区与海关境内的通道口，"二线管住"是指货物从自贸试验区进入国内非自由贸易试验区或货物从国内非自由贸易试验区进入自由贸易试验区时，我国海关必须依据《中华人民共和国海关法》的规定，征收相应的税收。"区内自由流动"是指区内可配合国际中转、国际配送、国际转口等业务对货物进行多种形式的储存、展览、组装、制造和加工。

其次，全面实施国际贸易"单一窗口"。为提高国际贸易货物申报效率，缩短通关时间，降低企业成本，促进贸易便利化，2014年6月上海自贸试验区国际贸易"单一窗口"①正式上线。目前，我国12个自贸试验区已全面实施国际贸易"单一窗口"，其中，上海自贸试验区实现了"单一窗口"从1.0版的口岸监管全面覆盖到2.0版的贸易监管维度延伸再到3.0版的进一步营造更好的营商环境的突破性进展。在全球进出口贸易萎缩的背景下，得益于国际贸易"单一窗口"的平台支撑，上海口岸出口平稳过渡，进口稳中有升，进出口形势总体优于全国。同时，根据2017年《政府工作报告》的要求，海关总署已开展在全国范围内协同推广国际贸易"单一窗口"标准版的工作，对于此前已建成的地方"单一窗口"，将按统一的标准规范进行升级改造，逐步向标准版过渡；对于尚未建设"单一窗口"的地方，原则上建议推广应用标准版；对于尚未建设电子口岸公共平台的地区，可依托中国电子口岸平台部署使用标准版。我国国际贸易"单一窗口"的建立及推广，不仅为自由贸易港贸易便利化水平的提升奠定了基础，而且为未来实现亚太地区乃至全球跨境贸易网络的互联互通和国际供应链信息共享提供了可行性支撑。

最后，启动"货物状态分类监管"业务模式试点。为提升仓储企业的运营效率，降低仓储成本，提高企业竞争力，2014年11月，上海自贸试验区正式启动"货物状态分类监管"业务模式试点。②目前，我国自贸试验区已全面实施货物状态分类监管制度。通过对试点企业软硬件的升级改造，自贸试验区不仅实现了对企业货物进、出、转、存情况的实时掌控和动态核查，而且实现了保税仓库增加非保税货物"同仓共管"的功能，使自贸试验区真正成为国际国内货物中转自由转换的综合物流服务平台。同时，通过货物状态分类监管，仓储企业能够更好地统筹国内国际两个市场，整合物流、贸易、结算等资源，以提高自身综合竞争力和服务能力。截至2017年8月，上海自贸试验区海关已完成9批次企业联合验收，货物状态分类监管业务试点企业增加至53家，累计完成国内货物进出口2.4万票、

---

① "单一窗口"是国际贸易便利化的一项重要措施，可实现申报人通过电子口岸平台一点接入、一次性提交满足口岸管理和国际贸易相关部门要求的格式化单证和电子信息。同时，相关部门也可通过电子口岸平台共享数据信息，实施职能管理，并将处理状态（结果）统一反馈给申报人。

② "货物状态分类监管"业务模式指允许非保税货物进入自贸试验区的海关特殊监管区域储存，与保税货物一同集拼、分拨、管理和配送，海关部门可实时掌控、动态核查货物的进、出、转、存情况。

货值59.08亿元。同时，为减少审批环节和时限、提高审批效率，自贸试验区试点实施进境动植物检疫审批负面清单管理制度，① 通过建立特殊区域及产品清单，制定负面清单外动植物产品审批管理规范，优化检疫审批系统，极大地促进了进口贸易企业的发展。以福建自贸试验区为例，实施进境动植物检疫审批负面清单管理制度后，审批时限由原来的15个工作日缩短到7个工作日，许可证有效期由6个月延长到12个月。可见，货物状态分类监管制度和进境动植物检疫审批负面清单管理制度的实施是自贸试验区不断提高贸易监管水平的有效探索，也是自由贸易港贸易便利化水平提升的强有力实践支撑。

（三）以进一步扩大开放水平为目的的金融服务机制基本建立

一是自由贸易账户（FT）体系建成运营。2013年12月，中国人民银行发布《关于金融支持中国（上海）自由贸易试验区建设的意见》，提出"创新有利于风险管理的账户体系"。② 2014年6月，上海汽车国际商贸有限公司在中国银行成功办理首笔自贸试验区分账核算业务，完成首个FT账户开户、首笔对外直接投资项下资金划转、货币兑换以及信用证开立等一系列业务。由此，上海自贸试验区FT账户业务正式落地。截至2017年末，FT账户开户数量已达7.02万个，当年累计收支总额7.65万亿元。上海自贸试验区的FT账户是我国金融开放的成功尝试之一，不仅为其他自贸试验区建立FT账户体系提供了复制范本，而且为自由贸易港的进一步扩大金融开放提供了先试经验。

二是自贸试验区跨境金融服务体系基本建立。为增强金融服务实体经济能力，提高投融资便利化水平，广东自贸试验区离岸账户（OSA）不断拓展跨境金融服务功能，稳步推进跨境金融业务发展。以深圳前海自贸片

---

① 负面清单六大类包括过境动物、进境动物、进境水果和粮食、进境饲料、国家禁止进境物和其他未获检疫准入的动植物及其产品。

② 上海自由贸易试验区内的居民和非居民可到资质银行开办居民自由贸易账户及非居民自由贸易账户，并通过分账核算管理，开展经常项下和直接投资项下的跨境本外币结算、境内实业投资人民币结算、境外融资、跨境大额存单、利率互换交易、跨境直接投资和并购、跨境汇兑、跨境同业拆借、跨境贸易融资、跨境担保等业务。

区为例，其借助毗邻香港的优势率先实现了跨境双向贷款①、跨境双向发债②、跨境双向资金池③、跨境双向股权投资④和跨境资产转让⑤等跨境金融业务创新。自贸试验区跨境金融制度的创新，不仅为企业提供了大容量、多元化的投融资渠道，而且在一定程度上提高了人民币跨境使用规模、加快了人民币国际化步伐。更重要的是，自贸试验区跨境金融制度的创新，为自由贸易港开展离岸人民币金融业务积累了实践经验。

三是自贸试验区外汇管理试点稳步推进。为提升跨境贸易投资便利化水平，扩大外汇市场开放自由化程度，自贸试验区外汇管理部门积极稳妥有序推进外汇管理试点工作。在外汇市场开放方面，不断扩大参与主体，丰富市场交易工具，营造健全开放、有竞争力的外汇市场环境。在资本项目可兑换方面，大力支持有能力、有条件的企业开展对外投资，为企业提供本外币一体化的自由贸易账户金融服务，以降低企业汇兑成本。在金融风险防控方面，引导市场主体树立风险中性意识，注重加强风险教育，实时防范化解金融风险。同时，重视汇率风险管理，管控外部冲击风险，积极健全跨境资本流动宏观审慎管理与微观市场监管为一体的管理体系。自贸试验区外管管理制度的创新，不仅推动我国资本项目可兑换取得新进展，而且促使外汇市场对外开放迈上新台阶，为自由贸易港外汇管理实现自由化目标奠定了基础。

四是自贸试验区国际金融交易平台陆续启动。为加快完善自贸试验区国际金融市场体系，自贸试验区管理部门积极推动金融交易平台建立健全工作。例如，2013年11月，上海国际能源交易中心在上海自贸试验区注册

---

① 2014年12月，前海金融控股有限公司与中国建设银行（亚洲）股份有限公司、国家开发银行香港分行等6家深港金融机构共同发起首单跨境人民币银团贷款；2016年4月，招商银行前海分行对香港瑞嘉投资实业有限公司成功发放首笔2亿元跨境人民币贷款。截至2017年底，跨境人民币贷款备案金额超过1376.5亿元，累计提款超过370亿元。

② 2015年4月，前海金融控股有限公司在香港成功发行首单跨境人民币债券，规模10亿元，认购规模131亿元，12倍超购，创近年来离岸人民币债券市场超额认购倍数最高纪录；2015年11月，招商局集团（香港）有限公司在银行间市场公开发行5亿元人民币短期融资券，成为前海自由贸易试验区内企业境外母公司成功发行的首单"熊猫债"。

③ 2014年11月，深圳前海正式开展跨境双向人民币资金池业务和经常项下跨境人民币集中收付业务试点。截至2017年末，前海共有14家跨国企业集团办理跨国双向人民币资金池业务备案，涉及成员企业346家。

④ 深圳前海分别于2012年12月、2014年12月启动外商投资股权投资（QFLP）试点和境内合格投资者境外投资（QDIE）试点。截至2017年末，已设立QFLP管理企业124家，发起外资QFLP基金20家，规模36.07亿美元；已设立QDIE试点企业41家，备案额度9.61亿美元。

⑤ 2016年12月，前海金融交易所成功办理国内首单不良资产跨境转让业务。

成立；2014年9月，上海黄金交易所黄金国际板正式启动；2015年6月，上海自贸试验区国际金融资产交易平台启动建设；2016年12月，广东自贸试验区前海金融交易所获准开展不良资产跨境转让业务；2018年5月，广东自贸试验区广东金融资产交易中心获准开展银行不良资产跨境转让业务。自贸试验区全力打造各类国际金融交易平台，不仅体现了自贸试验区金融制度创新内外兼容性的持续扩大，而且证明了自贸试验区面向国际金融市场服务功能的不断提升，为未来自由贸易港顺利对接国家金融市场完成了前期铺垫工作。

五是自贸试验区金融综合监管制度建设不断完善。为加快探索自贸试验区金融监管改革路径，促进金融监管与创新良性互动，守住不发生区域性、系统性金融风险底线，自贸试验区积极开展金融综合监管制度改革与创新工作。2016年，上海金融综合监管联席会议召开第一次会议，上海金融综合监管试点工作正式启动。① 不仅通过全面覆盖金融经营机构、全面覆盖金融产品以及全面理顺监管分工实现金融综合监管，而且通过分类别、分层次、分步骤的推进实现监管信息共建共享与互联互通，进而提升分析预警能力。自贸试验区金融综合监管制度的实施，是我国完善金融监管体系、提高金融监管能力的有效探索，为自由贸易港进一步扩大金融开放奠定了风险防控的基石。

（四）以服务市场为目标的政府管理制度基本形成

首先，为提升政府服务市场能力，降低企业经营成本，优化营商环境，自贸试验区全面实施企业商事登记制度改革，建立包括企业试行认缴登记制、年度报告公示制、"先照后证"登记制以及"一表申报、一口受理"在内的工作机制。其次，为不断营造法治化、国际化、便利化的营商环境和公平、统一、高效的市场环境，自贸试验区全面构建了以政府监管、行业自律、企业自控、社会监督为核心的"四位一体"的监管体系。再次，为全面优化政府服务网上办理流程，实现应上尽上、全程在线的高效办公模

---

① 上海金融综合监管联席会议由上海市政府分管金融工作的副市长和副秘书长分别作为第一召集人和召集人，成员单位包括市金融办、人民银行上海总部（外汇上海市分局）、上海银监局、上海证监局、上海保监局、市发展改革委、市经济信息化委、市商务委、市工商局、市财政局、市地税局等部门，会议原则上每季度召开一次。金融综合监管试点工作的主要任务是强化行业、属地管理职责，重点加强对处于监管真空、交叉地带的机构和行为的监管，实现机构、人员、业务、风险全覆盖。

式，自贸试验区积极探索"互联网＋政府服务"的电子政务工作模式。例如，自贸试验区海关部门推出了一体化互联网政务服务平台，不断完善"三互"[①]通关协作机制，实行"智慧通关"服务模式，根据企业通关实际需求，提供电子化便捷监管服务。最后，为进一步提高政府服务效率和水平，自贸试验区行政管理部门积极完善公共服务外包机制，扩大政府购买服务规模。自贸试验区规定凡属事务性公共管理服务，原则上均需引入招标竞争机制，以提高政府公共服务供给效率和质量。同时，鼓励和支持社会专业服务机构发展，并通过政府购买服务的方式提高社会组织参与提供公共服务的积极性和主动性。自贸试验区政府管理制度的不断改革与完善，充分体现了在市场化改革和扩大对外开放的背景下，政府简政放权、增强服务职能、提高政务效率的改革理念和践行成效，为自由贸易港打造更加优越和更加自由的营商环境以及提供更高质量的政府服务进行了有效探索。

二、自贸试验区升级为自由贸易港的现存障碍

（一）专属法律法规制定相对滞后

自贸试验区成立至今，为保障其制度创新、先行先试的合理合法性，全国人大通过发布授权决定，允许在自贸试验区范围内暂停实施相关法律法规。国务院对《中华人民共和国船舶登记条例》《中华人民共和国国际海运条例》《中华人民共和国认证认可条例》《中华人民共和国外资银行管理条例》等相关条例进行了调整和修订；中国人民银行等职能部门也对相关政策进行调整和补充。但自贸试验区尚未有其专属的法律法规，且在法律层面尚不具备决策自主权，使相关制度创新要突破我国40年来形成的各领域的法律法规，并建立新的、有效的制度安排难度很大；也使相关制度改革无法完全与国际经贸规则对标。根据国际惯例，自贸试验区（港）设立应立法先行，而我国自贸试验区法制保障级别不高，在一定程度上影响了制度改革的推进速度，尤其是在金融制度创新方面步履维艰，无法取得突破性进展，实现资金自由流动。因此，缺少专属法律法规同样会在一定程度上阻碍我国自贸试验区向自由贸易港跃升的步伐。

[①] "三互"指信息互换、监管互认、执法互助。

（二）改革创新与协调效率不高

五年多来，国务院出台的各个自贸试验区总体方案虽然赋予了自贸试验区制度创新、先行先试的使命，中央于2018年4月批准海南在建设自贸试验区的基础上探索建设自由贸易港。同时，多部门结合自身职能出台了支持自贸试验区发展的政策意见，但这些政策主要为原则性、指导性意见，政策的落地和意见的实施还需经自贸试验区与地方各职能部门共同研讨，方可形成具有可操作性的实施方案和细则。而在实施方案和细则拟定后，还需再次上报国家各部委有关部门进行可行性审批，之后方可确定是否能够推进实施，这就造成了自贸试验区政策措施实施方案推进存在环节多、程序长、效率低的问题。此外，自贸试验区各部门部际协调合作的工作机制还有待进一步完善，目前仍存在涉及部门和程序较多导致部分工作协调难度大等影响改革创新效率的问题。因此，自贸试验区升级为自由贸易港须进一步提升政府部门改革创新的效率。

（三）风险管控能力有待提升

风险管控能力是自由贸易港建设能否实现真正"自由化"或实现"更自由化"目标的关键。我国自贸试验区设立以来，关于"一线放开"的相关制度改革不断推进，已积累了一定成功的可行经验。例如，"先入区、再申报"和国际贸易"单一窗口"等海关监管制度已被全面复制推广。但关于"二线管住"的相关制度改革给予的有效探索尚且不足，目前我国自贸试验区"二线管住"的能力尚有待进一步提高。若按照国际高水平自由贸易港免予海关监管的惯例，我国自由贸易港海关需将"一线"监管彻底放开，在此情况下，"二线"能否高效管住将变得至关重要。从目前我国自贸试验区海关、检验检疫等部门的监管水平看，无论在监管的制度和措施方面，还是在检疫的手段和技术方面，尤其是在专业管理人才方面，仍有待进一步改进和完善。因此，完善的监管体系和可靠的风险管控能力是自贸试验区升级为自由贸易港的重要依托。

（四）要素流动尚不通畅

自由贸易港是目前全球开放水平最高的特殊经济功能区。探索建设中国特色的自由贸易港，着眼于打造开放层次更高、营商环境更优、辐射作用更强的开放新高地。实现要素流动高度自由化是自由贸易港与自贸试验区的最大区别。① 从我国自贸试验区的实践情况看，当前自贸试验区仅在货物流通方面基本实现了自由进出，而在资金、人员及信息等要素的自由流动方面尚未实现自由进出，自由贸易港的全面自由化尚且面临诸多制度障碍。例如，自由贸易港实现资金自由流动需继续推进人民币汇率开放、资本项目放开、自由贸易账户、跨境资金流动的宏观审慎管理等相关制度的改革；实现人才自由流动需给予区内企业聘用的外籍人才更多鼓励和支持政策（领取中国绿卡及外地员工落户等优惠）；实现信息自由流动需建立更加高效的信息流通机制及自由贸易港国际信息中心等。因此，继续大力消除阻碍资金、人员及信息自由流动的相关制度障碍，是自由贸易区升级自由贸易港、实现自由贸易港高度自由化目标的重要任务。

三、推动自由贸易区升级为自由贸易港的对策建议

自贸试验区深化改革应主动顺应全球经济治理新趋势新格局和我国新时代加快构建开放型经济新体制新要求，在法治化环境建设、行政管理体制改革、贸易便利化与监管、要素自由流动等关键领域开展制度创新并实现重大突破，推动现有部分自贸试验区开放条件优越的海关特殊监管区域向自由贸易港升级，努力探索开放型经济新体制，将自贸试验区建设成为高质量发展的先行区。

（一）研究制定自贸试验区专属法律法规

从国外高水平自由贸易港的发展经验看，完善的法律体系必不可少，且多采用"先立法后设区"的模式，法律法规是确保自贸试验区稳健发展的关键环节和重要支撑。为推进我国自贸试验区提档升级自由贸易港，应加快构建自贸试验区专属法律体系。

首先，自贸试验区是我国新时期对外开放的最前沿平台和窗口，为确保自贸试验区的特色化、自由化发展，有必要研究制定专属法律法规，即出台"自贸试验区基本法"对自贸试验区的总体原则、含义界定、功能定位、行政管理体制、投资管理体制、贸易监管体制、金融监管体制、税收体制以及商事争端解决机制等进行明确阐述。研究制定"自贸试验区基本

---

① 要素流动高度自由化，即充分实现货物流通自由、资金流通自由、人员流通自由、信息流通自由。

法"既能充分显示我国自贸试验区的国际化发展水平,又能为自贸试验区的运营提供法律依据和指导方向,同时能降低自贸试验区相关规章制度与地方法律法规相互冲突的乱象,有利于自贸试验区高效、自由、国际化发展。

其次,在制定"自贸试验区基本法"的基础上,应研究制定"自贸试验区专项法",如制定"自贸试验区离岸金融法",为自贸试验区跨境金融提供法治保障。除在中央层面出台相关专项法律法规外,地方层面也应及时出台专门的配套政策和落实细则,为自贸试验区相关领域的发展提供法律支撑。同时,通过全国人大或者国务院授权的方式,对《中华人民共和国外资企业法》《中华人民共和国中外合资经营企业法》《中华人民共和国中外合作经营企业法》等法律法规进行调整或暂停实施,不断健全自贸试验区的法律法规体系。

最后,有关部门还应结合我国实际情况,研究制定衔接国际通行惯例的相关政策措施,如出台适当给予和放宽国际知名知识产权、争端解决和商事仲裁机构在自贸试验区的临时仲裁权,并为其工作人员提供免签入港、免除个税等相关优惠政策,以大力吸引国际投资仲裁机构积极落户自贸试验区。此外,为进一步提升自贸试验区的法律保障,应加快设立专门法庭,如知识产权法庭、金融法庭、破产法庭等,并积极引入国际律师事务所、会计师事务所,为企业提供专业法律服务。

(二) 提高自贸试验区改革创新行政效率

自贸试验区是我国经济体制改革的"试验田"。推进自贸试验区提档升级为自由贸易港,应实施更有力的举措推进简政放权、放管结合、优化服务等政府职能转变,不断培育和提升国际贸易竞争新优势,以优越的营商环境、高效的监管制度和优质的服务水平吸引更多的外国企业到自由贸易港落地生根。具体来看,自贸试验区行政效率的提升需继续大力推进"放管服"改革步伐,为推进国家治理体系和治理能力现代化探索经验。

首先,在"放"的方面,应进一步提高改革创新放权力度,赋予自贸试验区改革创新自主权。建立现代化的自贸试验区行政管理体制,实行企业化和市场化用人制度,吸引全球最优秀的专业人才到自贸试验区就职。此外,放宽企业组办商会、协会的自由权利,包括社会其他组织,确保如工会、社区等组织在法律框架下有相对的自由度,促使社会组织发挥强大的协调、维权和自律功能。

其次,在"管"的方面,应在自贸试验区事中事后监管制度的基础上,继续以"公正、综合、审慎"监管为原则,提高自贸试验区监管与信用监管、智能监管的联动水平。同时,继续完善自贸试验区执法联动响应和协作机制,消除监管盲点,降低执法成本。此外,应支持第三方评估机构发展,鼓励社会组织与市场监管,共同构建一张无时不有、无处不在的高效监管网。

最后,在"服"的方面,一方面应继续提高服务供给效率。不断推进政府职责优化配置和统筹整合,解决制度"碎片化"问题,为自贸试验区内企业提供从开办到成长的"一条龙"服务。另一方面应继续提高政务服务效率。持续简化优化服务流程、创新服务方式,依托当前"互联网+政务服务"平台,打造自贸试验区政务服务线上线下一体化政务服务模式。

(三)增强自贸试验区贸易监督管理能力

自由贸易港的核心功能是实现国际贸易便利化、自由化,培育贸易新业态、促进贸易转型升级,自由贸易港建设的主要目的是提升国家在全球价值链中的地位,增强国际贸易要素配置能力和区域经济发展活力。而为了确保自由贸易港的高质量运营和发展,高效率的贸易监管机制和高水平的贸易监管能力是不可或缺的基石和屏障。因此,为推进自贸试验区提档升级自由贸易港,在充分依托现有贸易监管经验的基础上,应进一步采取以下措施。

一方面,进一步实施高水平集约化的贸易监管政策。探索实行单一机构主导下的协同管理体制。中央垂直管理的口岸监管部门向自贸试验区管理机构运营主体授予部分事权,建立权责一致、分工明晰、协同高效的区域管理机制。同时,依托现有的国际贸易"单一窗口",建立统一的一体化信息管理服务平台,实现企业运营信息与监管信息实时对接,即以智能化手段实现管理机构与企业的有效对接,为"一线完全放开、二线高效安全管住"打下基础。

另一方面,进一步完善智能化的贸易监管基础设施。按照最高标准建设自贸试验区贸易监管基础设施。以现代化的港口为基础,以云计算、大数据、物联网、智能控制等新一代信息技术与现代港口运输核心业务深度融合,实现港口监管资源优化配置,建成贸易监管全自动化港区。同时,推动建设智能港口、智能物流和智慧航运,完善围网、卡口等基础设施,实现物理围网和电子围网有效结合,通过"物理围网+智能卡口+联网监管"组合,落实封闭管理要求,实现真正的"一线放开、二线管住"。

(四) 促进自贸试验区要素自由流动

我国自由贸易港建设以"更自由化"为目标,而自由化的实现必须以港内贸易要素可自由流动为体现。因此,自由贸易港建设应在体制机制改革和政策措施实施上充分保障货物、资金、人才和信息的自由进出。五年多来,自贸试验区积极探索贸易便利化,在促进货物自由流动方面成效明显,为自由贸易港建设积累了经验。在资金、人才和信息自由流动方面也进行了相关制度创新,开放程度不断加大,流动能力不断提升,但总体而言资金、人才和信息尚未实现自由流动,需继续大力推进相关制度改革,尤其要重视金融制度创新和人才政策创新。

具体而言,在资金自由流动方面,应实施港内与国际互联互通的金融政策。首先,区内应逐步试行自由化外汇管理制度,突破现有外汇管理体制的制约,全面实行资本项目可兑换,允许国际多种货币自由兑换,完全实现外汇兑换自由、资金进出自由。为防止发生系统性金融风险,初期可以"增量"外汇为基础,实现"增量"资金的自由兑换和进出。其次,区内应逐步实施全面放开政策,取消金融行业市场准入,支持国外金融机构在港内独资设立银行、证券、保险、基金等金融企业。同时,对于注册在区内的金融企业给予一定所得税税收减免,降低外资企业投资运营成本,以形成国际资本集聚溢出效应。再次,自贸试验区的金融发展方向应是离岸贸易和离岸金融,为促进离岸金融的发展,应进一步完善自贸试验区账户制度,拓展账户的跨境本外币结算功能。同时,加快推进人民币离岸业务发展,扩大人民币市场定价权,探索人民币国际化新路径。最后,区内在实施与国际互联互通金融政策的同时,为确保离岸金融市场和国内金融市场的稳健运行,避免离岸金融风险外溢波及国内市场,应进一步提高金融审慎监管能力,加强对离岸银行金融业务、离岸与在岸间资金流动以及跨境资金流动等重点业务的有效且非越位监管。

在人才自由流动方面,应实施以吸引国内国际人才为目标的人才优惠政策。可参考借鉴国际高水平自由贸易港的已有经验,在区内实施相对宽松的签证政策,允许到港商务人员办理短期落地签证,并为区内从事商务活动或到港交流访问的外籍人员办理工作签证,以提高自贸试验区人员流动的自由化、便利化水平。同时,为确保外籍人才能主动选择在区内长期工作和居住,应为其提供宜业、宜居的市场和生活环境,除打造优质的营商环境外,还应在区内建设国际学校、医院、商场、酒店等高标准硬件设施,并为其提供外籍人员落户、获得住房保障及解决子女就学等便利和优惠的软件设施。此外,为吸引国内高端人才到自贸试验区工作和生活,可探索建立"候鸟型"人才引进和使用机制,设立"候鸟型"高端人才工作站,允许内地国企、事业单位的专业技术和管理人才按规定在区内兼职兼薪、按劳取酬。

参考文献

[1] 上海海关. 深化改革,推进服务贸易便利化 [N]. 解放日报, 2017-01-23.

[2] 任春杨. 我国自由贸易区外商投资制度改革 [J]. 企业经济, 2017 (10): 164-170.

[3] 李静. 货物分类监管解开企业"缠结" [N]. 文汇报, 2017-01-08.

[4] 李曙光. 自由贸易港的核心竞争力是法治化 [EB/OL]. 中国改革论坛网, http://www.chinareform.org.cn/freeport/think/201903/t20190307_277242.htm.

[5] 宋晓梧. 建设自由贸易港要实现小政府大社会 [EB/OL]. 中国改革论坛网, http://www.chinareform.org.cn/freeport/think/201903/t20190307_277244.htm.

[6] 陈诚,林志刚,任春杨. 探索建设自由贸易港的政策安排与路径分析 [J]. 国际贸易, 2018 (5): 21-27.

金融创新推动产业转型升级
——前海的实践与思考

张 平[①] 余 臻[②]

金融是现代经济发展的核心支撑和血液,金融对产业转型升级的支持力度,在各种要素中最为强大、持久。以金融创新发展促进产业转型升级,既是金融服务实体经济的内在要求,也是经济发展方式转变、产业结构调整的必然之路。近年来,前海在积极推动金融创新过程中,逐步形成了完善的金融生态圈,为产业的转型和升级提供了强劲动力,取得了不少实践经验。

一、金融创新与产业转型升级的关系

金融业是第三产业的重要组成部分,金融创新会带动金融业的发展,直接推动产业转型升级,同时金融创新会通过优化社会资源配置、影响扩大内需、保障技术进步、便利风险管理等传导机制,带动相关产业发展,间接推动产业转型升级。

(一)金融创新通过优化社会资源配置推动产业转型升级

供给侧改革的核心就是要实现生产要素的有效配置。过去的产业转型主要依靠政府的"有形之手",产生了大量的"僵尸企业"、银行不良贷款等一系列问题。新常态下,通过金融创新能够更好地发挥金融对社会资源优化配置的基础性作用。比如,通过众筹、PE/VC等,可以引导社会资源投向具有高发展潜力、高科技、高附加值的战略性新兴产业和未来产业,

---

[①] 张平:男,前海地方金融监管局副局长。
[②] 余臻:男,江西乐安人,管理学博士,中山大学岭南(大学)学院与前海金融控股有限公司博士后创新实践基地联合培养博士后(应用经济学专业),研究方向:资本市场开放。

通过绿色债券、双创债券等市场化手段，可以引导资金从"两高一剩"行业投向绿色产业绿色项目和创新创业项目，推动产业的转型升级。

（二）金融创新通过满足居民消费需求引导产业转型升级

随着金融创新步伐的加快，金融市场不断完善，金融产品和服务种类不断丰富，一方面股票、保险、基金、理财产品等拓宽了居民的投资渠道，促进居民财富增长，使居民有能力消费；另一方面信用卡、消费信贷等消费金融产品以及消费金融公司的出现，满足居民跨期消费、超前消费的需求，提升居民消费水平。随着居民收入水平的提高，金融创新越发多元，金融产品和服务越发丰富，将引导消费需求的升级，扩大内需，实现产业转型升级。

（三）金融创新通过推动技术进步带动产业转型升级

纵观人类发展史，每一次重大技术进步都带来产业的转型升级，每一次技术进步都与金融创新息息相关，例如股份公司的出现推动了航海技术的进步，股市的蓬勃发展带来了信息技术的突飞猛进。随着大众创业、万众创新的深入开展，新一轮技术革命正在酝酿。技术进步需要大量资金支持，一方面，传统的金融业态正在通过业务创新对接新兴技术的资金需求；另一方面，科技保险、众筹、股权投资基金等新型科技金融业态蓬勃发展，满足新兴技术多样化、个性化的资金需求。金融创新为新兴技术提供定制化的融资服务，为新兴技术保驾护航，推动科技进步，带动产业转型升级。

（四）金融创新通过风险管理功能保障产业转型升级

随着社会化分工日益细化和经济全球化的趋势日益明显，产业主体面临的风险呈现多样化、复杂化。金融创新通过提供保险、金融衍生品等金融服务，能够锁定、削减、转移和分散产业主体的风险，使产业主体可以更加关注自身熟悉的领域，提升经营效率，向高附加值产业和高附加值环节转型升级。

二、前海的实践

国务院批复的《前海深港现代服务业合作区总体发展规划》要求前海充分发挥经济特区先行先试作用，利用粤港两地比较优势，进一步深化粤港紧密合作，在前海合作发展现代服务业，以现代服务业的发展促进产业结构优化升级。自成立以来，前海以跨境金融为特色，扎实推进各项金融创新，努力为实体经济和产业转型升级提供支撑。

(一) 金融产业集聚发展，服务产业转型升级的能力显著提升

2012年国务院批复的前海22条先行先试政策，明确将前海定位为我国金融业对外开放试验示范窗口。围绕金融改革创新，前海主动对接金融监管部门和金融机构，推动前海金融政策创新与落地实施，加大金融机构、金融总部、金融新兴业态的发展，目前，以金融为核心的高端服务业产业集群初步形成。截至目前，前海注册企业中约一半是金融类企业，业态涵盖银行、证券期货、保险、基金、VC/PE、融资租赁、商业保理、互联网金融、小额贷款、消费金融、第三方支付、个人征信、资产管理等，逐步完善的金融生态圈，能够为产业转型升级提供包括融资、并购等在内的全方位金融服务。

(二) 创新型金融业态竞相出现，金融业自身转型升级如火如荼

传统金融业转型升级方兴未艾，中国工商银行前海分行成功上线电子口岸跨境电商系统，为跨境进口电商企业提供从国内线上收单、支付信息报送，到跨境资金结算、购汇，再到境外货款清分的一条龙资金流服务。易安财险主动拥抱互联网，实现保险产品的标准化、份额化和理财服务的远程化、便捷化。互联网银行、互联网征信、相互保险、要素交易平台等创新金融业态在前海竞相出现。全球第一家民营互联网银行——微众银行已经营业。前海征信和腾讯征信成为首批个人征信业务筹备机构，首批相互保险牌照之一的众惠财产相互保险社于2016年6月22日获批。此外，前海集聚要素交易平台企业19家，涵盖石油化工、农产品、文化产权、金融资产、稀贵金属、电子商品、珠宝钻石、酒类、航空航运、融资租赁等各个领域。银行卡清算机构、互联网信托、绿色金融、航运保险、大宗商品交易平台等创新金融业态正在酝酿。传统金融的转型升级以及创新金融业态在前海的集聚，为产业转型升级形成了良好的金融支撑。

(三) 跨境金融创新不断突破，为企业发展降成本、拓空间

作为"跨境人民币业务创新试验区"，跨境金融是前海一大特色。在跨境人民币贷款方面，截至2016年6月末，前海跨境人民币贷款备案余额超

过千亿元，提款金额356.2亿元，贷款余额207.9亿元，前海金控完成首单跨境人民币银团贷款，率先探索出"以大带小"跨境人民币贷款新模式。2016年6月，招商银行实现2亿元境外人民币贷款的顺利发放，标志着深圳地区首笔NRA跨境人民币贷款成功落地。在跨境股权投资方面，前海积极推动QFLP和QDIE试点政策，打通资本项下双向跨境投资渠道，截至2016年6月末，获得QFLP试点资格的企业已达106家，基金20家，累计注册资本（认缴资本）达266.52亿元；截至2016年6月末，前海蛇口片区共有41家企业获得了QDIE试点资格，累计备案35家境外投资主体，实际汇出金额超过9亿美元。在跨境债券融资方面，2015年4月，前海金控成功赴港发行10亿元点心债并获得12倍超额认购。2015年11月，招商局（香港）成功在银行间市场公开发行了5亿元人民币短期融资券，成为前海区内企业境外母公司的首单熊猫债。点心债和熊猫债的落地，为企业合理利用境内外金融市场资源，降低融资成本开辟了新渠道。前海跨境贷、跨境股权、跨境发债业务双向打通，在为产业发展升级降低成本的同时也拓展了发展的空间。

（四）私募股权中心雏形初显，为创新创业保驾护航

私募股权（PE）是实体经济的重要推动者和创新金融的引领者，在全球范围内对经济结构转型和产业升级始终扮演着重要角色，也是前海金融业发展的重要板块。中国领先的PE管理机构弘毅投资率先进入前海。2016年1月，总规模215亿元人民币的中国最大的商业化募集母基金落户前海。前海金控全资子公司前海梦基金发起设立前海天使母基金，专门扶持前海深港青年梦工场的创业企业。前海私募股权投资活跃，带动众创空间蓬勃发展，吸引大量创业团队，例如前海深港青年梦工场目前已经有超过120家创业团队，其中由香港青年人创建和参与的团队有接近60家。私募股权雄厚的资金实力、灵活的投资方式和较高的风险承受力，为创新创业保驾护航，推动产业转型升级。

（五）保险再保险蓬勃发展，为产业转型升级提供有力保障

围绕推动产业转型升级，保险可以发挥长期投资的独特优势，提供资金支持，同时通过发展科技保险、重大技术装备保险以及信用保证保险等险种，化解科技创新和产业升级风险，推进融资模式和征信机制创新，助推解决小微企业融资难、融资贵问题。前海保险业发展势头良好，先后引

入8家保险法人机构落户前海,保险总注册资本超过400亿元。前海再保险的获批筹建,有利于吸引责任保险公司、信用保险公司及健康保险公司等专业保险公司在内的各类保险机构,以及保险经纪公司、再保险经纪公司、保险代理公司及外资再保险分子公司等一大批为保险业提供配套服务的专业机构在前海落户、集聚,形成再保险产业集群。

三、几点思考

产业转型升级是个系统工程,围绕产业需求,金融创新需要在更大范围、更深层次上开展探索。前海未来可以在以下金融创新领域先行探索,为产业转型升级作出更大贡献。

一是绿色金融领域。绿色金融是金融在生态文明建设的应用,绿色金融可以引导资金流向资源节约型、环境友好型产业。前海正在研究建立绿色金融体系,积极发展绿色信贷、绿色债券、绿色保险、绿色发展基金等,为绿色产业提供资金支持。前海可以考虑设立绿色担保基金,实现外部增信,在保证不良率可控的情况下,降低企业融资成本,实现资本市场向绿色产业配置资金的功能,真正推动投资结构和经济结构向绿色转型。

二是并购重组领域。并购重组在我国经济结构调整和产业转型升级中发挥着日益重要的作用,企业可以通过并购重组实现行业整合,改善基本面,提高持续经营能力,也可以通过并购重组切入新兴产业,实现业务转型。摩根大通最新的研究报告显示,在强劲的全球并购活动中,以中国为代表的亚太地区成为重要的推动力,2016年1月到4月,亚太地区并购交易在全球并购活动的占比达到40%。为解决企业并购重组融资难的问题,前海可考虑设立政策性并购引导基金,以"政府引导、市场运作、产融结合"为原则,吸引社会资本进入,发展专业化并购基金,构建市场化并购基金运作体系,发挥并购对产业转型升级的促进作用。前海也可通过搭建跨境并购服务平台,为企业"走出去"提供资讯、资金、政策等方面的服务,支持企业利用并购重组做大做强,以及向新兴产业转型,提升产业层次。

三是保险创新领域。2014年保监会"保八条"中提出,支持在前海设立自保公司、相互制保险公司等新型保险组织以及航运保险、责任保险、健康保险、养老保险等专业保险机构。围绕推动产业转型升级,前海的保险组织和保险机构可以发挥保险资金长期投资的独特优势提供资金支持,也可以通过优化保险供给，推动保险产品和服务升级，为企业提供多样和个性化的保险保障。探索通过债权投资计划、股权投资计划、项目资产支持计划、组合类资产管理产品等方式，为实体经济提供资金支持。通过开发知识产权保险、首台（套）产品保险、产品研发责任险、关键研发设备险、成果转化险等创新保险品种，保障高新技术企业的技术进步，为产业转型升级注入强大动力。

人民币正式入篮 SDR 对金融创新的启发

孙 琦[①]

2015年11月30日，IMF执董会决定将人民币纳入SDR货币篮子，新的篮子货币于2016年10月1日生效，人民币成为该货币篮子中除美元、欧元、日元和英镑之外的第五种货币。2016年8月31日世界银行首期特别提款权（SDR）计价债券获准在中国银行间债券市场成功发行，首家商业机构SDR债券也即将由渣打银行发行。两单债券均获积极认购，认购倍数达到2.47倍和接近2倍。自2009年伦敦G20峰会周小川行长首提重新审视SDR作用以来，我国在人民币国际化的道路上迈出了坚实的步伐。在展望人民币成为储备货币的宏伟图景时，我们也需要对SDR入篮的前因后果做深入研究；同时考虑在自贸区的金融创新实践中，需要交出怎样的答卷。

一、SDR 的前世今生

（一）SDR 是什么

特别提款权（Special Drawing Right，SDR）是 IMF 于 1969 年创设的一种补充性国际储备资产，持有 SDR 的国际货币基金组织（IMF）成员国拥有无条件从 IMF 或其他成员国获得可兑换自由货币的权利，同时也是一种记账单位。IMF 根据所有成员国在基金缴纳份额向成员分配 SDR，SDR 持有国可通过自愿或者 IMF 指定的方式换取货币篮子中的货币，方可实现其使用价值，包括对债务偿付及国际支付能力的保障。因此，SDR 既不是货币，也不是对 IMF 的债权，而是在 IMF 内部对"可自由使用货币"的潜在求偿权。SDR 的价值由货币篮子决定，SDR 与任何单一货币的汇率，可由货币

[①] 孙琦，博士，前海金融控股有限公司研究中心总经理。

篮子中的示意货币量与市场汇率计算得出。最新的篮子中，1 单位 SDR 包含的示意货币量有 0.58252 美元、0.38671 欧元、11.9 日元、0.085946 英镑和 1.0174 元人民币。在近半个世纪之内，篮子货币的组成几经更迭，曾从最初 16 种货币缩小至 4 种，而近期人民币的加入备受瞩目（见表1）。

表1　SDR 货币篮子初始权重的演变

单位:%

货币	美元	马克	法郎	欧元	英镑	日元	人民币
1981—1986 年	42	19	13	—	13	13	—
1986—1991 年	42	19	12	—	12	15	—
1991—1996 年	40	21	11	—	11	17	—
1996—2001 年	39	21	11	—	11	18	—
2001—2006 年	45	—	—	29	11	15	—
2006—2011 年	44	—	—	34	11	11	—
2011—2016 年	41.9	—	—	37.4	11.3	9.4	—
2016—2021 年	41.73	—	—	30.93	8.09	8.33	10.92

资料来源：国际货币基金组织。

SDR 作为官方的潜在求偿权，是特别提款权设立的初衷，也是主要职能，但并不是 SDR 的全部功能。值得一提的是，为了提高 SDR 的认可度，政府和国际组织在 SDR 创设初期做出了诸多努力，发展 SDR 计价的金融资产。这些"场外"的 SDR 被 IMF 称作市场特别提款权，也是 SDR 使用范围的必要组成部分。表2 归纳总结了 SDR 的三个职能，发行 SDR 债券就属于市场 SDR 的应用。

表2　特别提款权的三个职能对比

职能名称	官方特别提款权（O - SDR）	市场特别提款权（M - SDR）	特别提款权作为记账单位
基本含义	IMF 创设的补充性储备资产，即通常理解的 SDR	以 SDR 计价的金融工具	作为记账单位，实际支付参照兑主要货币的汇率
参与主体及许可	由 IMF 管理，仅在 IMF 成员国或指定持有人之间使用	可以是任何主体，不受 IMF 限制	通常为公共机构

续表

职能\名称	官方特别提款权（O-SDR）	市场特别提款权（M-SDR）	特别提款权作为记账单位
主要用途	用于成员国储备资产、偿还 IMF 贷款及弥补外贸逆差等	用于市场交易，包括各主体资金投资、汇率风险管理等用途	用于官方统计、公共服务的定价
实例	至今 IMF 成员及指定持有方之间的自愿 SDR 交易已经达到 32 笔，包括 2009 年金融危机以来的 19 笔	世界银行获准发行人民币结算的 5 亿 SDR 债券；早期 M-SDR 市场包括债券、存款、大额可转让存单等	部分国家公布 SDR 为单位的官方储备；苏伊士运河运费单价、国际航空赔偿按照 SDR 汇率折算成美元
结算货币、汇率及价值计算	结算货币"为可自由使用货币"，IMF 每日公布按示意货币量、当日汇率计算的 SDR 兑美元及其他货币的汇率	结算货币由参与主体决定，汇率参照 IMF 每日公布的 SDR 汇率	参照 IMF 每日公布的 SDR 汇率
利率安排	以篮子货币基准汇率加权计算，每周发布	由市场决定	不适用

资料来源：国际货币基金组织，前海金控研究中心整理。

SDR 的创设既是国际货币体系演进的内在需求，也具有鲜明的历史背景。"特里芬难题"的含义是，作为国际储备货币的币种，若要满足国际市场上的供应，该国需长期维持国际收支逆差。然而持续逆差造成该储备货币贬值的压力增大，为了保持储备货币的币值稳定，需要纠正贸易逆差，导致货币供给减少，由此形成悖论。SDR 的创设就是为了及时化解这一矛盾。第二次世界大战后的布雷顿森林体系，主要特点是固定汇率、美元与黄金成为官方储备。有限的储备资产无法满足全球流动性需求，因此 IMF 于 1969 年创设 SDR 作为黄金和美元之外的补充储备资产。

从官方 SDR 的使用，到市场 SDR 的发展，都经历了从热到冷的发展历程，至今并未被广泛使用。官方 SDR 方面，已分配 SDR 占国际储备的比例持续下降，从 1972 年的最高达 6% 下降到 2015 年底不足 2.5%（见图 1）。其主要原因包括：（1）国际货币体系改革的动力不足。在创设 SDR 之初，就有对于未来国际货币体系改革的讨论，是否通过"替代账户"将现有的国际储备货币有序地转变为 SDR 单位，并实现 IMF 全球央行的职能，本身就有很大的争议。由于这一动议对美元地位的挑战，美国对此的态度并不热衷，对于 SDR 持续分配的规模有所抵触，因此阻碍了官方 SDR 的扩大使用。(2) SDR 的设计缺陷制约使用的认可度。SDR 必须转换成可自由使用货币才可以用于支付；同时 IMF 成员国之间的 SDR 交易缺乏更灵活的基础设施安排；早期 SDR 篮子中货币种类过多。以上因素都制约了官方 SDR 的使用。

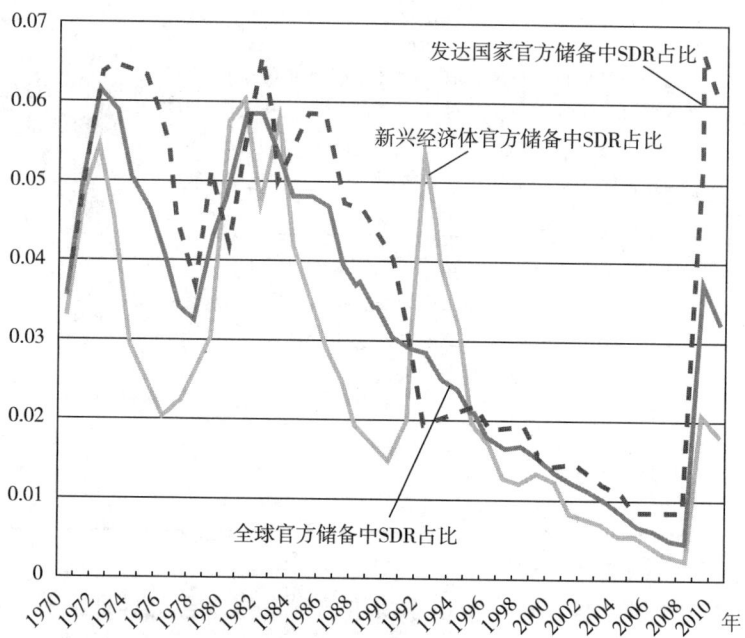

图1　特别提款权在全球储备资产中的占比情况

（资料来源：国际货币基金组织）

相对于制度安排制约了官方 SDR 的发展，市场 SDR 的发展更加体现了市场的选择。M-SDR 市场曾经经历了飞速发展的阶段（见表3）。1975年，SDR 计价债券首次发行，并于20世纪80年代初期达到顶峰。在1981年末，商业银行管理的 SDR 存款总额达50亿~70亿 SDR；SDR 计价债券的发行总额达6亿 SDR；SDR 计价银团贷款总额达9亿 SDR。然而，前两个数据在20世纪80年代中期分别下降至17亿 SDR、1亿 SDR，仅有银团贷款规模上升。IMF 报告认为，20世纪80年代初美元大幅升值是主要原因，因为这减少了投资者进行多元化资产配置的动机。另外，金融创新的大发展为货币汇率风险管理提供了更多的手段，也客观上减少了 SDR 计价资产的需求。

表3 SDR大事记

时　间	事　件
1969年7月	创设SDR，价值挂钩一美元以及等值黄金。
1970—1972年	首次官方SDR分配，共计分配93亿SDR。
1971年12月	美元贬值，SDR含金量未变，SDR兑1.08571美元。
1973年2月	美元再次贬值，SDR含金量仍未变，SDR兑1.20635美元。
1974年1月	首次有非IMF成员国（国际清算银行）持有官方SDR单位。
1974年7月	SDR与黄金脱钩，转为16种货币一篮子定值标准。
1975年	以债券为代表的SDR计价资产面市。
1975年6月	商业银行开始接受SDR存款。
1976年7月	对SDR货币篮子进行微调。
1978—1979年	出现了更多SDR计价资产或交易，包括可转债、期权等。
1978—1981年	第二次普遍SDR分配，共计分配121亿SDR。
1980年6月	出现首单SDR计价的大额可转让存单。
1980年9月	将一篮子货币简化为五种，即美元、西德马克、法郎、英镑和日元。
1981年末	出现首单SDR银团贷款。
2000年	欧元代替马克和法郎成为篮子货币。
2009年8—9月	为应对国际金融危机，两次共计分配1827亿SDR。
2009年9月	中国政府以500亿美元认购IMF发行的SDR计价债券。
2015年11月	IMF决定将人民币纳入SDR篮子。

资料来源：国际货币基金组织，前海金控研究中心整理。

（二）重提SDR的原因

随着SDR市场的发展由热转冷，SDR的地位也颇为尴尬。直到美国次贷危机爆发令不少国家流动性短缺，IMF开展了大规模的SDR份额分配，同时各成员国之间的自愿交易也在增加。但真正令SDR重回国际社会视线的，是对国际货币体系改革的关注。

基于对人民币国际化的推进和承担更多国际责任的双重考虑，我国政府在金融危机爆发之后，审时度势地提出了SDR扩大篮子货币范围的倡议。在2009年G20峰会前夕，中国人民银行行长周小川撰文指出，创造一种与主权国家脱钩，并能保持币值长期稳定的国际储备货币，从而避免主权信用货币作为储备货币的内在缺陷，是国际货币体系改革的理想目标。SDR具有超主权储备货币的特征和潜力，为国际货币体系改革提供了一线希望。周小川倡议SDR篮子货币范围应扩大到世界主要经济大国，并将GDP作为权重考虑因素之一。自此,完善国际货币体系和增强 SDR 的作用开始纳入 G20 峰会议程。

客观地说,以 SDR 为原型发展超主权储备货币存在很大的难度,面临全球多极化格局尤其如此。从实际操作的角度,学界和政策制定者也提出不同方案,试图以各种途径逐步赋予 SDR 超主权货币的职能,但尚未发现显著可行的方案。第一种方案,如果沿用现行的分配模式,其规模以成员国缴纳份额为支持,无法随着货币需求而增长,最终自缚手脚。第二种方案,回到 20 世纪 70 年代末 "替代账户" 的讨论,将储备货币按权重兑换 SDR、国与国之间用 SDR 完成支付和结算的方案。这样的安排会把管理不同主权货币的职责转嫁给 IMF,在目前的低息环境下将会导致较高的成本,较难推进。第三种方案,赋予 IMF 以全球央行的身份,发行超主权货币 SDR 并向各国央行换取其主权货币,IMF 作为最后贷款人不会面临 SDR 短缺问题。然而,这样做与 IMF 目前主导的央行间货币互换有异曲同工的效果,当前阶段难以被 IMF 接受。中国对于赋予 SDR 更大职责的提法持有较为务实的态度,并未对具体的方向做出主张。应该说,在国际货币体系的完善方面仍有广阔的未知领域,如何利用 SDR 的优势进行有效的改革仍是 G20 需要探索的课题。

二、人民币迈入 SDR 篮子货币的新时代

人民币入篮是人民币国际化重要的里程碑,也是金融改革取得阶段性成果的重要指标。在战略性地提出 SDR 扩篮的倡议之后,我国政府稳步推进金融改革,在诸多领域快速推进,最终令 IMF 认可人民币 "可自由使用" 的市场地位。这一系列努力包括:(1)扩大人民币跨境使用,从 2009 年开始启动跨境贸易人民币结算、2011 年启动双向直接投资人民币结算、2011 年和 2014 年相继启动 RQFII 和 RQDII 机制、2016 年对境外主要机构开放银行间债券市场。(2)进一步完善人民币汇率中间价形成机制。(3)提高数据报送标准、增强数据透明度。尤其是自 2015 年以来积极配合国际清算银行和 IMF 开展银行业对外资产负债、人民币储备资产和证券投资等数据的调查和报送。(4)完善跨境人民币交易的基础设施,包括更多币种开展直接兑人民币交易、遍布全球的人民币清算行以及人民币跨境支付系统(CIPS)。

（一）人民币入篮的深远意义

首先，人民币的储备货币地位获得正式认定。人民币加入 SDR 前，已有不少国家和地区的中央银行或货币当局持有人民币资产，IMF 最新的调查显示全球官方储备资产中人民币占比约 1.1%。入篮后，货币当局持有的人民币资产有望快速增长。

其次，人民币入篮有助于进一步完善国际货币体系。建立一个真正的多元国际货币体系应是未来的改革方向。从全球经济发展趋势看，逐步形成以美元、欧元和人民币为主导的多元国际货币体系并非毫无可能。多元化的国际货币体系能够增加储备资产供应，一定程度上化解特里芬难题；同时储备货币之间汇率稳定性将提高，能够降低全球经济的系统性风险。

（二）人民币入篮的短期影响

短期内，人民币资产自动配置需求会增加。由于 O-SDR 持有国可以对其他 IMF 成员国达成交易安排，并以篮子货币结算，因此各国货币当局需要提前配置人民币资产。以目前分配的份额来计算，共有不超过 300 亿美元的人民币资产的总需求。另外，国际组织管理的 SDR 计价的资产也要根据篮子货币权重进行资产配置。最后，以 SDR 作为计价单位的机构负债会产生对冲 SDR 篮子货币利率和汇率风险的需求，人民币入篮后就会产生对相关衍生工具的交易需求，促进人民币在岸与离岸市场的交易。

同时，人民币的使用范围将扩大。主要包括三个方面的直接影响：（1）IMF 官方交易将可以使用人民币，包括向 IMF 缴纳份额、IMF 向成员国提供贷款和成员国向 IMF 还款、IMF 向成员国支付利息等。（2）官方使用人民币的动力将增强，包括将人民币作为官方储备、与人民银行进行货币互换等。（3）我国企业和居民在跨境交易中也可以更加方便地使用人民币。

（三）革命尚未成功，同志仍需努力

虽然人民币国际化进入快车道，但不可忽视的是，人民币入篮向我国政府提出了更高的要求。自 2018 年汇改以来，我国股票市场与汇率联动明显，外部对于我国宏观治理的能力提出质疑，这显示在享受更多开放获益的同时，也需要承担更大的责任。

第一，我国货币政策框架转型、汇率制度和金融监管的改革都面临更大的挑战。人民币成为国际储备货币意味着我国货币政策对持有国家及使用人民币的企业和个人造成影响。尤其是我国在推进"一带一路"倡议过程中,人民币跨境使用的规模和波动性上升,保持汇率稳定将是一大难题。目前我国货币政策与金融监管框架都面临重大改革,宏观"去杠杆"也处于最关键的阶段,防范自身风险及其外溢效应实属不易。

第二,对我国资本项下和资本市场开放形成倒逼压力。我国目前仍处于资本项下有限放开、资本市场开放提速的阶段,与其他储备货币发行国有不小的差距。一方面,这些差距阻碍人民币更广泛的使用;另一方面,离岸与在岸市场更深层次的联动也通过监管套利来倒逼改革。深港通即将落地,表明我国政府在面临严峻的国际收支环境下,以负责任的大国姿态继续推进资本市场开放。

第三,人民币成为避险货币还有相当长的路要走。在英国脱欧公投之际,美元和日元作为避险货币大幅升值,而人民币汇率走势呈现新兴市场货币的弱势特点,与中国经济在英国脱欧事件中的韧性明显不匹配。人民币作为储备货币的地位,需要人民币资产的避险特性来巩固。而这一特性不仅仅在于货币流通的自由程度、经济增速和预期,更是综合国力上升的结果,包括政策的透明度、开放度和延续性。

三、以债券市场流通扩大 SDR 使用范围的若干问题

在两笔 SDR 债券之外,包括中国工商银行(亚洲)在内的其他机构据称也在筹备发行 SDR 债券。SDR 计价的金融产品,对于扩大 SDR 使用范围有着至关重要的意义。然而,一级市场的热度并不意味着二级市场的活跃,20 世纪 M – SDR 先热后冷的过程值得警惕。储备货币的地位需要发达的货币市场,而货币市场需要具有足够深度和广度的债券市场。发行 SDR 计价债券,并形成功能完备的 SDR 债券市场,对于提高 SDR 国际储备的地位,是最好的准备工作。而促使这一市场的形成,需要一系列的配套措施。

(一)发行 SDR 债券的基本事实

在进一步的讨论之前,有必要厘清 SDR 债券发行的基本事实和推进趋势。从债券的本质来看,目前,出现的两笔 SDR 债券以 SDR 计价,并以人民币结算,类似于熊猫债,区别在于计价单位。从公开资料来看,这两笔债券有如下要素:(1)境外发行人在境内发债,投资人也包含境外投资者;(2)债券为人民币债券,托管和结算参照其他银行间债券;(3)计价和定

价参照 SDR 一篮子货币，即五种货币的加权平均值，但承销与兑付以人民币结算，即债券价值包含了汇率风险；（4）债券期限较短，为三年和一年；（5）目前，SDR 债券发行由人民银行审核批准，除了公开发行，也可定向发行；（6）上海清算所（以下简称上清所）承担托管结算，按照人民币单账户结算并提供 SDR 估值。

对于公开资料尚未提及的 SDR 债券其他要素，以及今后 SDR 债券的发展趋势，我们有如下基于分析的判断：（1）商业机构募集资金是否允许调出境外需要外管局审核。参照 2010 年对熊猫债的规定，国际开发机构可将发行募集的人民币资金调出境外使用，并在还本付息时调入境内。但预计商业机构募集资金出境需要面临严格监管。（2）目前，发行人以境外机构为主，何时将发债主体扩大至境内机构存在不确定性。（3）未来 SDR 计价债券将出现在离岸人民币中心，丰富人民币资产池。（4）以人民币结算未必成为 SDR 债券普遍特征，上清所已为外币结算留出空间。由于各篮子货币汇率周期存在不同步性，允许 SDR 债券结算货币多元化有助于提高 SDR 债券的吸引力。

（二）发行 SDR 债券实现"多方共赢"

发行 SDR 债券对于发行人、投资者和监管当局三方是共赢的结果。从发行人的角度，SDR 债券以 SDR 篮子货币加权利率作为基准利率（世行债发行利率 0.49%，渣打银行发债利率 1.2%），融资成本极低；募集资金为人民币，可以用于国内投资或跨境使用；若人民币兑 SDR 贬值，境内的平均投资收益高于境外，可以部分弥补未来还本付息的汇率损失。对于投资人，篮子货币资产的好处是显著的：对资本账户尚未完全开放的中国而言，购买 SDR 计价资产等于是资金配置多元化、降低单一货币汇率风险（见图2）；若人民币兑 SDR 贬值，则有额外汇兑收益。SDR 债券相当于普通的人民币债券附加了一系列以 SDR 篮子为标的的外汇远期，可以通过卖出远期外汇的方式计算外汇风险中性的收益率。经计算，一年期渣打银行 SDR 债券剔除汇率风险、对冲成本可实现约 2% 的持有收益，对于投资者有足够的吸引力。最后，对于监管当局，SDR 债券可以降低资本流出的压力。目前中国企业和居民以人民币贬值预期为主，但即便实现换汇，大部分最终要在境内完成消费和投资，因此大力发展 SDR 计价资产有助于外汇管理。

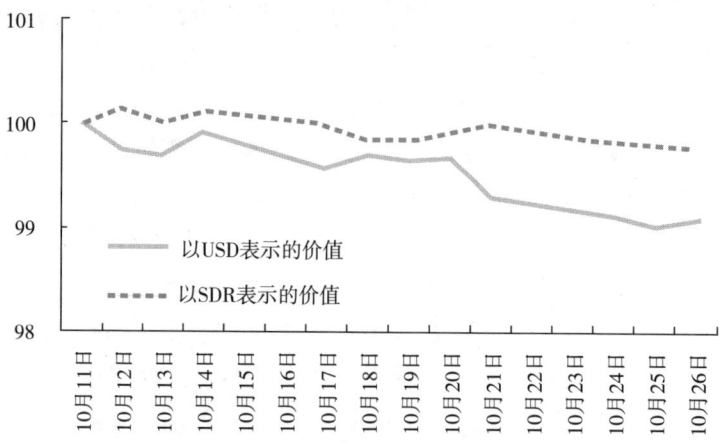

注：初始日价值标准化为100。

图2　入篮以来人民币价值变动

（资料来源：根据国际货币基金组织数据计算）

不可否认，SDR 计价资产市场的发展，需要特定的历史时期和政策的配合。20 世纪 80 年代 M–SDR 市场随着美元、马克的升值而转冷就是明证。目前，美联储货币政策正常化导致市场对美元升值、人民币贬值的预期强烈，而国内企业和个人配置外汇资产的渠道有限，为 SDR 计价、人民币结算的资产提供了绝好的成长空间。

（三）促进 SDR 债券市场发展的要素

虽然 SDR 债券具备天然的优势，但发展完善的 SDR 债券市场还需要跨越几大障碍。首先是市场的流动性可能不足。由于此类债券规模太小，且满足部分投资者买入持有的标准，因此可能二级市场流动性不足。其次是 SDR 债券带来货币错配的汇率风险。对于个人投资者，承担汇率风险并获得风险溢价或许是合理的，境外机构则可以通过其他市场平衡整体敞口，但是国内机构投资者若大量购买 SDR 债券，则存在负债与资产的货币错配，需要承担汇率风险。最后，SDR 货币篮子的五年期审核机制制约长期债券的发行。为避免篮子重构的风险，机构发行期限只能以五年为限。

因此，为了促进 SDR 债券市场的发展，需要从以下几个方面着手。第一，增加 SDR 债券供给，尤其是高信用级别主体发行量。第二，对 SDR 债券附加有利条款（例如发行人回购条款）、将 SDR 债券纳入银行间回购券种池，并开发对应衍生工具，以增加 SDR 债券的需求。第三，完善 SDR 债券收益率曲线，不仅在一级市场增加各期限品种，还要通过二级市场的流通实现价格发现。第四，当前虽然 SDR 债券的托管结算安排按照普通人民币境内债券执行，但专门的 SDR 债券结算体系也十分必要。中债登、上清所分别在 2004 年和 2013 年开始实现了美元债券的托管结算，具备外币债券托管结算条件，同时上清所还担任银行间外汇市场的中央结算方。在上清所平台设立 SDR/人民币并行账户，对 SDR 债券实现 DVP 实时结算，以更好地发挥债券与汇率市场的价格发现作用，可能是最理想的方向，需要尽快投入研究。

四、自贸区金融创新的契机

我国的自由贸易试验区，尤其是前海自贸区，肩负着金融创新的重大使命，理应成为 SDR 金融创新的土壤。区内机构和企业对于跨境资金调拨和配置也存在内在需求，因此，谋划自贸区可以具体开展的 SDR 业务，也成为当务之急。具体建议如下：

（一）研究区内企业发行 SDR 债券的需求和实现机制

自贸区的企业和金融机构从事跨境贸易与服务，本身就是 SDR 债券最大的潜在发行人。目前，SDR 发行人通常为境外机构，并需要央行批准。应研究将发行人放开至境内机构，并考虑备案制的发行方式和资金跨境使用的额度管理。自贸区内至少有如下几类需求：（1）境外有外汇资产，但区内有人民币资金需求的。2018 年 4 月，人民银行允许境外母公司发行熊猫债贷给境内子公司，且不计入外债额度。"一行三会"支持前海自贸区的政策也包括区内企业的控股子公司在国内发债，资金在境内或境外使用不做限制。因此将该政策拓展至 SDR 债券可以更加方便企业跨境管理多币种资产和负债。（2）区内机构有跨境并购融资需求的。近几年，我国企业境外并购需求上升，而往往难以满足巨大的资金需求。以 SDR 债券发行满足海外收购，虽然不能完全避免货币错配，但已经很大程度上兼顾了资产负债的币种匹配、承担合理的融资成本和并购资金的需求周期。（3）金融机构参与跨境金融创新的。广东自贸区条例中，明确支持基金、证券、保险等非金融机构开展跨境人民币业务，而通过 SDR 债券募集人民币资金，对接境外外币资产或直接投资，有潜在的需求。当然，以上需求多数以跨境的资本流动为诉求，因此自贸区内 SDR 债券额度管理可能是比较合理的解决方案。

虽然，目前国内债券发行基本实现了备案制，但由于市场的监管分割，不同债券的主管机关各自不同，为鼓励自贸区内企业发债，包括SDR债券，应该考虑将备案受理机构下放至自贸区，实现各券种自贸区集中备案，如地方发改委继续下沉至自贸区、中债登及上清所应设立专门机构或成立跨部门的备案中心，以完善债券发行制度的便利化安排，并在一定额度内放开发行以促进SDR债券市场的形成与完善。

（二）开发SDR计价存款产品的构想

金融机构以及政策引导主体需要将眼光延伸至债券以外的领域，以SDR债券为主，开发基于SDR计价标准的一系列金融产品，以形成闭环生态的SDR计价资产市场。建议研究在自贸区银行开展以SDR计价、人民币结算的大额存单为主要方向的SDR存款创新。

首先，需要探索SDR存款机制。SDR存款机制对于SDR债券市场的完善有着不言而喻的益处，即SDR存款可以投资于SDR债券，以实现个人投资者到银行间市场的连接。在20世纪80年代，最多曾有50多家商业银行已经或准备接受SDR计价存款，存款规模最高接近70亿SDR。在我国开展SDR存款服务，需首先分析储户和银行双方的需求。从储户角度，目前境内对于SDR存款有较强的潜在需求，主要集中于换汇动机强烈的企业或居民。从银行角度，虽然资金成本较普通人民币存款低，但接受SDR存款意味着承担单边的汇率风险，可能得不偿失。因此银行需要权衡成本与收益，或通过外汇市场进行对冲。技术层面，SDR估值可参照市场标准，或自行制定SDR人民币执行汇率。SDR存款安排应类似于外币挂钩存款，然而是否需要人民银行的首肯，以及是否需要相关部门制定执行细则，还存在很大的监管不确定性。

其次，探索SDR存款的替代模式。可选方案包括SDR大额可转让存单（CD）、SDR计价货币市场基金。大额存单和基金更加规范、可转让（甚至质押），投资人风险承受能力较高、更加专业，因此可成为SDR存款更优质的来源。另外，如果SDR计价CD可以发行并流通，CD的短期限特点对于构建完整的SDR收益率曲线有关键意义。

为实现以上的创新，银行主动吸收SDR存款是先决条件。根据2016年10月28日外汇信息，我们测算了发行3个月、6个月大额可转让存单，并同时在远期市场买入对应期限的远期篮子货币，银行承担的成本与实现的收益比较是否有吸引力。首先，假定该存单使用美元国债的基准利率

0.33%、0.49%作为SDR存款利率,出于人民币贬值预期,该存单对投资者应具备一定的吸引力。按照发行与对冲成本0.8%计算,发行3个月CD的收益率可达到46bp,而发行6个月CD有2bp的亏损。可见,SDR大额存单的发行具有收益不确定性,商业银行可能无法提供连续的发行服务。建议研究自贸区银行开发此类产品,结合自贸区银行跨境业务、离岸业务的优势,寻找成本最优的产品设计方案,并通过有限的规模控制风险,探索SDR-CD的可行性。

(三) 应鼓励自贸区金融机构按照"二线管住"的原则开展基于SDR的金融创新

在现阶段,为探索SDR计价资产的市场构建和完善,有必要在自贸区范围开展广泛的业务创新实验。自贸区的个人客户对于资产分散配置有更大的需求,建议对于区内银行,除了研究SDR-CD产品外,还应鼓励开发结构性存款业务,鼓励设立挂钩SDR价值的存款产品。同时,应鼓励区内金融机构开发其他SDR计价资产,如SDR计价理财产品、以SDR挂钩各种指数的OTC金融衍生产品及各类可跨境转让的SDR金融产品。虽然境外投资者可以通过若干渠道投资于银行间债券市场,但是对于跨市场的其他产品并没有投资渠道。完善多渠道、跨市场、跨境的SDR计价资产投资渠道,将是发展SDR市场并形成国际影响力的必要组成部分。

香港和内地金融市场基础设施的对比及其对前海的启示

余 臻[①]

一、金融市场基础设施概览

金融市场不是在真空中运行,它需要特定的空间和时间,需要满足一定的条件,这些条件即为金融市场基础设施(Financial Markets Infrastructures,FMIs)。伯克南认为,金融市场基础设施是"金融的管道"(Financial Plumbing),用于支持交易、支付、清算和结算,实现金融机构间的相互联系和相互作用。从学术上看金融市场基础设施可以进行如下定义:金融市场正常运作所需的物质和技术条件,让金融资产交易顺利进行的一系列活动,让金融市场平滑运行的一系列制度和组织体系。人们对金融市场基础设施的理解各有不同,但都大同小异。在金融监管实践中,金融市场基础设施普遍采用国际清算银行支付结算体系委员会(Committee on Payment and Settlement Systems,CPSS),现更名为支付和市场基础设施委员会(Committee on Payments and Market Infrastructures,CPMI),即与国际证监会组织(International Organization of Securities Commissions,IOSCO)联合发布的《金融市场基础设施原则》(Principles for Financial Market Infrastructures,PFMI)中的定义,即金融市场基础设施是参与机构(包括系统运行机构)之间,用于清算、结算或记录支付、证券、衍生品或其他金融交易的多边系统,具体包括五类系统:支付系统(Payment Systems,PS)、中央证券托管系统(Central Securities Depositories,CSD)、证券结算系统

[①] 余臻(1987—),男,江西乐安人,管理学博士,中山大学岭南(大学)学院与前海金融控股有限公司博士后创新实践基地联合培养博士后(应用经济学专业),研究方向:资本市场开放。

(Securities Settlement Systems，SSS)、中央对手方（Central Counter-Parties，CCP)、电子交易的中央电子数据库（Trade Repositories，TR)。PFMI中的定义侧重于交易后环节，也有学者建议将交易环节纳入金融市场基础设施的范围之中。需要说明的是，PFMI中所说的五类系统并没有明显界限，因为法律、制度的不同，在某些国家或地区，某类机构可能同时承担五类系统中某几种系统的角色。

二、香港的金融市场基础设施

香港高度重视金融市场基础设施的发展，成立了由证券及期货事务监察委员会（证监会)、财经事务局、金融管理局、联合交易所、期货交易所、中央结算公司、市场从业人员等组成的金融基础设施督导委员会，该委员会分别于1999年9月和2002年8月发布《提升香港的金融基础设施研究报告》，分别建议香港的金融基础设施实现电子化和与国际市场的互联。目前，香港具有稳健的金融基础设施，提供跨币种、多层次的平台，覆盖银行、股票及债券等多种不同的资金融通渠道，符合最高的国际标准，契合香港经济发展的需要。

具体来说，香港的金融市场基础设施主要包括三大类：一是支付系统，交收银行同业的支付交易；二是债券交收系统，交收及托管债券；三是与本地及境外系统联网，分别在本地与境外提供外汇交易同步交收及货银两讫（Delivery Versus Payment，DVP）交收服务。

（一）支付系统

香港的支付系统可进行港元、美元、欧元及人民币的银行同业资金转拨，支付系统由香港银行同业结算有限公司运作，提供各种银行同业结算及交收服务。

1. 港元RTGS系统

港元即时支付结算系统（RTGS系统，又称港元结算所自动转账系统）于1996年推出。银行同业支付交易在金管局所设的账册上以持续方式逐笔交收，而不是净额处理。除交收银行之间的大额支付项目外，该系统也处理批量结算及交收，包括支票、股票相关支付项目及其他小额批量电子支付项目，如"易办事"、自动记账与扣账交易，以及自动柜员机转账。除提供银行同业支付服务外，港元RTGS系统也处理金管局的货币操作涉及的支付程序。

港元 RTGS 系统采用单层式成员制。根据《外汇基金条例》，香港持牌银行必须加入港元 RTGS 系统，并于金管局开设港元交收账户。香港有限制牌照银行也可向金管局申请使用该系统。金管局一直致力于消除外汇交易的交收风险，并于 2004 年底在财政司司长批准下允许 CLS Bank International 有限度地使用该系统，使港元纳入 Continuous Linked Settlement 系统的货币行列，使其可与相关货币进行外汇交易同步交收。

2. 美元 RTGS 系统

美元 RTGS 系统（又称美元结算所自动转账系统）于 2000 年 8 月推出，结算机构为香港上海汇丰银行有限公司。美元 RTGS 系统不仅以即时支付结算的方式处理美元银行同业支付交易，也处理美元支票及股票相关支付的批量结算及交收。香港的银行有权使用该系统，并可向结算机构申请成为直接成员，也可通过直接成员交收其支付项目的方式申请成为间接成员。其他金融机构若参与，须经金管局及结算机构审批。

3. 欧元 RTGS 系统

欧元 RTGS 系统（又称欧元结算所自动转账系统）于 2003 年 4 月推出，由渣打银行（香港）有限公司担任结算机构。香港的银行有权使用该系统，并可向结算机构申请成为直接成员，也可通过由直接成员交收其支付项目的方式申请成为间接成员。其他金融机构若参与，须经金管局及结算机构审批。

4. 人民币 RTGS 系统

人民币 RTGS 系统（又称人民币结算所自动转账系统）于 2007 年 6 月通过提升人民币交收系统的功能而成，由中国银行（香港）有限公司担任清算行。清算行于中国人民银行设有交收账户，并为中国国家现代化支付系统的成员。因此，从技术层面而言香港的人民币 RTGS 系统可视为中国国家现代化支付系统的延伸，但受香港法律监管。人民币 RTGS 系统不但以即时支付结算方式处理银行同业人民币支付项目，也处理人民币批量结算及交收支付项目，功能类似港元 RTGS 系统。

香港及境外银行均可于清算行开设人民币交收账户，以直接加入该系统。境外银行及金融机构也可选择通过香港的直接成员交收其支付项目，借此间接加入该系统。香港银行可向清算行申请直接加入该系统，其他金融机构若拟参与则须经金管局及清算行审批。为让金融机构可在欧洲整段及美国早段营业时间通过香港的人民币 RTGS 系统结算离岸人民币支付交易,由 2012 年 6 月起该系统运作时间由每日 10 小时延长至 15 小时。此举有助于提升香港人民币结算平台的竞争力,并进一步巩固香港作为首要离岸人民币业务中心的地位。

香港为了给外汇交易提供交收服务,保证涉及的两种货币的支付程序于同一时间完成,采用了外汇交易同步交收机制。香港地区的港元和美元、欧元及人民币 RTGS 系统互联,让银行可以以同步交收方式交收美元与港元、美元与人民币、欧元与美元、欧元与港元、欧元与人民币,以及人民币与港元的外汇交易。同步交收服务大大提高交收效率,并消除因交易时差及不同时区所引起的交收风险。

(二) 债务工具中央结算系统

香港金管局于 1990 年设立债务工具中央结算系统(CMU 系统),为外汇基金票据及债券提供自动化结算交收服务。1993 年 12 月,金管局将该项服务推广至其他港元债券,为港元债券提供高效率、安全及方便的结算托管系统。自 1994 年 12 月起,CMU 系统逐步与区内及国际系统建立联网,借此让海外投资者参与港元债券市场,有助于向海外投资者推广港元债券。

CMU 系统于 1996 年 1 月将服务进一步推广至非港元债券,并于 1996 年 12 月与港元即时支付结算系统(RTGS 系统)联网,为系统成员提供即时及日终 DVP 结算服务。其后,CMU 系统又分别于 2000 年 12 月、2003 年 4 月及 2006 年 3 月与美元、欧元及人民币 RTGS 系统联网,为债券提供即时 DVP 结算服务,并为香港的美元及欧元支付结算系统提供即日及隔夜回购设施。

CMU 系统与区内中央证券托管机构及国际中央证券托管机构建立了联网。在 1994 年,CMU 系统与全球两个规模最大的国际中央证券托管机构欧洲清算及明讯建立单向对内联网,让国际投资者可透过这些国际结算所机构持有及结算港元债券。这两项联网分别在 2002 年 11 月(欧洲清算)及 2003 年 1 月(明讯)发展至双向联网,让香港及亚洲其他地区的投资者在安全稳妥的环境下以 DVP 模式直接或间接持有及结算欧洲结算系统及明讯结算系统的债券。

CMU 系统也分别于 1997 年 12 月及 1999 年 9 月与澳大利亚及韩国的中央政权托管机构建立联网。这些联网除了有效促进在香港及海外跨境持有及交收债券外,更可扩大投资者基础,扩展本地债券市场,以及通过促进跨境证券交易 DVP 结算以降低结算风险。金管局与内地的中央国债登记结算有限责任公司于2004年4月签订协议，同意在CMU系统与中央国债登记结算公司负责操作的政府债券簿记系统之间建立联网。通过这项联网，内地经批准的投资者可于CMU系统内持有、结算及交收香港及海外的债券。此外，CMU系统也于2012年12月与台湾地区的"中央证券托管机构"建立联网，方便台湾投资者于CMU系统内持有、结算及交收香港及海外的债券。

金管局连同欧洲清算银行及亚洲区多个央行及中央证券托管机构组成亚洲中央结算系统联盟旗下的专责小组，以发展一套具成本效益及高效率的跨境债券投资及交收基建，提供债务工具的交易后服务，并促进亚洲债券市场的发展。这个项目的最终目标是推行共同平台模式，而作为首阶段的工作，跨境债券投资及交收试行平台于2012年3月启用。试行平台为全球及境内投资者提供广泛服务，包括提供环球证券数据库、国际及境内债券资料，提供单一切入点，让投资者通过其在境内系统的账户买卖和持有国际及境内债券，以及促进跨境发行外币债券和以货银两讫方式进行有关交收。

在试行平台的基础上，跨境跨币抵押品管理服务于2012年6月推出，让金融机构可以利用存放在某参与地区系统内的证券作为抵押品，然后在另一参与地区借取当地货币的有抵押资金。这项服务可融通国际和境内金融机构之间的需要，并促进香港回购协议市场的发展。此外，为配合市场的需要，试行平台将适时推出更多其他附加服务，包括企业行动平台，以提高亚洲债券市场企业行动程序的效率。

(三) 系统联网

香港金融基础设施的发展一直致力于配合本地及跨境经济活动的需要。与其他地区的支付和债券系统的联网，已形成方便的支付及交收平台，以处理跨境经济交易及金融中介活动。

与广东省（包括深圳）联网：自1998年1月起分阶段推出，涵盖与广东省（包括深圳，现时美元支票的联合结算机制只适用于深圳）的港元及美元的跨境RTGS支付交易，以及港元、美元及人民币的支票结算。这些联网有助于加快香港与广东省之间的支付及汇款程序，随着地区经济日渐融合，这些联网的使用量也逐步上升。

与内地的跨境支付安排：与内地的境内外币支付系统的跨境支付安排于2009年3月推出，以促进内地银行的外币集资及流动资金管理，以及商业支付交易。目前，跨境支付安排涵盖港元和美元、欧元及英镑四种货币。

与澳门联网：香港与澳门分别在2007年8月及2008年6月建立港元及美元支票的单向联合结算机制，把由香港银行付款，并于澳门兑存的港元及美元支票的结算时间由四日至五日缩短至两日。

与马来西亚联网：马来西亚的林吉特RTGS系统（RENTAS系统）与香港的美元RTGS系统于2006年11月实现联网，使林吉特与美元外汇交易得以在马来西亚及香港营业时间进行同步交收，从而消除交收风险。这是区内首次在两个RTGS系统之间建立跨境联网，为两种货币提供外汇交易同步交收服务。

与印度尼西亚联网：香港的美元RTGS系统与印尼盾RTGS系统之间的同步交收联网于2010年1月启用，为两种货币的外汇交易进行同步交收，消除交收风险。

与Continuous Linked Settlement（CLS）系统联网：CLS系统由CLS Bank International运作，是处理跨境外汇交易的全球性结算及交收系统。这个系统以同步交收方式交收跨境外汇交易，因此能够消除交收风险。港元在2004年加入CLS系统。

跨境转汇服务：将香港的RTGS系统往区内扩展。港元、美元、欧元及人民币的区内支付均可利用香港的RTGS系统平台，以促进这些货币的跨境/跨银行转拨。

综合来看，香港的金融市场基础设施可用跨币种、多层次平台概括，如图1所示。跨币种平台可在香港处理主要外币与港元的即时交易。这个跨币种功能在多方面都很重要。第一，由于集资者发行的股票或债券可以按其需要的外币计价，无须兑换为港元，因而减少大量资金流入及流出港元，降低了对汇率可能造成的压力，有助维持货币稳定。第二，这个平台可满足集资者及投资者以任何币种在任何地方集资或投资的需要。集资者及投资者可借此降低资金成本或提高回报，以争取最大利益。第三，这个平台让亚洲投资者可以利用香港作为区内枢纽，进行跨币种资金转拨，并且结算及交收在亚洲时间进行的美元、欧元及人民币金融工具交易，从而降低交收风险。

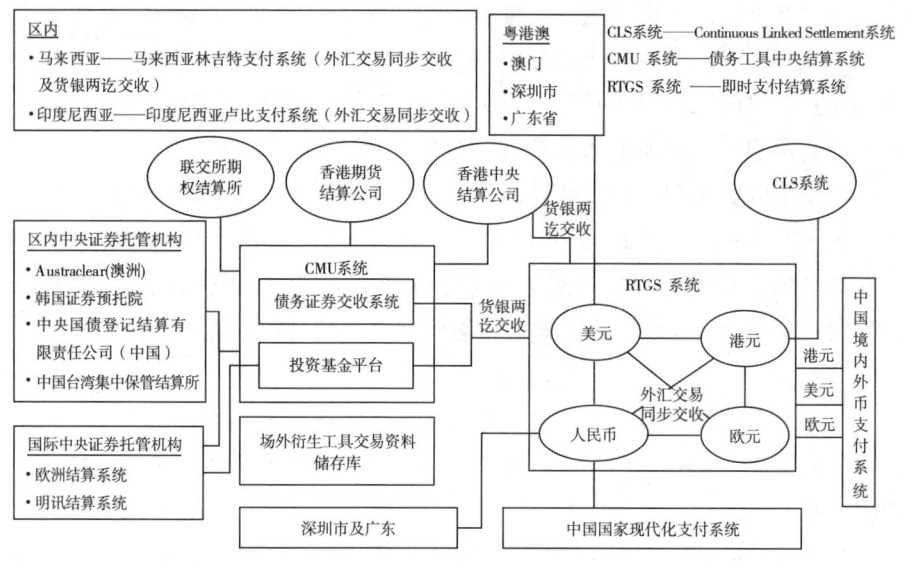

图1 香港的多币种支付及交收基础设施

(资料来源：香港金融管理局)

三、中国内地的金融市场基础设施

中国金融市场已取得了长足发展，涵盖货币市场、股票市场、债券市场、保险市场、黄金市场、大宗商品市场、外汇市场及有关衍生品市场等，相对完善的多层次金融市场体系基本形成，市场总体规模位居世界前列，金融创新产品不断推出，对外开放程度不断提升。中国的金融市场基础设施伴随着中国金融市场的完善而不断发展，基础设施不断整合和升级，不断出现新的基础设施，现已形成交易系统、支付系统、登记托管结算系统三大系统为主体的基础设施体系，如表1所示。

PFMI划分了五类金融市场基础设施：支付系统、中央证券托管系统、证券结算系统、中央对手方、电子交易的中央电子数据库。在中国这五类系统并不是割裂的，如上海清算所既是中央证券托管系统，也是证券结算系统，又是中央对手方，还可以记录电子交易数据。从交易系统来看，中国除了有传统的股票、债券、基金、现货、期货等品种的交易系统，还出现了信贷资产、信托资产、大数据等新型金融资产交易系统；除了场内交易系统，还出现了机构间私募产品报价与服务系统等全国性场外交易系统；除了只针对国内投资者的交易系统，还出现了利用自贸区的政策优势打造的面向全球投资者的交易系统；此外还有地方性商品交易平台、区域性股权交易市场、地方性金融资产交易平台、互联网金融资产交易平台等，交易系统日趋多样。从支付系统来看，中国已形成中国国家现代化支付系统为基础，银联、城商行清算中心、农信银清算中心为辅助的境内支付主干系统，并正在打造与中国国家现代化支付系统既相互独立又相互联通的人民币跨境支付系统，为跨境人民币支付提供便利。此外，第三方支付蓬勃发展，有独立于银行支付体系的趋势，未来将整合为统一的网联系统。从登记托管结算系统来看，部分交易系统采用自身附属的登记托管结算系统（比如各大期货交易所），专业的登记托管结算机构正在将品种从传统的股票、债券向金融衍生品、航运、大宗商品、银行理财产品等扩展，并同时大力发展担保品管理业务。

中国的金融市场基础设施还有几个显著特点：一是运营日益公司化，许多系统的运营方逐渐由事业单位改制成公司，有些还改制为股份有限公司，为引入股东的资源、市场化运作、借助资本市场做大做强提供可能。二是系统运营方彼此参股，如全国中小企业股份转让系统有限责任公司的股东包括上海期货交易所、深圳证券交易所、郑州商品交易所、中国金融期货交易所股份有限公司、中国证券登记结算有限责任公司、上海证券交易所、大连商品交易所，有利于利用股东资源实现业务协同。三是交易系统和登记托管结算系统彼此渗透，上海证券交易所、深圳证券交易所是中国证券登记结算有限公司的股东，银行业信贷资产登记流转中心有限公司、中国信托登记有限责任公司的大股东均为中央国债登记结算有限责任公司。四是基础设施的国际化水平不高，大部分基础设施未明确国际投资者的接入方式，也较少与国际金融市场基础设施实现互联互通（中央国债登记结算有限责任公司于2004年实现了与香港CMU的单向联通），"走出去"和"引进来"均存在障碍。五是各个系统之间的联系不够紧密，市场分割严重，如债券市场分为银行间市场和交易所市场，银行间债券市场的登记托管结算机构有中央国债登记结算有限责任公司和上海清算所两家，不利于价格的有效发现和资源的优化配置。

表 1　中国金融市场基础设施概览

类别	名称	设立日期	所在地	简介
交易系统	上海证券交易所	1990年11月26日	上海	交易品种：股票、债券、基金、衍生品
	深圳证券交易所	1990年12月1日	深圳	交易品种：股票、债券、基金、衍生品
	全国中小企业股份转让系统有限责任公司	2013年1月	北京	交易品种：股票、优先股等
	中国外汇交易中心（全国银行间同业拆借中心）	1994年4月18日	总部设在上海张江，在上海外滩和北京建有数据备份中心和异地灾备中心	提供银行间外汇交易、人民币同业拆借、债券交易系统并组织市场交易；办理外汇交易的资金清算、交割，提供人民币同业拆借及债券交易的清算提示服务；提供外汇市场、债券市场和货币市场的信息服务。在上海自贸区设立国际金融资产交易平台，提供人民币汇率、利率、信用等相关金融资产的报价服务
	大连商品交易所	1993年2月28日	大连	交易品种：玉米、玉米淀粉、黄大豆1号、黄大豆2号、豆粕、豆油、棕榈油、鸡蛋、纤维板、胶合板、线型低密度聚乙烯、聚氯乙烯、聚丙烯、焦炭、焦煤和铁矿石等期货，豆粕期货期权
	郑州商品交易所	1990年10月12日	郑州	交易品种：普通小麦、优质强筋小麦、早籼稻、晚籼稻、粳稻、棉花、油菜籽、菜籽油、菜籽粕、白糖、动力煤、甲醇、精对苯二甲酸（PTA）、玻璃、硅铁和锰硅等期货，白糖期货期权
	上海期货交易所	1999年12月，由上海金属交易所、上海粮油商品交易所、上海商品交易所合并而成	上海	交易品种：黄金、白银、铜、铝、锌、铅、螺纹钢、线材、燃料油、天然橡胶、石油沥青、热轧卷板、镍、锡等期货

续表

类别	名称	设立日期	所在地	简介
交易系统	上海黄金交易所	2002年10月	上海，在深圳设有备份交易中心	交易品种：黄金、白银、铂等贵金属
	中国金融期货交易所股份有限公司	2006年9月4日	上海	交易品种：股指期货、国债期货
	机构间私募产品报价与服务系统（中证机构间报价系统股份有限公司）	2013年2月27日	北京	提供以非公开募集方式设立产品的报价、发行与转让服务；提供证券公司柜台市场、区域性股权交易市场等私募市场的信息和交易联网服务；提供以非公开募集方式设立产品的登记结算和担保品第三方管理等服务
	银行业信贷资产登记流转中心有限公司	2014年8月	北京	信贷资产及银行业其他金融资产的登记、托管、流转、结算服务
	上海保险交易所股份有限公司	2016年6月6日	上海自贸区	为保险、再保险、保险资产管理及相关产品的交易提供场所、设施和服务
	上海票据交易所股份有限公司	2016年12月	上海	经营范围：提供票据集中登记和托管服务；为票据市场贴现、转贴现等提供交易平台服务；为票据市场提供清算结算以及交易后处理服务，包括清算、结算、交割、抵押品管理等；为中国人民银行再贴现业务提供技术支持；提供票据市场信息、研究、咨询、培训、中介服务；为票据证券化产品、票据衍生品等创新产品提供登记托管、报价交易、清算结算服务；为票据市场中介开展业务提供相关服务

续表

类别	名称	设立日期	所在地	简介
交易系统	中国信托登记有限责任公司	2016年12月19日	上海自贸区	经营范围：集合信托计划发行公示；信托产品及其信托受益权登记，包括预登记、初始登记、变更登记、终止登记、更正登记等；信托产品发行、交易、转让、结算等服务；信托受益权账户的设立和管理；信托产品及其权益的估值、评价、查询、咨询等相关服务
	上海国际能源交易中心股份有限公司	2013年11月6日	上海自贸区	组织安排原油、天然气、石化产品等能源类衍生品上市交易、结算和交割
	上海石油天然气交易中心有限公司	2015年3月4日	上海自贸区	开展天然气、非常规天然气、液化石油气、石油等能源产品的现货交易
	贵阳大数据交易所有限责任公司	2014年12月8日	总部位于贵阳，已建成北京、上海、深圳和成都四大运营中心	提供完善的数据确权、数据定价、数据指数、数据交易、结算、交付、安全保障、数据资产管理和融资等综合配套服务
支付系统	中国人民银行清算总中心（中国国家现代化支付系统，CNAPS）	20世纪90年代初期开始起步	总部位于北京，在全国设有32个清算中心	负责建设、运行、维护、管理的支付清算系统包括大额实时支付系统（HVPS）、小额批量支付系统（BEPS）、全国支票影像交换系统（CIS）、境内外币支付系统（CFXPS）、电子商业汇票系统（ECDS）和网上支付跨行清算系统（IBPS）
	中国银联股份有限公司	2002年3月8日	上海	建设和运营全国统一的银行卡跨行信息交换网络，提供先进的电子化支付技术和与银行卡跨行信息交换相关的专业化服务

续表

类别	名称	设立日期	所在地	简介
支付系统	城市商业银行资金清算中心	2002年9月25日	上海	办理城市商业银行的异地资金清算
	农信银资金清算中心	2006年5月18日	北京	办理成员机构汇兑、银行汇票、个人账户通存通兑业务的资金清算
	跨境银行间支付清算（上海）有限责任公司（人民币跨境支付系统，CIPS）	2015年7月31日	上海	提供人民币跨境贸易结算、跨境资本项目结算、跨境金融机构与个人汇款支付结算等各类服务
登记托管结算系统	中央国债登记结算有限责任公司	1996年	北京	为全国债券市场提供国债、金融债券、企业债券和其他固定收益证券的登记、托管、交易结算等服务的国有独资金融机构，是财政部唯一授权主持建立、运营全国国债托管系统的机构，是中国人民银行指定的全国银行间债券市场债券登记、托管、结算机构和商业银行柜台记账式国债交易一级托管人
	银行间市场清算所股份有限公司（上海清算所）	2009年11月28日	上海	为金融市场直接和间接的本外币交易及衍生产品交易提供登记、托管、清算、结算、交割、保证金管理、抵押品管理，业务范围广泛对我国债券市场、外汇市场、利率和汇率金融衍生品市场、航运及大宗商品等创新金融衍生品市场等
	中国证券登记结算有限公司	2001年3月21日	总部位于北京，在上海、深圳、北京、香港设有分公司	经营范围：证券账户和结算账户的设立和管理；证券登记与过户；证券托管与转托管；证券和资金的结算与交收；受发行人委托办理证券权益分配代理人服务

续表

类别	名称	设立日期	所在地	简介
登记托管结算系统	银行业理财登记托管中心有限公司	2016年1月20日	北京	经营范围：理财登记托管结算业务；理财业务的风险监测与分析；理财大数据库建设，信息和技术服务，市场研究；理财直接融资工具和银行理财管理计划业务的综合服务；理财信息披露、培训宣传、咨询评价和投资者教育等服务

四、对前海的启示

中国内地的金融市场基础设施虽然相比香港更丰富，但在系统之间的互联互通、与境外基础设施的互联互通、对多币种的支持、服务全球投资者等方面还存在不足。我国金融改革已驶入深水区，新时期的金融改革呼唤更加国际化和市场化的金融市场基础设施体系。随着金融机构"走出去"步伐加快，我国金融服务国际化的程度进一步提高，金融市场开放程度也随之提升，跨境资本流动日益频繁，需要我国的金融市场基础设施逐步与国际接轨。纽约、伦敦等国际金融中心的经验也表明，只有拥有国际一流的金融基础设施，才能保障资金安全，加速资金周转，增强资金的吸引力，促进形成"资金洼地"。要实现"市场在资源配置中起决定作用"，金融领域仍需提升利率、汇率等金融资产价格市场化水平，加快推进人民币资本项目自由兑换，逐步打通境内境外两个市场。完善的金融基础设施是金融创新的保障，深圳正在建设国际化金融创新中心，前海作为深港现代服务业合作区、自由贸易试验区、跨境人民币创新业务试验区、金融业对外开放试验示范窗口，理应扮演重要角色，建设或利用好国际化的金融市场基础设施就成为一个重要抓手。

中国现有大部分金融市场基础设施位于上海和北京，前海重复建设类似的金融基础设施的难度较大。但我们也应该清楚地看到，首先，随着经济日益金融化，越来越多的资产变得可交易，催生了相应的交易需求，前海可探索建立新兴的交易基础设施，大力发展租赁资产、知识产权、文化艺术品、应收账款、碳排放权、大数据、虚拟资产（如游戏账号）等交易。其次，区块链等新技术将对支付、交易、登记托管结算产生颠覆性影响，带来金融市场基础设施的变革，前海可提前布局，打造以区块链技术为核心的综合各类资产交易和结算的金融市场基础设施。最后，香港的发展经验表明，先进的金融市场基础设施应实现支付系统、交易系统、登记托管结算系统等的互联互通，并实现与境外系统的互联互通，这是当前中国内地金融市场基础设施所欠缺的，香港已有国际化的先进金融市场基础设施，为避免重复建设，前海可探索与香港的合作，让前海的企业和居民能便利地使用香港的金融市场基础设施，同时根据时代发展和技术进步，与香港一起不断完善金融市场基础设施。

基于影响力债券的"政府—非营利组织—企业"三元投融资模式研究

陈怡俊[①]

一、研究背景

随着我国经济体量的快速增长,传统的经济发展方式已经不可避免地对环境和社会造成巨大损害。中国社会的资源消耗、环境污染、社会不公等问题日趋严重,这些问题对经济建设的可持续发展埋下了潜在风险。

我国在 2018 年的《政府工作报告》中提出了若干重要方向,包括"坚决打赢脱贫攻坚战""提高污染排放标准""推进绿色发展";2019 年的《政府工作报告》进一步指出,我国应"坚持市场化改革的思路""有效发挥地方政府的债券作用""扎实打好三大攻坚战""解决民生问题""降低中小微企业融资成本"。这些工作重点都意味着市场所面对的环境、社会责任议题压力重大,政府所担负的公共事业规模庞大,同时也暗示着兼顾环境、社会效益的企业将面临新的机遇。由此,利用金融创新治理环境污染、提供社会服务、促进经济平衡势必成为满足我国深化供给侧改革战略需求的重要手段。

在金融投资领域,影响力投资作为一种新兴的投资理念逐渐获得投资者的青睐,其核心是兼顾投资行为所能带来的环境和社会效益。一方面,影响力投资拓宽了资金渠道,为重视非财务回报的社会资本进入社会事业项目提供创新路径;当下,针对三大攻坚战中的"精准脱贫"和"污染防治"的资金筹措需求,影响力投资平台的建设能够指导投资理念的转变,有助于社会资本流入贫困扶持和环境治理的公共领域。

---

① 陈怡俊,北京大学深圳研究生院与深圳市前海金融控股有限公司联合培养博士后,研究方向:社会影响力投资。

另一方面，兼顾环境、社会效益的共益企业逐步成长为显学，影响力投资能够为这种既能产生可靠经济回报又可获得显著环境、社会效益的商业模式提供必要的资金支持；2019年我国进一步深化的供给侧结构性改革，需要降成本来支持小微和民营企业减税降费，影响力投融资平台探索对共益企业的投资模式，构建共益声誉社群，不仅能够帮助改善优质中小企业的融资环境，同时也有助于良性商业环境的改善。

综上所述，随着环境、社会问题的凸显，本文首先将社会公共事业和共益企业确定为影响力投资的目标领域，旨在充分发挥市场配置资源的决定性作用，构建影响力投融资生态环境，最终实现以商业手段来解决社会转型过程中"经济—环境—社会"不均衡发展这一核心议题。

二、国内外研究现状

（一）理论研究概况与实践发展趋势

1. 社会影响力投资理论概况

摩根大通（J. P. Morgan）和洛克菲勒基金会（Rockefeller Foundation）在2010年的一篇合作研究报告《影响力投资：一种新兴的投资类别》中首次提出将影响力投资区别于其他投资类别，将其认定为一种新兴并且正在融入主流投资界的投资类别。所谓社会影响力投资，从普遍意义上来说，主要目的在于创造有利于社会环境的正面效应，并高效解决社会问题，但也不排除传统意义上的财务回报收益（全球影响力投资网络，Global Impact Investing Network，GIIN）。

目前，国内外依照投资目的和预期回报率的差别将影响力投资区分为两类：（1）侧重于财务回报的社会影响力投资。此类社会影响力投资是基于可预期的财务回报，并且能够带来可测量的利于社会环境正面效应的投资形式。预期的财务回报为首要投资决策考虑要素，因此回报率的要求也相对较高，一般接近或略高于市场投资回报率。（2）侧重于社会价值的社会影响力投资。此类社会影响力投资是以追求可测量的社会环境正面效应为主要目的，并兼具投资财务回报性质的投资形式。预期的财务回报为次要投资决策考虑要素，因此回报率的要求也相对较低，一般能够接受低于市场投资回报率[①]。汪颖佳又进一步将投资类型与投资策略相对应，她认为这两种影响力投资的类型区分对应不同的投资策略，一些策略在寻求造福社会时强调经济回报；另一些策略以社会和环境影响为优先指标，可以接受从低于市场回报率到仅仅收回投资本金之间的不同程度的经济回报（一些影响力投资保证偿还本金）。孙美进一步具体分析了兼顾社会、环境以及公司层面的投资策略筛选机制。

表1将影响力投资与传统投资领域中的其他概念相比较（如慈善捐助、传统投资、公益创投、社会责任投资）。

表1 各种投资方式比较

社会效用诉求 →						财务回报诉求 ←
投资类别	慈善捐助	公益创投	侧重社会价值影响力投资	侧重财务回报影响力投资	社会责任投资	传统投资
期望财务回报	-100%	小于100%	小于或等于市场收益率	近似市场收益率	市场收益率	基于风险调整后的市场收益
期望影响力意愿	全部投资以产生影响力	全部投资以产生规模化影响	投资以产生巨大社会影响力	投资以产生一定程度社会影响力	投资以抵消负面影响	不以产生影响力为目的
代表机构	红十字基金会	盖茨基金会	心苗（亚洲）慈善基金	德意志银行：影响力投资基金一号	全球环境基金	传统基金业务

公益金融与社会创新中心研究团队在《影响力投资趋势与挑战》中，通过案例搜集对现有的影响力投资参与主体及投资方式进行了总结，涵盖了政府投资机构、基金会、私营投资机构等主体。唐娟等从影响力投资的定义、运作机制、发展规模、评估模式等方面综合分析了这一投资模式对

---

① 《中国社会企业与影响力投资发展报告》在2013年博鳌亚洲论坛年会上发布。该报告由壹基金发起理事周惟彦召集，上海财经大学社会企业研究中心、北京大学公民社会研究中心、21世纪社会创新研究中心、美国宾夕法尼亚大学社会政策与实践学院共同编写，UBS瑞银集团提供资助。报告从社会企业的本土化界定框架、社会企业在中国的法律政策环境、中国社会企业整体现状及案例、中国社会影响力投资现状及全球投资者展望等方面全面考察了社会企业在中国的起源、发展及未来趋势。

我国政府投资的借鉴意义。

2. 社会影响力投资的发展趋势

当前，影响力投资已逐步成为全球范围内倡导的投资方式，这一投资市场在规模和成熟度方面都保持着良好的增长态势。以欧洲为例，其2013年社会影响力投资金额仅为200亿欧元，而到了2016年则达到了980亿欧元，成为欧洲市场增长速度最快的投资手段。社会影响力债券作为影响力投资的典型创新模式，它的发展尤为迅速。社会金融公布的数据显示，截至2016年6月，高盛、美林、洛克菲勒等投资机构已经在英国、美国、加拿大、澳大利亚、日本、爱尔兰、印度、墨西哥、韩国、以色列等15国投资了60个社会效益债券项目，共筹集资金20亿美元，涉及劳动力发展、儿童寄养、早期教育、预防保健、残障者服务、社区矫正、老年人孤独排解、无家可归者救助等十余个预防性民生公共产品供给领域。在这些项目中，已有22个项目公布了干预效果数据，其中有21个项目产生积极的社会效果，英国诺丁汉改善教育和就业等12个项目向投资者偿付或者用于再投资。全球发展中心（CGD）与社会金融甚至以社会效益债券为模板，合作设计了致力于改进发展中国家社会服务的发展影响债券（Development Impact Bonds，DIB）（《发展的观察：影响力投资人报告》，2013）。

（二）资金融通平台：社会影响力债券是影响力投资的重要创新投融资模式，它为吸引社会资本、引导资金流向开启了全新视角

影响力债券提高了投资所能带来的非物质回报，但究竟应如何推动投资策略的转向？则需要我们提出创新性的运作方式，而社会影响力债券就是其中一种重要的创新投融资模式。《社会责任债券原则（2017）》中指出，社会影响力债券是影响力投资的融资模式，也是金融领域在政府社会管理职能中的一个重大创新。它指的是政府未直接购买社会组织服务，而是由私营部门先行购买社会服务中介机构发行的债券，如果社会服务组织的服务确实产生了预期效果，政府才根据事先约定的投资回报率支付费用给该私营部门。

马玉洁研究了社会影响力债券的具体运作流程，它通过结构化合同将多方参与主体相连，主要包含以下四个方面：（1）在社会影响力债券目标领域确定之后，政府首先要与具备发行债券资格的中介机构达成委托协议，委托其发行社会效益债券、筹集资金用于提供社会服务，并对其进行监督；（2）中介机构投资者签订债务融资协议，由投资者向预防性社会服务项目投入资金，政府承诺将为"成功"付费；（3）中介机构与社会组织（社会

服务提供者)签订服务购买协议,约定由社会组织向特定目标对象提供社会服务;(4)中介机构代表政府与第三方评估机构签订委托协议,委托其依据各方预先确定的方法对项目社会效益实施评估。

李蕊从法律制度创新的角度对社会影响力债券进行了解析。也有学者针对影响力债券的具体案例深入剖析:陆奇斌和张强对英国关于降低服刑人员再犯罪率的影响力债券进行实例解构,这也是世界首单社会影响力债券创新模式;武欣和潘懿对美国犹他州的优质学前教育项目债券模式进行了述评;刘蕾和陈绅则构建了影响力债券模式用于解决养老服务的合作治理问题。

社会影响力债券通过创设结构化合同,将社会资本导入民生社会产品供给,创新建构了政府、社会资本和社会组织三位一体协同合作框架,颠覆了传统的公私资本合作模式,衍生构造出新型公私伙伴关系。与传统的公私合作PPP项目不同的是,影响力债券拓展的参与主体,向社会资本募集项目资金,同时将项目承办方和出资方相分离,更好地调动了承办方提供社会服务的积极性。表2对传统PPP项目的不同形式做了区分,包括BT、BOT、TOT,并对这三种模式与社会影响力债券(SIB)进行了简要比较。

表2 PPP代表模式和SIB模式

	BT模式	BOT模式	TOT模式	SIB模式
全称	建立—移交	建设—经营—转让	转让—经营—转让	社会影响力债券
适用领域	不方便让社会资本直接进入的项目	能产生现金流的新建经营类项目	公园、绿地等非经营项目领域	旨在解决环境、民生问题的社会项目
优势	政府承诺项目建成后提供固定回报	缓解政府的前期资本投入压力	有利于解决项目的融资问题	政府采取"按结果支付"的结构化合同。一则有助于社会项目按照初始目的实现社会/环境效益;二则政府支付同结果评估挂钩,项目实施结果越好,政府获得的社会建设效果越好,其他资本参与方获得的财务回报越高,由此保证双方都能在项目推进过程中赢得自身利益;三则政府以项目结果为衡量指标,实施过程不过多干涉,推进社会项目转入市场化监督

续表

	BT 模式	BOT 模式	TOT 模式	SIB 模式
缺点	政府可能提供低于市场水平的支付回报，建设期间政府干涉较强	在特许经营期内，政府干预权有限，可能导致项目建设偏离初始目的	项目让渡期间政府和经营方的利益目标不一致	涉及与多方参与主体达成合作；缺乏健全的法律制度保障

资料来源：由作者综合文献整理获得。

综上所述，影响力投资不仅仅只是一个简单投资策略改变的问题，更是一个整合多方参与主体利益诉求的价值体系，是一个系统性问题。同样，社会影响力债券并不是一种债券或者债务工具，而是一种通过一系列合同进行管理的多方合作伙伴关系，属于社会治理的创新模式。而这类政府、社会资本、社会组织合作治理的目的就是保障和改善民生，促进社会公平正义，增强社会发展活力，促进社会和谐稳定。

（三）投资端：完善的评估体系，提供优质的投资项目，扩大影响力投资规模

1. 社会影响力投资的评估体系

影响力投资兼顾社会效益和环境效益，因此需要第三方评估指标对投资项目结果进行综合评估。国内外常见的指标体系包括全球社会影响力投资评级体系 GIIRs 和 IRIS 指标的单一或组合运用、社会投资回报 SROI、生活质量指数 QOL 等。

表3 各类第三方评价指标

简称	IRIS	GIIRS	SROI	QOL	三A三力	ESG
全称	影响力报告与投资标准	全球影响力投资评级体系	社会投资回报	基本生活质量指标	Aim, Approach, Action, 也称：驱动力、创新力、行动力	企业社会责任报告（CSR）
编制机构	GIIN	15家慈善基金会和投资机构联合发起	罗伯茨企业发展基金	WHO（世界卫生组织）	友成基金会	联合国支持的责任投资原则（UNPRI）

续表

简称	IRIS	GIIRS	SROI	QOL	三A三力	ESG
指标构成	全面的绩效指标目录：财务绩效指标、运营绩效指标、产品指标、产业指标、社会与环境目标指标	提供第三方综合评测，包含：基金经理评估、影响力运营评级、影响力模式评级	对投资产生的社会投资回报率进行测量，以比例关系测量社会、环境和经济成果，并用货币价值呈现	以生活质量测量全面地反映健康状况，包含五个方面：财务充足、身体健康、社交满足、安全、自由	三个力分别代表：社会理想追求，解决方案创新，行动力有效	包含三个维度的综合评估：环境维度、社会维度、公司治理维度

资料来源：由作者综合文献整理获得。

2. 在众多指标中，B Corp 认证机制是全球共益企业认证的权威体系

B Corp 认证机制由非营利机构 B Lab 于 2006 年创立，它强调用最严格的标准来审核申请企业的社会绩效、环境绩效、公共透明度和法律问责，为符合标准的企业构建一个全球性的平台。目前，越来越多的企业加入共益企业认证，来自 50 多个国家 130 多个行业的 2000 多家认证的共益企业组成了一个日益壮大的全球性社群。想要成为一个 B 型企业，首先，必须是一个社会责任型企业；其次，它必须通过 B Corp 认证平台上大量的评估问卷和精密的审查过程等一系列鉴定，达到对各个方面评价的最低分数要求之后，才可以成为一个通过认证的 B Corp。

B Corp 认证由非营利性组织发起，是面向全球任何组织形式的企业提供认证的体系。B 型企业认证体系主要包括两方面的条件：第一，确保企业达到绩效要求。B Lab 邀请了 20~22 个商界和学界的独立专家组成标准咨询委员会，开发出一整套 B 影响力评估（B Impact Assessment）体系，用来衡量企业对其利益相关者的影响力。评估涉及的问题并非一成不变，而是随着企业的员工数量、所在产业以及主要经营地点而变化。申请企业需要获得至少 80 分（总分 200），才算是初步通过该评估。接着，通过初选的企业需要递交相关文件，为他们的自我评估提供详细的证明。评审会仔细审核企业的评估报告和相关文件，并对企业进行背景调查，来决定他们是否正式通过评估。第二，确保企业达到法律要求。在认证前，企业需要决定是否修订企业现有的治理规章制度，以体现其强调社会公益的逻辑。获得认证后，企业应争取董事会和股东对这些修订条款的许可。简单而言，这一程序的目的是推动企业用制度和法律的形式来巩固自己强调社会公益的一面，如此，即使企业有了新的管理层、新的投资人和新的股东，也不会导致企业使命的漂移。

除了以上两方面的评估，B Lab 还有一系列后续措施，督促认证企业与时俱进。对那些获得认证的企业，B Lab 每年会随机抽查其中的10%，对其进行深度评估。为了保持其认证地位，这些企业每两年需要更新一次他们的 B 影响力评估，提供新的支持材料，并且保证得分在 80 分以上。

（四）募资端：财富管理投资者意愿转向，金融科技便利理财投资，行为金融学研究新进展，这些因素共同推进潜在影响力资源的开发

1. 财富管理领域投资者意愿现状

如上所述，影响力投资开始逐渐进入主流投资市场，无论在理论上还是具体的投资实践中，都需要更多的创新实践方法吸引资金支持该领域。本文认为对于影响力资金的挖掘是推动影响力投资的重要环节，而财富管理的潜在资金可能成为影响力资金池的重要来源。近年来，随着我国高净值客户数量及其财富积累的日益膨胀，高净值人群参与公益慈善的需求也在不断增强。《2017 中国私人财富报告》展示了高净值财富人群投资目标的变迁，越来越多高净值财富人群愿意将资产进行社会责任投资、影响力投资或者是关注 ESG 指标的资产类别。艾伦·艾弗里（2018）基于财富管理领域相关人士的实际回应和调研数据的整理，总结出新时期富人的投资期待和愿望已经转变，他们开始将投资组合与社会和环境价值导向紧密联系在一起，而价值导向的投资在年轻的富有人群中占有更高比例。《诺亚 2017 高端财富白皮书》的数据分析显示，财富正在向新兴行业转移，而新兴行业中年轻群体的占比更高。

2. 心理账户/人格特质与投资者偏好的研究进展

如上所述，财富管理的影响力资金潜力巨大，这些资金同样关注非财务回报所带来的心理效用。因此，如何探究投资者的内心需求成为挖掘影响力资金的基础。

行为金融学是将心理学研究成果应用于金融研究中，能够有效地解释金融市场中存在的异象。行为经济学家理查德·萨勒在 1985 年首次正式提出心理账户的概念，心理账户指的是人们在做经济决策时，常常遵循一种与经济学的运算规律相矛盾的潜在心理运算规则，其心理记账方式与经济学和数学的运算方式都不相同，心理账户的"非替代性"特征，是一种影响人们决策的内在心理机制。如果，投资者对于不同的投资账户具备相异

的投资回报期待，也即，不同心理账户的收益损失所能带来的心理感受不尽相同。倘若能将心理账户的研究成果应用于投资者需求的划分，就能吸引潜在的影响力资本与对应的影响力项目相匹配。

在行为金融的个体偏好研究中，李爱梅通过实证研究探讨中国人心理账户的内隐结构，为进一步揭示中国人进行经济决策的内在心理认知机制提供一个理论依据，指出了中国人的心理账户系统是一个相对稳定的"3—4—2"分类结构。而后，李爱梅进一步以消费者决策过程的双通道心理账户运算法则，探讨情境因素、个体特征和决策任务对消费决策结果的影响，进一步完善了心理账户对行动判断的作用机制。心理账户普遍存在，但它并不是固定不变的，周静等先后总结了心理账户基本特征、形成机制及其影响因素。郭文旌和陈珍珍将心理账户与马柯维茨投资组合理论相结合，通过建立最优项目投资组合决策模型，得出的与传统均值—方差模型相异的最优投资组合。

同心理账户应用于投资者需求探究的目标一致，将人格特质应用于投资者偏好肖像刻画的目的也是更好地挖掘潜在影响力投资者。"大五"人格是目前大家普遍接受并广泛应用的人格分类法①。"大五"人格模型的思想雏形最早由 Allport 和 Odbert 提出，并最终由 Costa 和 McCrae 正式构建的人格度量方法。"大五"人格能够较好地适用于实证研究，具有跨越文化的特点，它已成为行为经济学用于探究个体行为的全新角度。万俊杰试图探究人格特征对心理账户的预测作用，通过心理学测试结合数据分析方法，他发现不同的人格特质确实与个体的心理账户结构存在显著相关性。王雅丽通过问卷调查和回归分析方法，得出"大五"人格不同维度对资本市场中过度交易、处置效益和羊群效应这三类非理性行为具有差异性影响。李涛和张文韬以"大五"人格及其下细分的 14 个维度的人格变量讨论了股票市场的投资行为如何受到人格特征的影响，从心理学角度分析个体股票投资行为的差异。

除此之外，随着互联网技术在金融领域中的应用，类似于"微信捐步""蚂蚁森林"等互联网公司的科技慈善行动也逐渐进入人们的日常生活，结合行为金融学和人格心理学对投资者肖像刻画的学术成果，金融科技的进步为影响力资金挖掘提供了技术实现的可能。综上所述，资金效用的区分

---

① "大五"人格特征包括严谨性、外向性、顺同性、开放性、神经质或情绪稳定性五个维度的人格特征。

和投资者心理需求的探究,两者对于拓展影响力资金池来源具有重要的推动作用。

三、"创新型影响力债券"的结构化合同模式

本文的研究目标为利用商业手段解决环境、社会问题,基于结构化合同设计,连接"政府—非营利组织—企业"三方参与主体,构建资本融通的三元模式,集聚并引导社会资本流入影响力投资领域(支持社会公共事业项目/兼顾环境、社会效益的共益企业的融资需求),从而推进服务型政府职能的转型,提高社会服务效率,构建以可持续发展为价值核心的共创共享商业生态圈。

在确定研究目标为三元投融资模式之后,本文进一步以"创新型社会影响力债券"作为影响力投资模式创新的研究对象。对结构化合同债券模式的讨论则将从影响力债券的三个构成部分着手,即分析募资端如何挖掘更多的资金来源;投资端如何通过完善的评估体系来培育良好的影响力投资标的;资金融通平台的搭建必须在现有的法律框架之下,通过资金的合规使用来协调和满足各参与主体的利益诉求。这样的解构式分析有利于包容不同学科领域的研究成果,如为了拓展募资端的社会资本渠道,以心理账户、人格特质对投资者肖像描绘的应用丰富资产配置方法,也可结合行为学设计来推进互联网金融中的科技慈善业务;为了培育良好的影响力投资标的,需要完善关于环境和社会效益的量化评估,这就需要对国内外第三方评估体系进行比较研究;作为连接募资端和投资端的平台设计,源于传统影响力债券的结构化合同的拟定就成为协调各方利益和权责的关键环节,它体现了不同参与主体的进入和退出时间,所关注的不同类型的投资回报(财务的、环境的、社会的)等。

传统的社会影响力债券(Social Impact Bonds,SIBs)是政府与社会组织之间签订事前合同,约定项目完成效果与政府支付之间的关系。在此基础之上,本文借鉴行为金融学的研究成果对资本金进行分类,将其区分为更加重视财务回报的资金(划归"财务回报优先"资金池)和更加重视非财务回报的资金(划归"影响力优先"资金池,其中的非财务回报指的是投资所能带来的环境/社会效益)。通过细化投资者对非财务回报不同的重视程度,以结构化合同的形式,让具有不同"回报类别"要求的资本金承担不同融资阶段的风险,并获得相应的投资回报收益。传统的社会影响力债

券仅仅为解决社会问题的社会项目提供资金支持,创新型影响力债券则进一步拓宽了影响力资金渠道,汇聚广泛的社会资本,引入风险担保、市场激励等手段,将应用场景推广至第三方评估认证的中小企业的早期融资需求。

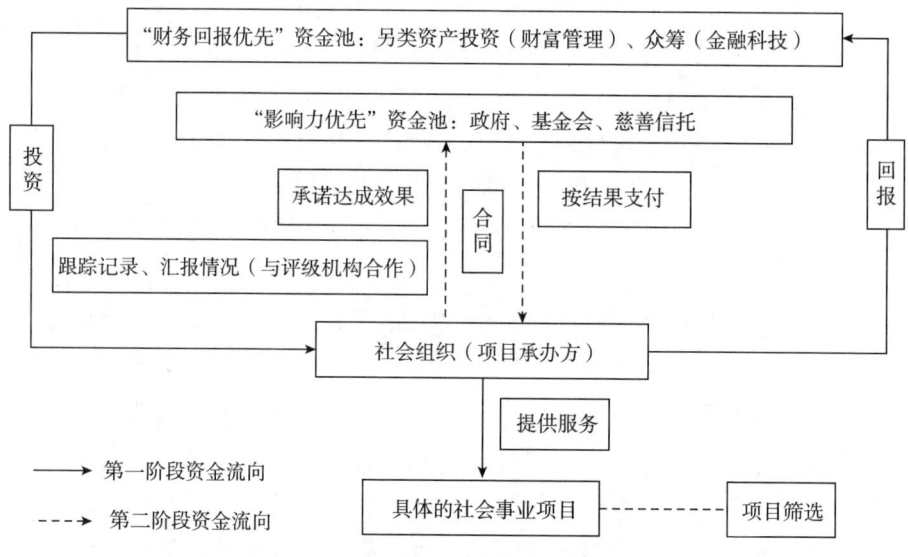

图1 社会项目融资的影响力债券模式

(一)针对解决社会问题的项目融资模式设计

相对于传统影响力债券,该结构化合同拓展了支持社会公共事业项目实施的资本金来源,体现在两个方面:(1)在资金融通的第一阶段,也即社会项目获得预期结果之前,可通过丰富财富管理的另类资产投资类别,或结合融入行为学设计理念的金融科技手段,集聚兼顾财务效益和非财务效益的资本金(这部分资本金划归"财务回报优先"的资金池),用于社会公共项目的前期融资;(2)在资金融通的第二阶段,为社会项目埋单的不仅有财政资金,还包括基金会、慈善信托资金,由于这些资本金的提供者重视资金投入带来的诸如环境、社会效益等非财务回报,本文将这部分资本金划归"影响力优先"的资金池。

基于影响力债券的"政府—非营利组织—企业"三元投融资模式研究

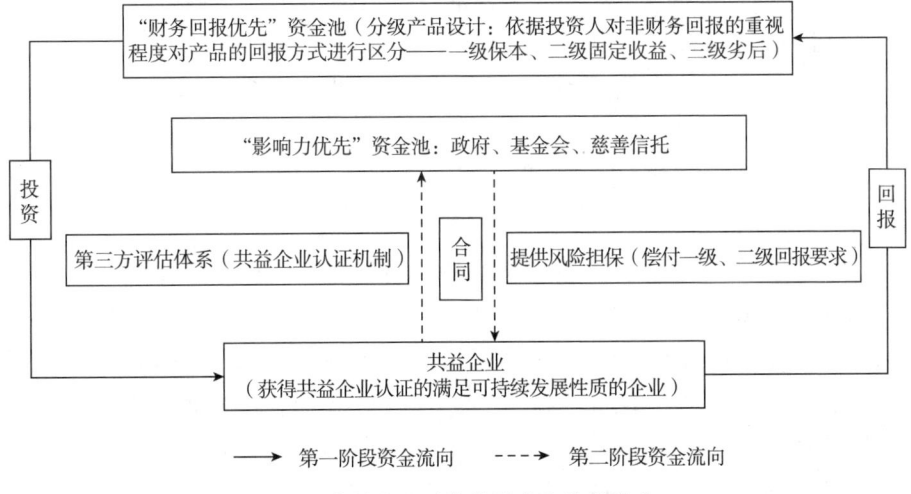

图2 共益企业融资的影响力债券模式

(二) 针对中小型共益企业的融资模式设计

该结构化合同的模式设计拓展了传统社会影响力债券的适用领域，除却社会项目的实施，它还可运用于解决中小企业的融资问题，此处满足第三方评估标准的共益企业，能够在"影响力优先"资金池的风险担保之下在资本市场获得企业发展不同阶段的资金支持。这不仅符合我国旨在解决中小企业融资难问题的政策方针，同时还有助于以综合评估体系作为监督指导原则，引导资金投入满足环境责任、社会责任考核的中小型企业，打造社会影响力投资高地，从而推动商业环境可持续发展的生态建设。其中，第三方评估需借鉴国际上现行的成熟体系，结合本国国情，逐步制定出满足国家发展战略导向的认证机制。

与社会项目的融资模式相类似，对中小型企业发展的资金支持通过结构化合同设计，划分为两阶段的融资主线。第一阶段的资金来源首先以行为金融学的研究成果对具有不同非财务回报需求的资金进行区分为基础，不同"回报类别"的资金来源对应结构化融资工具产品设计，包括保本产品、固定收益产品、劣后产品，这三类产品依次对应递增的财务回报需求和递减的非财务回报需求。换言之，购买保本和固收类产品的资金接受财务回报率等于或小于市场平均水平，但是，这部分资金会将企业履行的环境和社会责任作为投资回报的组成部分。第二阶段是以重视非财务回报的资金为风险担保，用于优先补偿保本、固收这两类投资产品的回报要求，从而降低早期投资损失的风险。整体的设计目标是以"影响力优先"的资金池为支点,在满足第一阶段不同投资者回报期待的前提下,引导更多"财务回报优先"资金池中的社会资本投入优质中小型企业。

四、各参与主体实施方案分析

由于本文所述的创新型债券模式涉及的参与主体众多,包括投融资端和中介组织等机构。因此,在前述理论分析之后,需要结合社会现状拟定影响力债券的实施方案细则。具体采用实地调研和访谈、收集资料以及案例比较的研究方法,目的在于综合各方调研结果,考虑该模式实践的过程细节,形成针对试点项目实施方案的可行性研究报告。首先,针对募资端,关键是资金池的划分。也即如何以(重点关注)非财务回报资金撬动(重点关注)财务回报资金,从而开拓潜在社会资本进入债券模式。募资端的目标主体包括民政部门、财政部门、慈善基金会、财富管理机构及互联网金融机构等。其次,针对投资端,如何选择具有影响力推广可能性的社会项目,或者如何选择符合国情的企业综合评估体系,这两点都是这一创新模式得以延续的保证。投资端的目标主体包括民政部门、第三方评估机构和特定领域(环保节能、城市规划、医疗健康等)的中小企业。

(一)募资端

本文的结构化合同涉及的资金来源包含财政资金、基金会的慈善资金、慈善信托、另类资产投资及其他社会经济资源,基于货币所能带来的效用包含财务效用和非财务效用(环境/社会效益),依照资金所有者对财务回报和非财务回报的不同重视程度,可将以上四类资金划归"财务回报优先"资金池和"影响力优先"资金池。不同资金池分别在第一阶段和第二阶段担任不同的角色,第一阶段是面向资本市场的早期融资,第二阶段对应的是结果偿付或风险担保。

另类资产投资和其他社会资本的资金特征体现为:在考虑环境、社会效益等非财务回报的同时,对财务回报有一定要求。如何区分具有不同回报要求的资金?这就要求对投资需求进行心理层面的剖析。本文通过行为金融学中心理账户的引入,结合人格特征与风险偏好的关系,以问卷调查的形式全面刻画投资者肖像。依据投资者对不同账户资金所能带来的非财务回报重视程度的不同,细分"回报类别"需求,设计对应"回报类别"

的结构化融资产品与之相匹配,吸引社会资本参与影响力债券投融资模式的不同阶段,引导更多的社会经济资源投向社会公共项目和共益企业。

对普通投资者非财务回报关注力的激活还可通过"同情心唤起"的方式,可与互联网金融公司对接,类似于公益众筹,采取向大量潜在客户推送公益投资小产品,鼓励小额参与的方式集聚社会资本。

表 4　资金来源及区分

资金来源	财政资金	慈善基金会	慈善信托	另类资产投资/其他社会资本
资金特征	关注非财务回报	关注非财务回报	关注非财务回报	兼顾财务回报和非财务回报
资金类别	"影响力优先"资金池	"影响力优先"资金池	"影响力优先"资金池	"财务回报优先"资金池
投资阶段	第二阶段	第二阶段	第二阶段	第一阶段
法律法规	《政府和社会资本合作项目财政管理暂行办法》(财金〔2016〕92号)	《慈善组织保值增值投资活动管理暂行办法》《中华人民共和国慈善法》	《中华人民共和国慈善法》《中华人民共和国信托法》	《关于规范金融机构资产管理业务的指导意见》《关于规范开展政府和社会资本合作项目资产证券化有关事宜的通知》(财金〔2017〕55号)
使用方式	按结果支付/为损失担保	按结果支付/为损失担保	按结果支付/为损失担保	细分资金"回报类别",制定差别融资产品
相关研究工作	对相关政策法规的完善提出可行性建议,如PPP条例;PPP税收政策;规范第三方专业服务市场等	总结慈善基金会运作模式、投资领域和投资方法、慈善资金使用细则	比较国内外慈善信托的业务模式;相关制度设计方面的缺失	补充心理账户/人格特征和投资偏好的理论研究;补充行为金融在用户肖像刻画业务中的应用研究

(二) 投资端

本文设计的创新型影响力债券分别针对解决社会问题的项目筹资以及共益企业成长过程的融资问题。

1. 社会项目的选择

继续规范项目库管理,吸收洛克菲勒基金会"扫描与搜索"方式来确定哪些项目是值得投资的。在挑选项目之前首先要问自己四个关键问题：①该问题紧迫吗？②真正的利益相关者是否对解决问题非常感兴趣？并能给予充分的支持？③该问题是否有系统性变革的潜力，从而产生规模化的影响力？④该问题与政策目标和自身推动变革的能力是否一致？同时，还应选择"因项目而异"的评价指标和公正的第三方评估机构。

2. 构建符合国际原则且满足国家发展战略的第三方评估体系，培育中小民营企业发展成共益企业

由于国内外社会责任企业评估标准尚未统一，现存的国际评估机制包括：GIIRS、IRIS、CSR 责任报告等，采取不同体系的评估报告之间不具有可比性，这将限制影响力投资的规模化进程。而由非营利组织共益实验室提出的共益企业认证机制（Benefit Corporation，B Corp，B 型企业）则具备完善的评估体系和严格的实施进程。目前，在全球范围内超过 50 多个国家或地区、130 多个行业、2000 多家企业已申请并通过 B Corp 认证。本文将选择 B Corp 认证体系为研究对象，在我国可持续发展的战略框架下，通过引进 B Corp 机制，结合本国国情，借鉴认证程序，改良考核指标，将其发展成为中小型企业向着共益企业转型的规范体系。

五、实施中配套的政策建议

基于前期的理论研究和实践调研的工作积累，本文在理论层面完善了"创新型影响力债券"模式的运作机制，并在实践中通过具体结构化合同的可行性调研，发现并提出解决实施过程所遇问题及障碍的应对方法。在债券模式推行的初始阶段，不仅需要政府引导、财政支持，更重要的是配套政策法规的完善与推行。政府通过采取相应的政策鼓励、立法规范，推进共益企业认证平台建设，鼓励和调动创新型影响力债券各主体的参与积极性。

表5 创新型SIBs实施政策建议

措施		内容
1. 实施优惠政策（承担社会事业项目的社会组织/通过认证的共益企业）	税收优惠	建议对社会组织/共益企业实施税收优惠、财税返还
	财政支持	建议对社会事业、共益企业参与的社会责任项目给予财政奖励；对共益企业给予财政补贴、资金扶持
	采购优惠/外包（产业链）	建议对共益企业的采购对象或外包企业给予税收优惠；对共益企业的产业链服务商采取优惠政策
	提供绿色通道	建议支持共益企业在资本市场上以结构化产品方式进行融资并提供绿色通道
2. 完善法律法规	完善慈善资金的相关立法	建议拓展慈善资金使用范围，允许慈善资金参与PPP项目投资等；拓展基金会的募资手段和与境外基金会的合作项目等
	补充共益企业法律制度	建议建设共益企业法律体系，以法律形式认可"共益企业"概念，保障共益企业从业者的合法权益
	补充影响力债券相关立法	建议以法律形式规范合同参与主体之间的债权债务关系
	补充慈善信托相关立法	建议建立统一的慈善信托税收优惠法律法规
3. 建设共益企业认证平台	提供打折产品、服务	建议建立共益企业平台，通过平台向认证企业提供具有优惠价格的采购产品或服务
	吸引投资人	与国际共益平台对接，吸引大型投资机构的影响力资金；构建共益企业伙伴圈，提供伙伴关系折扣价
	降低融资成本	建议在影响力债券资金池中，为共益企业提供低成本的贷款方案

参考文献

[1] 杨雯君,许园园.共益企业：美国社企运动新亮点 [J].中国社会组织·社会创新评论,2015：46-47.

[2] 汪丁丁.市场经济的道德基础 [J].改革,1995 (5)：89-96.

[3] 马玉洁.公共财政支持NPO的新视角：社会影响力债券介绍与分析 [J].中国非营利评论,2014 (1)：153-168.

［4］唐娟，程万鹏，刘晓明．影响力投资及其对我国政府投资的借鉴意义［J］．商业经济研究，2016（8）：141-152．

［5］孙美，池祥麟，永田胜也．社会责任投资的发展趋势和策略研究［J］．江西社会科学，2018（1）：172-175．

［6］李蕊．社会效益债券：政府购买社会服务的法律制度创新［J］．商业经济研究，2016（8）：148-157．

［7］武欣，潘懿．教育投入的社会影响力投资模式——美国犹他州优质学前教育项目书评［J］．上海教育科研，2016（9）：25-27．

［8］刘蕾，陈绅．社会影响力投资——一种社会创新的工具［J］．中国第三部门研究，2017（14）：21-41．

［9］果佳，王海玥．社会投资回报：一种社会影响力评估的工具［J］．中国行政管理，2016（6）：71-75．

［10］杨雯君．初识GIIRS［J］．中国社会组织·社会创新评论，2015：38-39．

［11］汪颖佳．公益金融在中国的发展［J］．中国非营利评论，2015（2）：49-89．

［12］刘蕾，陈绅．社会影响力债券模式下的养老服务合作治理［J］．北京行政学院学报，2017（4）：101-108．

［13］陆奇斌，张强．社会影响力债券：政府购买社会服务的创新模式［J］．WTO经济导刊，2013（7）：85-86．

［14］李爱梅，等．中国人心理账户的内隐结构［J］．心理学报，2007，39（4）：706-714．

［15］李爱梅，等．消费者决策分析的新视角：双通道心理账户理论［J］．心理科学进展，2012，20（11）：1709-1717．

［16］李爱梅，等．心理账户的认知标签与情绪标签对消费决策行为的影响［J］．心理学报．2014，46（7）：976-986．

［17］李爱梅，鹿凡凡．心理账户的心理预算机制探讨［J］．统计与决策，2014（8）：50-53．

［18］周静，等．心理账户基本特征的影响因素［J］．心理科学进展，2011，19（1）：124-131．

［19］周静，等．心理账户基本特征及形成机制分析［J］．心理研究，2010，3（4）：19-24．

［20］陈庭强，郑坤法，何建敏．心理账户交互作用下证券投资组合风

险度量模型研究[J]. 北京理工大学学报（社会科学版），2012，14（6）：60-63.

[21] 郭文旌，陈珍珍. 基于心理账户的最优项目投资组合决策[J]. 心理科学进展，2015，19（1）：48-56.

[22] 李涛，张文韬. 人格特质与股票投资[J]. 经济研究，2015，6（7）：103-116.

[23] 罗杰，戴晓阳. 中文形容词大五人格量表的初步编制V：简式版的研制[J]. 中国临床心理学杂志，2018，26（4）：642-646.

[24] 万俊杰. 人格与心理账户：在中国文化背景下的研究[D]. 曲阜：曲阜师范大学硕士学位论文，2015，5.

[25] 王雅丽. 我国个人投资者的人格特质对投资行为的影响——基于大五人格结构模型[D]. 济南：山东大学硕士学位论文，2013，5.

[26] 江必新，李沫. 论社会治理创新[J]. 新疆师范大学学报（哲学社会科学版），2014，35（2）：25-34.

[27] 陶希东. 社会治理体系创新：全球经验与中国道路[J]. 南京社会科学，2017（1）：62-70.

[28] 中国财政学会公私合作研究专业委员会课题组. 公私合作伙伴关系（PPP）的概念、起源与功能[J]. 经济研究参考，2014，（13）：4-16.

[29] 陈坤龙. 我国地方政府PPP项目指南框架构建研究[D]. 重庆：重庆大学硕士学位论文，2013，5.

[30] 张淑敏. 我国城市基础设施建设PPP模式中政府职责研究[D]. 济南：山东财经大学硕士学位论文，2016，5.

[31] 孙娟娟. 大资管时代金融机构财富管理业务的差异化拓展——基于财富管理与资产管理的辨析[J]. 南方金融，2017（1）：92-97.

[32] 宋艳锴，经纬. 证券公司财富管理业务的概况、定位与方向[J]. 金融纵横，2016（9）：29-39.

[33] 于蓉. 金融机构财富管理业务发展面临的矛盾与对策[J]. 南方金融，2016（7）：52-56.

[34] 海伦·艾弗里. 财富管理再出发[J]. 金融市场研究，2018，3（70）：87-97.

[35] 陆岷峰，沈黎怡. 关于证券公司中财富管理业务痛点及策略研究[J]. 经济与管理，2018，32（1）：38-45.

[36] 上海证券交易所（译）. 社会责任债券原则[R]. Intenational

Capital Market Association（ICMA），2017.

[37]《发展的观察：影响力投资人报告》[R]. J. P. 摩根和全球影响力投资网络，2013.

[38] 共益金融与社会创新中心. 影响力投资趋势与挑战 [R]. 共益金融评论，2017（1）：1-26.

[39][美] 瑞安·霍尼曼（著），游海霞等（译）. 共益企业指南——如何打造共赢商业新生态[M]. 北京：中信出版社，2017.

[40][澳] 杰里希·巴尔金（著），黄延峰（译）. 影响力投资 [M]. 北京：中信出版社，2017.

[41] 斯坦福社会创新评论编辑部（著），李凡等（译）. 斯坦福社会创新评论.1 [M]. 北京：中信出版社，2018.

[42] 斯坦福社会创新评论编辑部（著），李凡等（译）. 斯坦福社会创新评论.4 [M]. 北京：中信出版社，2018.

[43] Costa, P. T. & McCrae, R. R. Revised NEO Personality Inventory (NEO PI – R) and NEO Five – Factor Inventory (NEO – FFI), Odessa, 1992, FL: Psychological Assessment Resources.

第三部分　金融科技类

金融科技赋能银行业务创新转型研究

董珊珊[①]　杜　威[②]

一、背景和意义

在全球范围内,开放银行已经成为银行业务创新的新浪潮。开放平台的概念源自互联网行业,指的是互联网公司将自身的产品和服务以数据接口(API)的形式开放出去,供第三方开发者使用。开放借贷平台指机构将全套业务流程进行模块化拆分,与合作方各做一部分或者在全流程引入服务提供方,共同完成借贷业务。借贷开放平台的产生,是金融科技促进银行信贷业务转型的新生事物,有助于加速我国普惠金融进程。

开放借贷平台与互联网金融、金融科技一脉相承,平台不仅是普惠借贷商业模式的重大探索,更有助于新金融企业打造以自身服务能力为核心的生态圈,为下一轮的金融服务竞争聚集发展优势。开放借贷平台主线在于"互联、开放、合作、共享",是服务实体经济的有效探索,普惠金融可持续商业模式打通,会实现用户、产业、社会共赢。

二、金融科技背景下传统借贷业务转型机遇和挑战

伴随互联网的发展和智能移动终端的普及,以资源共享、线上线下融合为主要特征的移动互联经济正在深刻改变银行的市场环境、金融生态和商业模式,商业银行传统业务面临转型机遇和挑战。如何充分利用互联网

[①] 董珊珊,金融学博士,现任中山大学管理学院、前海金融控股有限公司博士后研究员,博士毕业于上海交通大学安泰经济与管理学院,研究方向:金融科技。
[②] 杜威,管理学博士,现任清华大学、深圳市创新投资集团有限公司博士后研究员,研究方向:金融科技。

思维，借助云服务、大数据、人工智能、区块链等技术，打造创新业务、服务和商业模式，以更优质的产品发展普惠金融，不仅有助于提升银行自身实力，而且是银行服务实体经济的重要举措。

（1）经济发展模式转变

我国经济步入"新常态"，已逐渐从粗放型经济增长模式转变为"三期叠加"的新阶段：经济增长换挡期、结构调整阵痛期、前期刺激政策消化期。然而，传统商业银行以线下为主要渠道，服务模式具有高成本、低效率等特征，已不能满足社会和银行自身对于金融交易的需要。在新时期，银行业迫切需要通过新的资源配置调整旧时期以资产高增长、不良率上升为特征的业务格局。

（2）市场经济主体需求的转变

随着经济发展，市场经济主体需求特征表现为：普惠金融刚性需求。

第一，个人客户信贷及投资需求呈客户长尾、多元化、碎片化、小额度、交易高频、规模量大等特征，传统线下模式难以匹配风险、控制成本，而数字化、人工智能等金融科技则可高效服务于小额高频交易，实现产品分层、风险分层等。以人工智能为代表的金融科技将为银行带来业务模式变革和发展的动力。

第二，小微企业融资难问题依旧显著。中国的小微企业数量占全国企业总数的90%以上，但由于信用数据不足、偿付能力的不确定性，仍然面临融资难、成本高的问题。

那么，如何借助金融科技手段实现低评级小微企业和个人信用评级、风险隔离、产品设计和匹配等成为商业银行拓展普惠金融业务的重要突破口。

（3）金融科技推进金融业媒介变革

互联网技术推动了包括银行在内的脱媒化变革，具有场景化、数据化、共享化特征。消费端服务的获取方式已经被PC和移动端彻底改变，从原来以银行为主的方式蜕变为多信息接入主体（如电信、电商、微信等平台）模式。依托互联网的开放式平台以及金融科技的发展，资源和信息的共享大幅提升了交易效率，商业银行业务呈线上化、数字化、信息中介化等特征。

三、我国借贷开放平台市场分析

（一）我国传统借贷业务痛点

痛点一：金融机构包揽全局，难以"大而专"

传统借贷业务从申请到放款的全部环节均由金融机构独立完成，金融机构往往囿于其业务范围、客群偏好、风控技术、服务网络、资金成本等方面的局限性，难以形成"大而专"的业务格局，这阻碍了借贷服务覆盖面的扩大、客户体验提升和定价的降低。

痛点二：复杂性高、标准化难、规模经济失效

与支付、理财等业务相比，借贷业务很难完全标准化，复杂性更高，借贷规模的上升会加剧风险，即规模和风险集聚效应明显。此外，当客群不断下沉，业务风险上升的速度往往超过借贷规模或业务收益增长的速度，即传统借贷业务并不具备规模经济。以支付业务为例，市场头部效应明显，微信和支付宝市场总份额可以达到90%，而四大行借贷业务加总不及市场总份额的50%，对个贷和普惠借贷来说则比例更低。

痛点三：银行普惠信贷业务保守

银行优势在于资金成本低、线下网点密集、拥有抵押的大额贷款，而无抵押的小微信贷、消费金融等方面则相对保守。

痛点四：资金端、资产端、服务端单打独斗短板明显

借贷市场资金端、资产端以及服务端各有优势，市场参与方单打独斗存在短板，譬如小贷公司具有杠杆限制、资金来源有限等劣势，而互联网公司有流量、有场景、了解客户，但金融科技公司虽拥有技术优势，但缺少流量和应用场景。单一机构任何一个环节的能力局限或成本高企都会阻碍规模化运营、可持续化增长，导致普惠借贷业务推行受阻，难以持续下沉，造成发展瓶颈。

表1 我国传统借贷平台优劣对比分析

公司类型	优势	劣势
小贷公司	熟识地区、细分领域风险	杠杆限制、资金来源有限，业务难以做大
互联网公司	有流量、有场景，拥有海量的用户数据，了解新生代人群	资金劣势，风险管理经验欠缺
金融科技公司	技术优势：大数据、人工智能、能够对互联网用户（长尾人群）进行风险评估	无流量、无场景、大多无金融牌照（无法直接从事借贷业务）

（二）我国借贷开放平台现状

2013年，中国银行发布中银开放平台，开放了跨国金融、代收代付、移动支付，以及地图服务、网点查询、汇率牌价等1600多项接口。与此同

时，以支付宝为代表的互联网企业加入开放平台新金融玩家阵营。2014年8月，支付宝钱包宣布正式推出开放平台，商家和开发者可通过平台上的API接口，共享支付宝钱包的技术、数据和用户资源。

开放平台是构建银行互联网金融生态的最佳技术实践。商业银行以用户价值为导向，通过纵向产业链整合、横向用户圈扩展的商业模式，打造共生共赢的新型链圈式金融生态，实现银行与合作伙伴间的资源共享、场景融合和优势互补，为客户提供覆盖衣食住行的全方位金融服务是银行业发展的必然趋势。

表2 我国开放平台发展情况

时间	机构	平台	服务
2013年9月	中国银行	中银开放平台	1600多项接口，包括跨国金融、代收代付、移动支付，以及地图服务、网点查询、汇率牌价等服务
2014年8月	支付宝钱包	开放平台	API接口，共享支付宝钱包的技术、数据和用户资源
2017年	华瑞银行	华瑞银行开放平台（极限SDK）	向对公客户提供SDK（Software Development Kit）和API，利用平台化的技术为企业打造集账户、支付、投资、融资、增值、营销、数据和客户服务等多功能于一体的综合金融服务解决方案
2018年4月	工商银行	互联网开放平台	首期上线9大类31项服务，已在高校市场、汽车行业、零售餐饮等领域拓展了行业垂直的解决方案
2018年8月	建设银行	建行开放平台	首批上线的功能包括e开户、龙支付钱包、聚合支付（面向线上、线下的综合收单产品）、账单分期，后期还将支持国际业务、贷款服务、生活服务等业务
2018年11月	平安集团	开放API平台	平安银行开放平台：致力于为开发者提供支付、理财、信用、安全、营销等各类能力及行业解决方案，帮助开发者、服务商、渠道商提供业务需要的各种能力、帮助及服务接口。 平安人工智能开放平台：包括人脸识别技术、声纹识别技术、预测AI技术、决策AI技术以及平安区块链技术等。五大创新科技已深度运用于金融服务、医疗健康、汽车服务、房产金融等产业生态圈

(三) 我国借贷开放平台运作模式

1. 科技赋能模式

科技赋能模式,即互联网公司背景的新金融巨头,依托自身(股东方)的场景和流量以及技术能力,向合作方(通常是金融机构)提供获客与风控方面的支持。一般采用联合贷款或者纯粹的获客辅助,以在线业务为主。

譬如蚂蚁金服向金融机构输出流量和技术,以联合贷款或者助贷的形式开展互联网信贷业务。2018年以来,蚂蚁金服正式开放花呗和借呗业务,与银行等金融机构全面合作,由金融机构承担核心风控责任,蚂蚁金服名义上不兜底。蚂蚁金服旗下的网商银行也推出"凡星计划",在未来3年,计划与1000家金融机构合作,服务3000万小微企业经营者。此外,腾讯旗下的微众银行,主打微粒贷,从一开始就采用联合放贷的模式,以有限的资本金撬动了超过万亿元的贷款发放量。

科技赋能模式的优势在于技术导向,效率高,风险可控,尤其适用于线上消费场景这类线上数据充分、产品标准化程度高的短期小额信贷业务。通过这一模式,BATJ在中国互联网消费金融高速发展过程中发挥了重要作用。

2. 科技聚合模式

聚合式平台模式是以一个金融科技为基础的开放式平台为中心,将信贷业务环节模块化,"将环节开放,将能力聚合",共同完成借贷服务。其中,聚合式平台在资金、获客、风险评估、风险承担等业务环节引入不同的服务提供商,实现多对多、全流程的开放,形成一个有机的借贷生态体系。科技聚合模式理论上,在各参与机构遵循自身经营资质要求和机构间合作规范的前提下,彼此充分发挥各自在业务属性、服务网络、数据积累、风险管理、科技研发、金融资源等方面的差异化优势,以协同方式消除业务短板,最大限度地扩大服务范围和服务人群,覆盖线上线下。

譬如,平安普惠专注解决个人和小微型企业的金融需求,在每个业务流程引入不同的合作机构,实现全流程开放,以此最大限度下沉,覆盖线上线下,逐渐探索出以金融科技为基础的开放式聚合借贷服务平台模式。

科技聚合模式输出更为全面的服务能力,在面对普惠金融人群差异化、分散化、非标化的复杂需求时更加有效。平台聚合生态链上各主体的比较优势和资源,建立标准化的服务体系,根据不同的普惠金融人群独特的借贷需求去匹配各个业务环节上相对应的优势服务方。

聚合模式提高整体业务在获客、风控、资金、贷后等各个环节的运行效率，同时将风险分散，引入低成本资金，实现运营成本、风险成本和资金成本的"三降"，使业务在稳健运营的前提下形成规模效应，并进一步摊薄单位成本。可持续的普惠金融商业模式成为可能。

这有利于解决普惠借贷供需不匹配、不平衡的问题，实现风险的合理分散，缓解普惠金融的重资产难题，最终提升借贷服务的可获得性、降低融资成本。

四、金融科技促进银行业务创新转型的思考

金融科技公司与银行的合作有助于推进金融服务的普惠性和个性化，进而打造智能金融体系。

（一）打造开放借贷银行

开放银行作为一种"互联网+"的商业模式，银行通过移动互联网将金融服务能力输出给第三方，银行不必直接面对客户，而是通过合作伙伴为客户提供服务。银行需要依据自身特质培育核心竞争力，通过提供优质服务吸引、壮大客户群体，为打造开放银行提供高标准的基础生态。

第一，以市场为导向，以场景金融为抓手，以开放平台为支撑，以商业模式创新为突破口，根据开放银行的特点，配套实施业务、运营、管理体制改革，聚焦金融生态链深耕细作，不断拓展银行金融生态的深度和广度。

第二，应该充分借鉴国际经验，结合我国信贷发展实际以及传统金融行业借贷业务转型机遇和趋势，建立健全开放借贷业务规则与监管框架，针对不同类型的机构，不同种类的借贷业务，设置相应的服务红线，明确允许开放的信息接口类型、服务范围等关键要素，推动金融业更好地服务小微企业等普惠金融群体，促进实体经济发展。

第三，商业银行应该聚焦生态、支付、数据、科技能力等领域的建设，充分挖掘第三方APP（社交、财务、生活、出行、电商、非银金融等），将银行服务逐渐渗透到人们生活的各个领域，使开放银行的红利逐渐释放。

（二）金融科技促使银行系统模式升级

银行业传统的数据存储、核心系统已经无法满足新时期的数据和业务

需求。自2016年监管部门积极推动银行走向云端服务以来，四大行、兴业银行、招商银行、中信银行等已部署云平台。2017年中国建设银行已上线"新一代核心系统"。在此背景下，商业银行可加强与科技公司的合作，通过科技公司提供技术架构搭建服务，使用金融科技手段助力商业银行打造云端服务、升级核心系统，实现战略转型和业务发展。

(三) 以风险管理为核心的小微金融助贷模式

传统的小微金融模式有着成本高、难以规模化的特点。在新的科技浪潮下，以科技为核心的助贷机构可帮助银行对客户进行风险测评，充分利用科技手段拓展新的资料来源和评分算法，提升小微金融服务的便捷性和风险控制水平，进而提升银行的获客能力。20世纪90年代，美国Capital One率先瞄准信用卡余额代偿市场。在我国，以萨摩耶金服为代表的科技公司，利用互联网技术为银行、消费金融公司、信托公司和小额贷款公司等持牌机构提供助贷服务。目前，萨摩耶金服已与19家持牌金融机构达成合作。

(四) 一站式、流程化数字信贷解决方案

在传统信贷领域流程中，包括营销、贷前、贷中、贷后等各个模块都可以利用科技金融手段提升效率。各个模块也都涌现出了细分市场的技术供应商。在实际应用过程中，单一模块的解决方案固然在某个方面对银行的业务有提升作用，但信贷业务是一个不可分割的流程，获客的渠道和方案决定了风控的方式，甚至也是风控的一部分，同样也关联到贷后的处理方式。因此，以飞贷金融科技、蚂蚁金服、度小满金融、玖富集团、融360天机、智融集团为代表的一站式、流程化数字信贷解决方案能帮银行更快、更敏捷地适应数字化时代。

(五) 助力中小银行打造联合运营模式

中小银行通常缺乏线上运营产品的经验和专业团队，即便获得一站式、流程化数字信贷解决方案，因自身能力有限难以成功部署。这些银行需要的不仅仅是一套解决方案，更是运营产品的技术能力。因此，中小银行与科技金融公司的合作，譬如腾梭智能和融慧金科，打造联合运营模式，不仅提供产品、系统和服务，而且银行和金融科技公司的合作应以实现运营目标为目的，助力中小银行自身运营能力的提升。

参考文献

[1] 陈泽鹏,黄子,谢洁华,等. 商业银行发展金融科技现状与策略研究 [J]. 金融与经济, 2018 (11): 22-28.

[2] 范大路,武安华. 以金融科技补齐城商行零售短板 [J]. 银行家, 2018 (11): 23-25.

[3] 何大勇,陈本强,徐勤,等. 中国公司银行主动转型八大关键能力 [J]. 科技中国, 2017 (1): 55-64.

[4] 宫晓林. 互联网金融模式及对传统银行业的影响 [J]. 南方金融, 2013, 5: 86-88.

[5] 刘志彪. 科技银行功能构建:商业银行支持战略性新兴产业发展的关键问题研究 [J]. 南京社会科学, 2011, 4: 1-7.

[6] 韩刚. 商业银行金融创新与科技型小微企业融资困境突破——以交通银行苏州科技支行为例 [J]. 金融理论与实践, 2012, 4 (393).

[7] 崔子腾,马越,吴晗. 金融科技发展对银行业的影响及对策研究 [J]. 中国物价, 2017 (6): 43-45.

[8] 张明喜. 促进科技金融发展的财税支持方式研究 [J]. 中国物价, 2012, 12: 39-41.

数字货币市场发展、风险防范及监管建议

董珊珊[①] 孙 琦[②] 杜 威[③]

随着信息化、数字化革命浪潮的推进,货币履行职能的内在要求是促使货币数字化,而数字货币的属性又超越了传统电子货币的价值转移方式、制度安排等(曾繁荣,2016)。在传统互联网模式中,信息匹配验证和信任积累依赖于中央节点或第三方通道,而区块链则通过非对称加密和可靠数据库实现信用背书。数字货币的兴起对整个经济社会以及传统货币的发行、流通等环节带来冲击。

自2009年1月以来,各类虚拟货币风起云涌,引发了全世界的高度关注。数字货币具有去中心化、去信任、集体维护、低交易费用、全世界流通、无隐藏成本、专属所有权、跨平台挖掘等属性。作为一种去中心化的支付方式,不需要得到任何权威机构许可或提供身份证明,借助互联网便可获得全球跨境支付服务。数字货币以及其关键技术区块链已经成为全球关注的焦点,毫无疑问,数字货币是新一轮互联网金融创新浪潮中的金融创新。

[①] 董珊珊,金融学博士,现任中山大学管理学院、前海金融控股有限公司博士后研究员,博士毕业于上海交通大学安泰经济与管理学院,研究方向:金融科技。

[②] 孙琦,前海金融控股有限公司研究中心总经理,经济学博士,金融风险管理师(FRM),曾任职于香港金融管理局及境内外金融机构,在货币市场、国际资本流动、金融监管及金融科技等领域具有丰富的研究经验,曾参与深圳经济特区金融学会年度课题《粤港澳大湾区金融融合发展研究》及私募基金监管领域的重点课题。

[③] 杜威,管理学博士,现任清华大学、深圳市创新投资集团有限公司博士后研究员,研究方向:金融科技。

一、全球数字货币市场发展概况

(一)数字货币交易概况

据链塔数据库显示,截至2018年4月23日,全球共有177家有效数字货币交易所,单日交易额超100亿元的有2家,50亿~100亿元的有3家,10亿~50亿元的有10家,低于1000万元的有74家,占50%。据Coinmarketcap官网数据显示,截至2018年7月30日,全世界共有805种数字货币(不包括代币),市场总容量将近2717亿USD,其中排名前五的数字货币市值占比情况见图1。相较2016年1月,数字货币的数量由600多个增加了近200个,而数字货币的总市值由60多亿元增加至2717亿元,比特币占市场容量的比例由近乎90%下降到51.64%。此外,截至2018年7月30日,数字货币市场交易中共计12174个货币对。

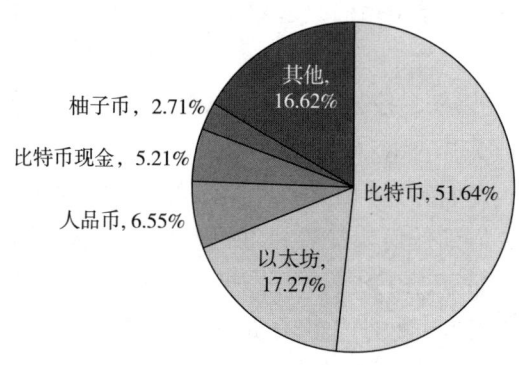

图1 全球排名前五位的数字货币市值占比情况

与此同时,世界各国货币当局纷纷关注法定数字货币的实现技术并进行积极探索,数字货币成为区块链在金融领域应用的重要阵地。除投资、投机需求外,数字货币已在部分国家或地区用于经济生活支付领域。比如,2017年4月日本电子零售商BicCamera与日本比特币交易所BitFlyer联合宣布旗下试点商店接受比特币支付。同年7月日本Recruit Lifestyle与日本比特币交易所Coincheck达成合作,宣布Air Regi APP开始提供比特币支付选项。英国化妆品巨头Lush于2017年7月宣布其线上商城接受加密数字代币支付,旨在为英国线上商城带来更多的国际订单,通过这个全球性的去中心化货币的应用打开与国际市场、供应商,甚至是各国乡村地区慈善组织合作的大门。

(二) 数字货币市场风险概况

数字货币由于缺少政府信用背书,且部分数字货币内在价值有限,其价格极易受市场预期影响,波动性较强,市场流动性难以保证,而数字货币市场的剧烈变动必然影响整个金融体系,产生多种金融风险。整体来看,数字货币市场风险主要包括以下四个方面:

1. 引发金融系统性风险。IMF 于 2017 年 6 月发布报告指出,随着数字货币使用范围和规模的扩大,单个数字货币体系风险演变为系统性风险的概率也在提升。同时,数字货币体系并不具备稳定货币机制的特征,其近乎刚性的供给规则可能造成结构性通货紧缩,且数字货币体系中没有可承担最后贷款人角色的公共机构,缺乏最后贷款人为货币稳定提供保障,一旦出现风险事件,数字货币兑换商很容易遭到挤兑,这会对金融稳定造成冲击。以比特币为例,尽管其去中心化的网络并未与主流金融部门紧密联系,但通过交易平台可以将比特币换成真实货币。再者,比特币的价格缺乏约束,极易被投机者所操纵,普通投资者跟风可能蒙受巨大损失,市场风险极大。此外,部分比特币的金融工具,如对冲和期货已被开发出来,但监管处于缺失状态。因此,盲目使用这些金融工具很可能进一步放大金融体系的系统性风险。

2. ICO 融资风险。据 CB Insights 数据显示,2017 年全球 ICO 融资金额超过 50 亿美元,而同期区块链领域的风险投资融资规模约为 7.16 亿美元。与法定货币不同,数字货币不属于信用货币体系。ICO 投融资门槛低,创业者成本极低,不受监管,致使大量风险承担能力较低的普通投资者加入 ICO 大潮。就创业者而言,寻找风险投资是一个复杂而漫长的过程,企业融资要经过寻找投资人、项目路演、实地调研、评估分析等过程,而在 ICO 模式下,创业者只需一份 PPT 或白皮书,简单阐述项目基本内容和代币使用规则等,即可面向公众筹资,融资成本极低,"跑路"风险极大。如 2018 年 3 月,深圳南山警方破获了一起非法集资诈骗案,深圳普银区块链集团有限公司发行虚拟货币,借助 P2P 平台非法吸收公众资金,骗取被害人约 3.07 亿元人民币。

3. 消费者权益保障风险。数字货币流动性管理难度高,当兑换商流动性管理出现问题时,数字货币持有者可能无法将数字货币兑换为法币。数字货币价格出现大幅下跌时,持有者极易遭受资金损失,投资风险极高。数字货币市场的参与者几乎不受监管,用户资金安全缺乏保障。同时,由于交易不透明，诈骗者建立虚假的电子商务交易网站，将收集的加密数字代币兑换为任意国家货币而不留任何交易痕迹。

与传统货币类似，数字货币也会面临丢失或被盗的挑战，且在数字货币协议中，一旦交易确认将不能被取消，这同样会引发网络犯罪行为。表1为部分数字货币风险事件列表。在去中心化的数字货币体系中，交易是不可逆，且无法律框架明确交易各方的权利和义务，故而在发生诈骗、盗窃、造假等事件时，无法确定哪一方应为事件负责，消费者权益难以保障。

表1 数字货币风险事件列表

时间	交易平台	数字货币	市场价值	事件说明
2014/03	Poloniex	BitCoin	约12.3亿美元	盗窃
2014/03	Mt. Gox	BitCoin	约120.00亿美元	盗窃
2015/01	Bitstamp	BitCoin	约0.05亿美元	黑客攻击
2015/02	Bter.com	BitCoin	约1.00亿美元	黑客攻击
2016/01	Cryptsy	BitCoin	约1.90亿美元	盗窃
2016/08	Bitfinex	BitCoin	约18.00亿美元	盗窃
2017/03	Yapizon	BitCoin	约0.57亿美元	盗窃
2017/06	Bithumb	—	约10.00亿韩元	黑客入侵
2017/07	BTC-e	BitCoin	约9.90亿美元	盗窃
2017/08	Bitfinex	BitCoin	约0.75亿美元	网络安全漏洞
2017/11	Tether	BitCoin	约0.31亿美元	黑客入侵
2017/11	Bitfinex	BitCoin	约3万枚	盗窃
2017/12	Youbit	—	约17%	黑客攻击
2017/12	Bitfinex	BitCoin	约0.5亿美元	支付系统遭到入侵
2018/01	Coincheck	NEM	约5.23亿美元	黑客攻击
2018/07	Bancor	Ethereum, Pundi X	约0.14亿美元, 0.01亿美元	盗窃

资料来源：数据整理自互联网，大部分整理自Bianews披露的安全报告。

4. 洗钱及恐怖主义融资风险。数字货币市场体系中服务提供商和用户均为匿名，模糊的交易链使不法分子极易掩盖其资金来源和投向，这为洗钱、恐怖主义融资及逃避制裁提供了便利。国际货币基金组织（IMF）、国际清算银行（BIS）和经合组织（OECD）等国际监管机构均对数字货币相关的洗钱及恐怖主义融资风险给予了高度关注。数字货币体系很可能被不法分子作为逃避资本管控的渠道，利用数字货币体系实现非法资金的跨国流动,这给打击洗钱、恐怖主义融资活动带来了挑战。如2017年,日本疑似洗钱行为的案例总数为400043起。又如,美国一家在线数字货币服务公司——Liberty Reserve,涉嫌洗钱数额高达60亿美元。

(三) 全球数字货币市场监管现状

近年来,随着以比特币为代表的一系列数字货币价格的不断高涨,区块链"造币"浪潮愈演愈烈。目前,各国央行和监管机构普遍表示,私人数字货币不具有普遍的可接受性和法偿性,本质上不是货币,而对于法定数字货币,美联储(2017)和欧洲央行(2012、2015、2017)均认为尚处于论证阶段,需加强研究。而就数字货币的核心技术区块链而言,各国监管机构则普遍遵循"技术中立"原则,对属于区块链在金融领域应用的业务活动实施"穿透定性",即按照金融本质而非技术形式实施监管。

目前,对于数字货币是否等同于金融工具,不同国家态度有所不同。例如,美国纽约州金融服务局(2015)发布《数字货币监管法案》,将数字货币业务活动界定为支付、兑换、托管、代客买卖、控制、管理或发行数字货币,金融机构需申请牌照并遵守一系列规定才能从事数字货币业务活动。美国商品期货交易委员会(2015)将符合"商品"特征的数字货币,纳入大宗商品监管范围。美国证监会(2017)指出符合"证券"特征的数字货币应纳入证券发行框架进行监管。但美联储(2017)认为数字货币缺乏内在价值,没有全权资产或任何机构负债支撑,因而难以定性。

因此,在新技术、新模式尚未成熟稳定的情况下,部分国家的监管部门已将区块链和分布式账本技术在金融领域的应用纳入现行金融监管体系,但尚未建立专门的监管机构和监管制度。总体而言,监管制度的建立滞后于技术的发展。

二、我国数字货币市场监管现状

2013年底,我国参与比特币交易的投资者已位列全球前列,比特币价格虚高,数字货币市场虚假繁荣。

为保护社会公众财产权益,防范金融风险,维护社会稳定,2013年12月5日,中国人民银行、工业和信息化部、中国银行业监督管理委员会、中国证券监督管理委员会、中国保险监督管理委员会联合印发《关于防范比特币风险的通知》。要求金融机构和支付机构不得以比特币为产品或服务定价、不得买卖、作为中央对手买卖，不得承保比特币相关的保险业务或将比特币纳入保险责任范围，不得直接或间接为客户提供其他与比特币相关的服务（结算、法币兑换、托管、抵押、发行金融产品、信托和基金标的等）。

2014 年，中国人民银行成立法定数字货币研究小组。2017 年，中国人民银行成立数字货币研究所。2017 年 8 月 30 日至 9 月 15 日，我国货币当局针对国内数字货币市场中超额的投机或投资需求、供给需求结构性"失衡"、市场价格剧烈波动对金融稳定构成现实威胁和实质冲击等现象，出台了严格的数字货币监管政策（见图 2）。明确禁止数字货币的发行与交易，将 ICO 定性为未经批准非法公开融资行为，涉嫌非法发售代币、非法发行证券以及非法集资、金融诈骗、传销等犯罪活动。禁止网络平台开展法定货币与代币、"虚拟货币"间兑换、定价、信息中介等业务。通过电价、土地、税收、环保等措施使辖内"挖矿"企业有序退出，境内数字交易所"出海"。

2018 年 8 月 24 日，银保监会、中央网信办、公安部、人民银行、市场监管总局发布《关于防范以"虚拟货币""区块链"名义进行非法集资的风险提示》指出，近期部分不法分子打着"金融创新""区块链"的旗号，通过发行所谓"虚拟货币""虚拟资产""数字资产"等方式吸收资金，侵害公众合法权益。此类活动并非真正基于区块链技术，而是以炒作区块链概念行非法集资、传销、诈骗之实。同时，银保监会强调，此类活动以"金融创新"为噱头，实质是"借新还旧"的庞氏骗局，资金运转难以长期维系。

图 2　我国数字货币市场监管政策

（资料来源：链塔智库《2018 年第一季度数字货币交易平台研究报告》）

三、加强数字货币市场监管建议

我国监管部门对数字货币持强监管的态度，禁止法币交易和ICO，然而我国数字货币交易者是全球数字货币市场的重要参与者。在强监管和数字货币市场大幅波动背景下，我国面临资金流出、个人资产负债表恶化等因素引致的宏观风险，而且数字货币的违规交易、违规ICO、洗钱等对金融稳定、货币政策传导均具有负面影响。

因此，本文以防范系统性风险为出发点，从数字货币融资项目管控、市场风险引导、数字货币交易所监管以及投资者教育等方面为监管部门提出政策建议。

（一）加强数字货币融资项目管控

借助大数据平台构建数字货币项目动态监管、警示系统，充分利用大数据的优势对数字货币融资项目资金流动进行密切监控，并且构建相对完整的风险预警指标，对数字货币融资项目进行动态跟踪、实时反馈，严控风险事件的发生。对触及风险警示的项目进行提示、重点监管，必要时进行行政干预，以防范风险事件的爆发。

（二）市场价格风险警示

1. 构建主流数字货币指数

通过以成交量或市场价值为权重编制数字货币价格指数或市场波动率指数，综合主流数字货币市场价格走势及市场风险情况，为数字货币交易者、数字货币交易所及各国监管部门提供参考。如数字货币交易所可通过引入主流数字货币价格指数及风险指数，为自身设置强平机制、交易手续费、持仓限制等风险管控规则，从而降低大资金操纵最新成交价格和恶意爆仓的可能性。市场交易者可根据所持数字货币市场情况与主流数字货币指数进行对比，进而做出交易决策，这有助于以引导数字货币市场交易者理性投资，减少盲目跟风投机行为。

2. 建立数字货币市场风险预警机制

迄今为止，安全性一直是制约数字货币发展的最重要的瓶颈之一。当数字货币价格出现大幅下跌时，持有者极易遭受资金损失，投资风险极高。数字货币交易所需建立市场风险预警机制，在市场价格剧烈波动时，为市场交易者提供风险警示服务,且需对市场异常交易行为进行及时披露,这不仅有利于引导投资者理性交易,而且有助于维护数字货币市场秩序。

(三)加强境内交易者跨境交易监管

我国明确禁止数字货币的发行与交易,但境内资本仍以各种形式赴境外参与数字货币的发行与交易。监管部门务必加强境内资金流动的来源与去向,从监管手段、技术和平台等多方面针对性地识别赴境外参与数字货币发行和交易行为带来的资金流动。一方面,对于跨境参与数字货币交易的资金流动,需要借助技术手段追根溯源,严防洗钱和逃税等行为。另一方面,对于跨境设立数字货币交易所的交易者,建议加强这类交易者KYC监管,强制要求其向监管机构报送数据,为境内数字货币交易和发行管控系统提供证据,并合理引导其提升自我监管能力,维系数字货币市场成熟发展。

(四)加强数字货币市场投资者教育

中小投资者风险识别能力低,盲目投资往往成为不法分子借金融创新之名进行非法融资的重要原因之一。监管部门需加快建立数字货币市场投资者教育制度,建设数字货币投资者保护教育基金、基地,加强专业投资者教育引导其理性投资,并合理引导市场参与者广泛参与投资者教育。

参考文献

[1] 陈健,赵雪. 数字货币发展现状及其监管的国际经验与启示 [J]. 中国物价,2018 (11):44-47.

[2] 焦瑾璞,孙天琦,黄亭亭,等. 数字货币与普惠金融发展——理论框架、国际实践与监管体系 [J]. 金融监管研究,2015 (7):19-34.

[3] 王永红. 数字货币技术实现框架构想 [J]. 中国金融,2016 (8):14-16.

[4] 姚前,汤莹玮. 关于央行法定数字货币的若干思考 [J]. 金融研究,2017 (7):78-85.

[5] 姚前. 数字货币的发展与监管 [J]. 中国金融,2017 (14):38-40.

[6] 曾繁荣. 基于分布式账本技术的数字货币发展研究 [J]. 西南金融,2016 (5):63-68.

我国保险科技发展趋势及前海发展保险科技的政策建议

刘 洋[①]

自2012年以来,我国保险行业呈现高速发展态势并取得了瞩目的成就,但随着2016年的"宝万之争"、2017年"金融强监管"和2018年"资管新规落地"等一系列事件的发生,近期保险行业发展出现了停滞、下滑问题,原有被高速发展掩盖的一些深层次问题也开始显现并桎梏行业发展。在这种形势下,如何重新认识保险本质,改善、升级管理和技术能力,是当前保险业急需解决的问题。党的十九大报告提出,创新是引领发展的第一动力。截至2017年,我国科技进步对GDP增长贡献率已达56%,以大数据、人工智能、云计算、区块链为支撑的保险科技也应运而生。保险科技的发展对保险业回归保障本源,服务供给侧改革将会产生重要作用,是提振保险行业发展的关键因素。

一、保险科技的概念界定

(一)保险科技的定义

目前,学术界和保险业界尚未形成对保险科技统一和权威的定义。通过参考国际、国内保险科技的发展现状和未来趋势,可认为保险科技是包括以区块链、人工智能、大数据、云计算、物联网等科技为核心,围绕保险业务流程,通过改善产品、营销、企业管理、信息咨询、平台构建、新技术运用等方面升级保险生态系统,借助信息验证、风险评测、核保核赔、医疗健康等应用场景提升保险行业相关生态主体价值,并最终实现克服行

[①] 刘洋(1981—),男,内蒙古呼和浩特人,哈尔滨工业大学与深圳市前海金融控股有限公司联合培养博士后,研究方向:再保险中心发展。

业痛点、服务消费者、服务供给侧改革目标,保险科技结构见图1。

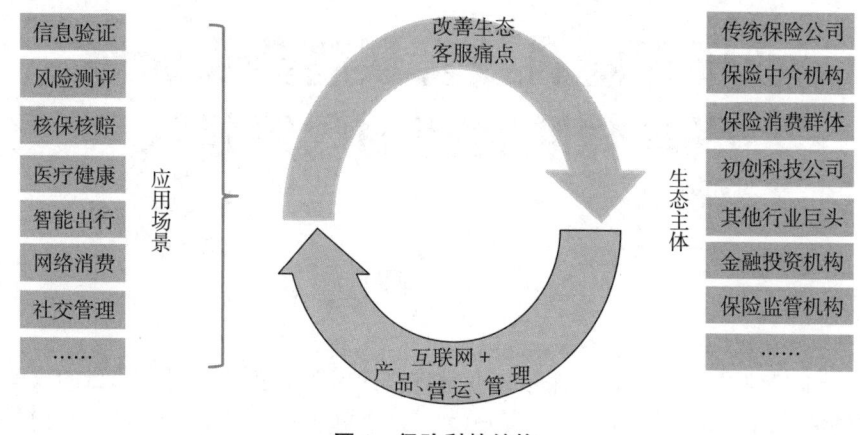

图1 保险科技结构

(二)保险科技的起源

保险科技衍生于金融科技。金融科技是在2000年左右随着互联网技术的普及开始快速发展起来的,在最初几年金融科技的发展由大型金融机构所主导,但在2008年次贷危机后,由于大型金融机构受到政府严格监管,停止了许多金融科技相关业务,这间接给科技公司和创业者提供了市场空间。而在这轮强监管周期中,保险业受到的冲击相比银行业、证券业要小。此外,随着近年来关注保险公司经营管理和保险业务创新的企业和风险投资不断增加,保险科技逐渐成为市场风口,社会资本对该领域的关注与日俱增。

(三)保险科技的主要技术

1. 大数据。大数据技术是研究大量具有低价值密度、高速动态、形式多样的关联性数据,通过点、线、面的深度挖掘,发现其中的规律,以帮助企业和政府进行决策。保险作为高度数据集中的产业,十分适合运用大数据技术。大数据技术可帮助保险企业改善营销、承保、运营、风控等环节,进而创造更多的经济价值。

一是在营销方面,保险科技可帮助保险公司对客户价值进行量化分析,从而将客户分级并标签记录,进而根据分析结果为各类客户提供差异化、个性化的服务,最终提升客户黏性,实现精准营销。

二是在承保方面,保险公司可通过运用大数据技术分析行业数据,发现新的市场需求和潜在客户。此外，大数据技术还有助于精确定价保险产品，实现费利率制定个性化。

三是在运营方面，大数据可帮助保险公司在理赔环节通过数据挖掘技术对比历史类似案例，从而可根据历史数据分析建模，进而对各案例进行损失类型细分、评分，制订个性化的理赔方案，最终实现半自动化的处理流程。

四是在风控方面，通过大数据分析可精确识别理赔中可能存在的欺诈模式、欺诈行为和高风险人群，从而提高保险公司的反欺诈绩效，进而降低理赔风险。

2. 人工智能。依据不同层次，人工智能可分为计算智能、感知智能和认知智能三类。计算智能是计算机可通过分析大量数据自动进行学习和积累；感知智能是计算机可与人类进行一定层次上的互动；而当计算机达到认知智能阶段时，就可以模仿人类的思维模式进行推理和预测，并从事部分创造性工作。目前，虽然人工智能仅能完成简单推理，但仍可在承保和理赔等方面帮助保险公司提升工作效率。

一是在承保和报价方面。保险公司可借助人工智能与客户进行简单交流，由计算机按照客户需求给出保险方案，帮助客户实现自动投保。

二是在理赔方面。保险公司可使用人工智能系统收集和分析客户理赔所需信息，核对客户保险合同，从而预防赔付疏漏，提高操作效率。

3. 区块链技术。区块链技术涵盖六大工作步骤，即建立电子信息、加密设置、交易确认、实时广播、区块添加及网络复制记录，借助以上步骤，区块链所传递和存储的信息具有去中心化、公开化、透明化、自治化、匿名化和数据不可篡改六项基本特征。区块链技术的应用在行业信息共享、敏感信息校对及开发智能合约产品等方面助推保险业发展。

一是行业信息共享。利用区块链公开透明的特点，以各保险公司为主要节点构建区块链联盟，由此可降低信息集成与传递成本，实现最大限度的信息共享，提高组织运行效率。诸多企业成为区块联盟组织成员的目的是借助共享账簿降低甚至是消除相关成本，同时有效规避系统风险。

二是敏感信息校对。在传统作业过程中，通常需要对用户的敏感信息进行校对，而从国家法律规定到企业自身均对敏感信息有着各自明确而严苛的规定，因此难以在反欺诈和反洗钱上形成有效协同。如果借助区块链技术则可详细记录和跟进客户信息及验证情况，通过采用客户自身私钥加密，可消除信息被复制或者盗取等不安全状况；在具体理赔信息核准过程中向信息需求方传递的则使用公钥,由此便可在最短时间内响应对方查找或校对信息的需求,进而大大提升工作效率。

三是研发智能合约产品。智能合约保险是在定义代码后自动强制性制定的产品,一旦符合特定出险条件,则可实现快速理赔。如利用区块链技术能构建存储航班延误信息的智能化合约,并依据航班延误的历史信息实现自动定价,同时借助编程接口获取实时航班状态,一旦满足上述合约被触发的条件,系统将自动索赔并支付相应赔偿金。与传统保险相比,此项技术更能切实保障消费者合法权益,提高客户满意度。

二、保险科技发展的现状

(一) 行业主体积极参与

一是传统保险企业通过保险科技进行升级转型。人保、国寿、平安、泰康等大型保险公司纷纷通过整合原有信息技术部门,组建数据中心或科技平台,将其功能由后台技术支撑更多向核心业务流程驱动转变。此外,中小保险公司也不断结合自身业务需要,在细分领域开展数字化运营。

二是专业互联网险企发展迅速。众安保险、易安保险等专业互联网保险公司采用扁平化组织结构,依托大数据和云计算建立具备数据挖掘、处理、存储的核心系统,提高自身运营效率和服务针对性,实现了较高的发展速度。

三是互联网巨头开始进场。阿里巴巴、百度、腾讯、京东等互联网巨头结合自身用户流量巨大的数据优势,通过与保险公司合作、发起设立保险公司等方式开始布局保险业。

四是科技企业积极参与。大量科技公司依靠自身保险科技的优势,通过关注长尾需求开发保险产品、根据渠道特点设计定制化产品、提供保险服务保障等方式,参与打造保险生态圈多元发展环境。

(二) 业务流程改善升级

一是销售渠道拓展。保险科技进入保险业,首先从销售领域开始。截至2017年底,约有79%的保险公司利用开发移动APP、官方网站或与第三方服务平台合作等方式进行产品展示、比价销售、精准营销、O2O模式(线上线下结合)等。2012—2016年,互联网保险保费收入从106亿元增加到 2299 亿元，增长 20.7 倍，占总保费比重增长到 7.43%。

二是新产品研发。保险企业以传统保险市场为基础运用保险科技创造更加个性化的保险产品。如依托大数据、云计算等科技，推出保费低、保障高的重疾险、防癌险等个性化险种。此外，多家险企还针对网络经济对风险保障的新需求，开发出一批场景化、碎片化的互联网保险产品。如退货运费险、账户安全险、航班延误险等产品，助推了网络经济的发展。

三是在服务领域提供新体验。保险业是金融服务业，服务是行业核心价值。近年来，随着保险科技的大量应用，对行业提升服务水平和质量发挥了重要作用。如自助投保、手机投保、一键式投保等方式已相当普遍。此外，针对理赔难这个行业痛点，险企也通过运用保险科技的手段，推出了自助理赔、快赔、闪赔等服务方式。

(三) 催生保险生态新模式

传统保险业通过保险科技的应用打造了新的产业生态链基石。

一是以特定保险服务为核心打造涵盖客户生活场景的生态圈。如当客户购买车险后，险企可为客户提供与汽车相关的汽车维修、违章查询、自驾旅游、车友俱乐部等一系列服务信息。

二是围绕特定险种整合上下游产业链。如险企围绕健康险、养老险逐步形成集健康、药品、养老、投资等于一体的大健康产业，实现了相关产业的有效整合和服务增值，最终打造形成保险产业生态圈。

(四) 支撑监管科技发展

在保险科技快速发展和广泛应用的形势下，监管部门也在积极探索保险科技在监管领域的应用。

一是加强数据建设。推进现有监管信息系统的整合与数据互联互通，打造保险监管大数据平台。同时，积极推进跨行业金融监管平台技术，积极应用新技术提升监管效能。

二是改进监管方式。充分借鉴金融科技的发展成果，加强对互联网保险业务的实时流程监控，构建现代化的风险监测预警体系。同时，主动采集、实时抓取相关风险点，加强行业风险监测的时效性，逐步实现动态监管。

三、保险科技的发展趋势

（一）融资数量快速增长，近期有所回落

2013—2017 年国内共有 107 家保险科技相关公司获投，146 家投资机构入局。107 家获投企业，共发生 149 笔投融资事件，包括早期投资、VC、PE、并购、收购、战略投资；146 家投资机构包括私募投资基金、金融机构、企业、政府创业引导基金/行业基金等。投资金额超过 300 亿元人民币，其中人民币基金与美元基金，占比约 8∶2（新三板公司、众安 IPO 及蚂蚁金服战略投资香港万通保险均计算在内）。

从融资轮次看，2014—2016 年中国保险科技投资市场快速兴起，2017 年有大幅回落。从各投资阶段的投资频数看，在 149 起保险科技投融资案例中，各阶段投资频数于 2014 年出现第一次大幅度增长；2016 年为相关领域创业高峰期，融资轮次也集中在 B 轮以后，大额融资事件频现（见图 2）。

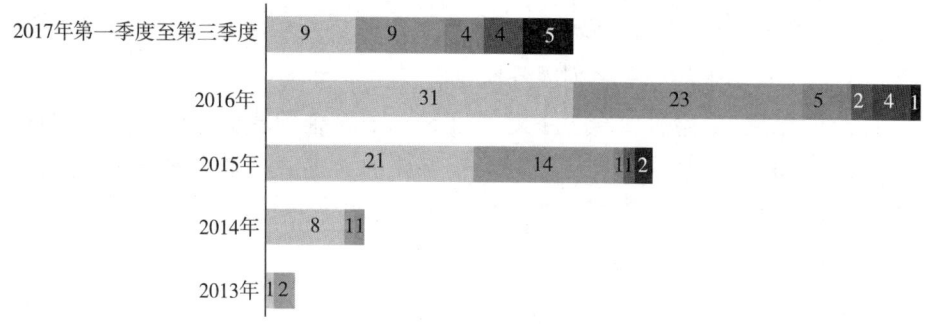

图 2　保险科技公司融资轮次分布及数量

从投资频数看，在 2017 年总体投资频数远低于 2016 年，出现大幅回落。

以上数据表明，虽然近年来保险科技企业受到资本市场的热捧，但 2017 年以来的融资大幅滑坡在某种程度上意味着保险科技市场尚未成熟，缺乏持续获得专业投资机构认可的创业项目，保险科技行业的成长、壮大依然任重道远。

(二) 市场空间广阔

当前,我国经济发展处于新常态阶段,传统保险业依靠高投入、高成本所实现的简单粗放式增长已难以支撑行业的有效发展,保险科技的产生和应用已成为促进保险业转型升级的有效动力。从保险科技对行业发展产生的作用看,大数据是核心技术资源,掌握了该技术就等同于拥有了客户,拥有了可持续的产品开发能力,就能够获取更大的市场份额;从发展趋势看,保险科技将重塑保险生态环境,对传统保险业产生颠覆性影响。但考虑到传统保险的比重、消费者习惯、行业监管等因素,同时保险科技自身仍处于探索发展的初级阶段,预计保险科技的应用将是一个"渐进式"过程。

(三) 颠覆现有商业模式

保险科技在为传统保险行业带来机会的同时也将对未来保险行业的发展带来巨大冲击。以区块链为例,如果区块链可完全实现去中心化的信任机制,那么保险公司这种交易中心的形式将受到极大挑战。另外,多家机构预测得出,至2040年大量道路交通驾驶工具将为无人驾驶汽车,这对财产保险市场将产生颠覆性的打击。目前,我国财产保险市场的车险份额占整体市场份额的70%以上。如果未来大量无人驾驶汽车取代了当前驾驶员操作的汽车,那么机动车第三者责任保险的购买主体将不再是消费者,取而代之的是生产无人驾驶汽车的厂商,而必须由厂商购买的产品责任保险也将大幅增加。汽车厂商在面对自身大量交通安全责任风险的时候,可能会选择通过自保公司或类保险机制来自我消化此类风险。那么,财产保险市场将面临业务萎缩风险,尤其是以车险为主的非寿险保险公司甚至会面临倒闭等风险。在可预见的时间内,保险科技在行业的应用有望大规模展开,通过技术的运用来推动保险业创新,而这种创新很有可能会给原有保险商业模式带来颠覆式影响。

四、保险科技应用存在的问题

目前,保险科技应用虽然取得了阶段性成果,但总体来看还处于起步阶段,大多数应用还是不平衡、不充分、浅层次和碎片化的。如销售领域主要应用于简单、标准、低价的产品,产品创新领域主要集中在场景类、碎片化产品、精准营销、精准定价的应用还不多，服务领域应用的广度和深度差别很大。根据一项对保险公司调查，仅12%的受访企业将数字化战略融入公司战略规划，超过50%的受访企业将自身定位为数字化战略的追随者乃至滞后者；另一项调查显示，保险业已建立专门的大数据研发团队的公司占比仅为20%，且2/3的研发团队人数在10人以下。

（一）技术问题

2015年，保险相关创业企业数量激增，经过两年多的摸索发展，不断推出标准化保险服务流程，其中部分创业企业得到资本认可并获得融资，保险科技相关行业前路看似光明。但受大数据、人工智能、区块链等技术本身的限制，科技在保险行业的真正落地存在预期过高现象。

1. 大数据。目前，国内保险行业的数据积累量低，大量非结构化数据尚待结构化处理。对于创业公司来说，自营数据有限，并受制于其他平台数据。

2. 人工智能。保险本身是需要大量"情感倾诉"的行业，而目前技术的发展程度尚不能实现此功能。人工智能发展需要大量的数据"训练"，但保险行业内数据孤岛现象非常严重，这也是人工智能在保险业发展受限的主要原因。

3. 区块链。目前，国内各领域、企业间并不希望主动置换数据共享权益，因此，区块链在国内发展受到一定阻碍，距离区块链技术的落地尚需时日。

（二）监管问题

保险科技在为保险行业发展带来重大机遇的同时也隐藏着诸多风险，需要把握好实现发展与预防风险间的平衡尺度。因此，利用传统的保险监管模式已无法适应新形势下行业发展要求，亟待强化监管主体间的协调机制。

一是保险科技自身所具备的混业特性与现行分业监管体制无法匹配。保险科技打破了行业监管的区域限制，实现了保险行业横跨多个市场的迅猛发展，不断向综合化经营方向发展。虽然我国金融监管体制已经进行了一些改革，但短期内保险科技对当前的监管模式及运行机制仍构成较大挑战。主要原因是当前金融监管体系中依然存在条块分割和监管竞争，无法有效地形成监管合力。

二是区块链技术导致行业风险更为复杂多变。尽管区块链所具备的去中心化和重塑信任等特征为金融业深化改革带来巨大推动力，但依然需要全面考虑随之而来的数据安全性、共识层和智能合约层安全性以及网络层访问控制等多层面存在的威胁。未来需要全面研究和思考区块链网络中如何强化职责履行、利用何种机制来切实保障消费者及企业的合法权益、利用何种认证体系来有效降低参与主体的信用风险等诸多关键性问题。

三是欠缺统一协调的监督管理机制，造成保险科技创新在实践中欠缺必要监管，使互联网保险及新兴科技的产生与发展逐渐显现出诸多隐患和风险。如部分互联网企业所开发的网络互助平台，没有明显划定保险产品与网络互助计划之间的界限，打着构建普惠金融和技术创新的幌子，引导消费者产生刚性化的赔付预期，假借技术创新之名掠取客户利益。

五、前海发展保险科技产业的政策建议

（一）以国家政策为导向，制定顶层发展战略

2014年国务院发布的《国务院关于加快发展现代保险服务业的若干意见》提出，支持保险公司积极运用网络、云计算、大数据、移动互联网等新技术促进保险业销售渠道和服务模式创新。鼓励保险公司提供个性化、定制化产品服务，减少同质低效竞争。同年，深圳市发布的《关于加快保险业改革发展建设全国保险创新发展试验区的若干意见》提出，鼓励保险企业开展服务、营销模式创新，提高服务水平。利用现代技术发展成果，提高保险产品技术含量，发展网上保险等新的保险服务和营销方式。上述政策的出台表明国家和深圳市对保险科技行业的支持。前海作为深圳保险创新发展试验区的核心引擎，一方面，应践行国家政策，为深圳和前海的保险科技产业做出贡献；另一方面，应以政策利好为发展契机，通过保险科技提振前海保险业。建议前海借鉴伦敦金融城、北京、宁波保险产业园的方式，划出一片区域用于发展保险业。在该区域通过土地出让、租金、税收等方面给予保险科技企业支持。同时，应加强保险科技的战略规划和顶层设计，制定相关保险科技发展政策和法律法规，积极设立保险科技的相关专项部门，整合和规范保险科技各类生态主体，促进各方在行业框架内的沟通和交流，为保险科技发展营造一个宽松的环境，为行业规范建立一套良好的市场秩序。

(二) 以前海存量保险资源为基础，打造保险科技发展平台

前海保险业经过了几年的发展，已具备一定的基础。截至 2017 年底，前海注册保险业金融机构 27 家，包括 7 家保险公司总部、3 家保险资产管理公司、7 家保险经纪公司、1 家保险公估公司、7 家保险代理公司和 2 家保险业分支机构。前海各类保险机构分布均衡，已初步形成可持续发展的保险生态。建议前海以存量资源为基础，吸引各类保险主体特别是创新型、专业化保险要素和资源的集聚，如产寿险等传统市场主体、自保、相互制等创新型市场主体，健康养老、责任信用保险、科技文化保险等专业市场主体，保险要素交易平台，保险研发中心等，通过培养保险产业生态系统，搭建完整的保险产业链，打造保险科技发展平台。

(三) 以自身特点为依托，鼓励保险主体开展科技研发

一是鼓励传统保险企业密切关注国内外保险以及相关科技公司的动态，加强科技与公司内部管理体系和运作机制的融合。此外，应鼓励传统险企与新兴科技公司和互联网公司合作，发挥自身优势，收购和兼并产业链上下游公司，实现优势互补、资源共享和平台互建。

二是帮助互联网保险公司整合资源，使其能够更顺畅地进入社交、理财、餐饮、娱乐等领域，融入其场景，联动互联网的参与方（如互联网电商、互联网社交、互联网金融等公司及客户）嵌入互联网背后的物流、支付、消费者保障等环节，创造新的互联网保险产品。

三是鼓励专业第三方机构在传统保险公司与用户间发挥纽带作用，一方面可为用户提供多样化的产品，并衍生出产品优化组合、个性定制、协助理赔等深度服务。另一方面传统保险企业可通过这些机构拓宽带动销售渠道，加强产品创新，监督理赔服务，促进传统企业间产品、服务的良性竞争，为构建前海保险产业链的生态环境贡献力量。

第四部分　其他研究类

保险资金参与长租市场发展模式研究

董珊珊[①]

一、政策导向

2018年6月,中国银行保险监督管理委员会发布《中国银行保险监督管理委员会关于保险资金参与长租市场有关事项的通知》(银保监发〔2018〕26号,以下统称"银保监26号文"),鼓励保险资金参与长租市场,并明确保险公司通过直接投资、保险资产管理机构通过发起设立债权投资计划、股权投资计划、资产支持计划、保险私募基金等方式间接参与长租市场应满足的要求、设立条件、资金管理和风险管理要求等。

随着居民财富增长与风险规避意识的提高,我国保险行业保持较快的发展速度。据统计,近五年来我国保险业公司总资产、保费收入平均年增长率分别达25.55%、27.24%。截至2018年12月末,保险资金运用余额为16.41万亿元,同比增长9.97%,近5年平均增速达16.47%,我国保险资金保持了长期稳定的投资业绩。其中,银行存款、债券、股票和证券投资基金以及国务院规定的其他领域分别占14.85%、34.36%、11.71%和39.08%[②]。

具有数量大、期限长、来源稳定等优势的保险资金已经成为我国金融市场重要组成部分。对保险机构而言,如何在"银保监26号文"的指导下,切实、恰当、合理、合规切入长租市场是本文关注的重点。

[①] 董珊珊,金融学博士,现任中山大学管理学院、前海金融控股有限公司博士后研究员,博士毕业于上海交通大学安泰经济与管理学院,研究方向:保险资金运用课题信息;本文是深圳保险学会2018—2019年度立项研究课题《保险资金参与长租市场发展模式研究》的阶段性成果。

[②] 资料来源:中国保险资产管理业协会。

二、保险资金与长租市场的天然契合

我国房地产市场已经从增量时代迈入存量时代,在"租售并举"和"房住不炒"的政策方针以及保险资金参与房地产相关政策(见表1)指导下,如何打造包括保险资金在内的资本运作闭环、促进我国房地产市场以及宏观经济结构转型升级成为新时期的重要议题。

表1 保险资金参与监管政策法规

序号	生效日期	文号	监管文件名称
1	2010年9月	保监发〔2010〕79号	《保险资金投资股权暂行办法》
2	2010年9月	保监发〔2010〕80号	《保险资金投资不动产暂行办法》
3	2012年7月	保监发〔2012〕58号	《保险资金投资债券暂行办法》
4	2012年7月	保监发〔2012〕60号	《保险资金委托投资管理暂行办法》
5	2012年10月	保监发〔2012〕91号	《关于保险资金投资有关金融产品的通知》
6	2014年1月	保监发〔2014〕13号	《中国保监会关于加强和改进保险资金运用比例监管的通知》
7	2017年1月	保监发〔2017〕9号	《中国保监会关于进一步加强保险资金股票投资监管有关事项》
8	2017年12月	保监发〔2017〕282号	《中国保监会关于保险资金设立股权投资计划有关事项的通知》
9	2018年1月	保监发〔2018〕6号	《关于加强保险资金运用管理 支持防范化解地方政府债务风险的指导意见》
10	2018年2月	保监发〔2018〕5号	《关于规范保险机构开展内保外贷业务有关事项的通知》
11	2018年2月	保监发〔2018〕27号	《关于印发〈保险资产负债管理监管规则(1~5号)及开发试运行有关事项的通知〉》
12	2018年4月	保监发〔2018〕1号	《保险资金运用管理办法》
13	2018年4月	保监发〔2018〕106号	《关于规范金融机构资产管理业务的指导意见》
14	2018年6月	银保监发〔2018〕26号	《关于保险资金参与长租市场有关事项的通知》

长租市场中既包括由政府主导或提供的廉租房、公租房等保障性租赁住房,也包括近年来市场涌现的偏高端的出租型公寓。与普通租赁市场相比,长租市场可提供更加多元化的服务,新的创意、新的品质和新的社交方式的推出使长租公寓相较于周边租赁房有着更高的溢价,这为保险资金

参与长租市场风险管理奠定了收益基础。

保险资金具备负债稳定、期限长的特征，而长租市场具备投资期限长、规模大的特征。因此，保险资金参与长租市场不仅能有效解决长租公寓投资回报期长的局限性，而且可以满足险资追求长期稳定收益的投资需求，二者有着天然的契合点。

此外，无论是《保险资金投资不动产暂行办法》还是《保险资金运用管理办法》，其对保险资金投资不动产的禁止性规定，限于直接从事房地产开发（包括一级土地开发）建设以及投资开发或者销售商业住宅，这也为保险资金参与长租市场运营、证券化等过程提供了政策便利。

三、保险资金参与长租市场的意义

在我国资本市场中，保险资金具有数量大、期限长、来源稳定等优势，与长租市场天然契合。保险资金参与长租市场对我国资本市场效率提升、房地产市场转型升级以及国计民生具有重要意义。第一，对保险机构来说，这有利于拓宽保险资金运用渠道、优化保险资产配置。第二，从供给侧结构性改革角度来看，这有利于充分利用保险资金长期、稳定的优势，推进我国房地产市场调控的长效机制建设。第三，从宏观经济发展角度来看，这有利于加快我国新型城镇化建设，早日全面建成住有所居的目标。

四、保险资金参与长租市场的路径模式

本文聚焦于保险资金切入我国长租市场的路径模式，即保险资金如何借助自身优势，以什么样的商业逻辑、商业运作模式参与我国存量房产时代长租市场开发建设、运营管理及资产证券化过程，进一步积极、合理、适当参与国家重大战略、关键领域和民生工程建设。

综合看来，保险资金参与我国长租市场的发展模式主要包括以下五个方面。

模式一：保险公司直投资长租项目开发运营

即保险公司直接投资长租项目，进行长租公寓项目的开发、运营。根据《保险资金投资股权管理办法》保险资金可以直接投资企业股权，即保险公司［含保险集团（控股）公司］以出资人名义投资并持有企业股权。因此，保险公司［含保险集团（控股）公司］可以联合金融机构、私募地

产基金和房企共同以股权的形式直接投资长租项目公司的股权。

模式二：发起设立债权/股权投资计划

即保险资产管理机构可以对长租项目发起设立债权/股权投资计划。"银保监26号文"明确规定，采用债权投资计划方式的，融资主体自有现金流占其全部应还债务本息的比例为100%（含）以上，采用股权投资计划的，拟投项目公司的核心资产为租赁住房项目，项目公司股权不得为第三方提供质押，并设置有效的退出机制。因此，保险公司［含保险集团（控股）公司］可在该约束条件等范围内，联合金融机构、私募地产基金、房企等发起设立以优质长租项目为标的的债权或股权投资计划。

模式三：保险资产管理机构发起设立资产支持计划

我国保险ABS产品（资产支持计划）经历了曲折发展，2015年保监会发布《资产支持计划业务管理暂行办法》，我国保险ABS业务迈入规范化管理阶段。因此，保险公司［含保险集团（控股）公司］可以联合金融机构、房企发起设立以长租项目为基础资产的资产支持计划挂牌交易。

模式四：发起设立保险私募基金

根据《保险资金投资股权管理办法》保险资金可以间接投资企业股权，即保险公司［含保险集团（控股）公司］投资股权投资管理机构发起设立的股权投资基金等相关金融产品，这为设立保险私募基金提供了可行路径。"银保监26号文"明确规定，采用保险私募基金方式的，拟投项目公司的核心资产为租赁住房项目，项目公司股权不得为第三方提供质押，并设置有效的退出机制。因此，保险公司［含保险集团（控股）公司］可以联合金融机构、房企发起设立打造专注长租公寓的私募地产基金，进而以基金名义进行长租公寓项目培育，专注长租项目的开发和运营，打造国内保险私募地产基金新名片。一方面，为我国公募REITs试点的到来储备优质长租公寓项目；另一方面，可以类REITs形式退出，打造保险资金运作闭环。

模式五：保险资金投资长租项目金融产品

《关于保险资金投资有关金融产品的通知》规定保险资金可以投资银行业金融机构信贷资产支持证券、信托公司集合资金信托计划、证券公司专项资产管理计划、保险资产管理公司基础设施投资计划、不动产投资计划和项目资产支持计划等金融产品。因此，保险公司［含保险集团（控股）公司］可以直接投资于以长租公寓项目为基础资产的相关金融理财产品，譬如投资我国长租类REITs的优先级或劣后级，如中信证券—阳光城长租公寓1号资产支持专项计划、中信证券—泰禾集团慕盛长租公寓1号资产支持

专项计划、中信证券—泰禾集团慕盛长租公寓1号资产支持专项计划等。

五、案例分析

2018年8月3日,由中再资本、南京江宁开发区、协鑫集团三方共同打造的"中再资本—协鑫长租公寓项目"在南京签约,是我国保险行业首单拟通过保险私募基金投资的长租住房项目。项目总投资额约80亿元,房源全部由项目公司长期自持并租赁,项目建成后可为南京市提供超过4000余套绿色智慧新居。

中再资本是中国再保险集团旗下的专业保险私募投资平台。本项目由中再资本全程自主管理并统筹项目资源,中再资本拟发起设立总规模200亿元的保险私募基金,全面布局长租住房市场,彰显中再资本"投资反哺保险主业、保险服务实体经济"的发展理念。对中再资本而言,"中再资本—协鑫长租公寓项目"将以江宁长租项目为突破口,最大限度地提升自身在长租公寓领域的专业能力和投资经验。

"中再资本—协鑫长租公寓项目"利用旧有工矿厂房用地打造长租公寓,是践行国家"房住不炒"和"租购并举"战略的有效途径,是社会资本参与住房租赁体系建设的有益探索,是推进我国保险资金运用业务创新的重要举措。该项目打通了我国保险资金发起设立私募基金参与长租市场的发展路径,是"银保监26号文"指导意见的重要落地,有助于为市场培育专业化的长租项目私募基金,促进长租市场健康发展,有助于打造保险资金在长租市场资本运作闭环,有助于促进保险资金的应用范围和使用效率。

六、启示和建议

(1) 风险管理视角

从风险管理角度来看,保险资金参与长租市场的模式应本着审慎稳健和安全性原则,综合考虑自身杠杆率、偿付能力、流动性等设立专属岗位,建立全程投后管理制度,以确保保险资金参与长租市场的项目、流程、渠道、投资产品、收益划拨以及资金退出渠道等方面合规。

(2) 加强资产证券化市场建设

从保险资金和长租市场开发建设、运营管理、资产证券化的资金期限匹配和防范投资风险角度来看,保险资金更适合参与长租市场资产证券化,特别是长租公寓类 REITs 模式。据 iFinD 统计,截至 2019 年 6 月 17 日,保险机构作为发行人/计划管理人参与的资产证券化产品发行规模共计 20 亿元,仅占我国资产证券化市场发行总规模的 0.03%。建议保险机构从资产证券化产品发起人、发行人、管理人等多角度参与到我国资产证券化市场中,特别是从优质长租项目切入,不仅能够促进长租市场发展,而且更有利于保险资金进一步提升其在我国资产证券化市场的参与度。

(3) 加快保险资金退出渠道建设

从我国房地产市场存量运营视角来看,保险资金参与长租市场有利于推进长租市场稳健发展,而公募 REITs 试点的推出则为保险资金参与长租市场提供了优质退出渠道,有助于加强保险机构参与长租市场动力,相关部门应积极推动公募 REITs 试点落地。

"僵尸企业"成因分析与对策建议

朱舜楠[①] 陈琛[②]

随着国内经济发展进入新常态,经济增速放缓、下行压力加大、行业环境恶化,企业的盈利能力下降、资产负债率大幅攀升,导致经营亏损、无力偿债的困境企业数量迅速增加,形成了一大批被称为"僵尸企业"的困境企业。

一、什么是"僵尸企业"

"僵尸企业"(Zombie firm)一词最早见于20世纪90年代初的日本,主要是指那些无法正常经营,应该破产或者离开市场,但由于获得放贷者的支持或政府资助而免予倒闭的企业(Hoshi,2006)。Ahearne 和 Shinada (2005)认为,僵尸企业是指陷入债务困境,并且极度无效率,连续多年呈负增长状态的企业。

关于"僵尸企业",目前学术界尚无统一的测量标准。Caballero 等 (2008)认为,僵尸企业的最根本特征是它们支付的债务利息过低,因此,对僵尸企业的判断可通过计算企业的利息缺口来加以实现。

$R_{i,t}$ 代表公司 i 第 t 年实际支付利息;

$R_{i,t}^*$ 代表公司 i 第 t 年按市场实际利率计算应支付的最低利息。

$$R_{i,t}^* = rs_{t-1}BS_{i,t-1} + \left(\frac{1}{5}\sum_{j=1}^{5}rl_{t-j}\right) \cdot BL_{i,t-1} + \min(rcb_{t-5},\cdots,rcb_{t-1}) \cdot Bonds_{i,t-1}$$

[①] 朱舜楠(1981.11—),女,汉,辽宁大连人,博士,清华大学创新发展研究院博士后,研究方向:企业战略管理研究。

[②] 陈琛(1987.8—),男,汉,湖北钟祥人,博士,中山大学与深圳市前海金融控股有限公司联合培养博士后,研究方向:私募股权投资基金流动性。

其中，rs_t 代表市场第 t 年的短期（一年以内）最低利率；rl_t 代表市场第 t 年的长期最低利率；rcb_t 代表市场第 t 年发行的可转换债券最低票面利率；$BS_{i,t}$ 代表公司 i 第 t 年底短期银行贷款额；$BL_{i,t}$ 代表公司 i 第 t 年底长期银行贷款额；$Bonds_{i,t}$ 代表公司 i 第 t 年底流通在外的债券（包括可转换债券、可分离债券等）。

$$x_{i,t} = \frac{R_{i,t} - R^*_{i,t}}{B_{i,t-1}}$$

其中，$B_{i,t-1} = BS_{i,t-1} + BL_{i,t-1} + Bonds_{i,t-1} + CP_{i,t-1}$

$x_{i,t}$ 代表利息率缺口，$CP_{i,t}$ 代表代表公司 i 第 t 年底商业票据额。

Caballero 等（2008）认为，当 $x_{i,t} < 0$ 时，企业为僵尸企业；当 $x_{i,t} > 0.5$ 时，企业为健康企业；而当 $x_{i,t} \in [0, 0.5]$ 时，企业处于模糊状态。对于处于模糊状态的企业，可以通过模糊聚类分析的方法判定其更倾向于哪一类的企业。

Caballero 等（2008）的方法是一种保守的评价，这种测量方法存在的主要问题是：第一，对模糊状态企业的判断没有一个明确的方法；第二，一些具有发展潜力的企业可能享受一定的政策优惠，使实际支付利率小于市场最低利率，采用这种方法会错判一些健康的企业；第三，对于新账补旧账的僵尸企业无法辨别；第四，这种方法不适用于利率单边下跌的情况。

Fukuda 和 Nakamura（2011）将 Caballero 等（2008）的方法进行了改进，一方面，通过引入"盈利标准"将误判的好的企业区别出来，他们认为，任何一个正常的企业，它的息税前营业利润，应该高于计算出的最低利息水平；另一方面，通过引入"持续信贷标准"找出漏网的"僵尸企业"，具体标准包括：①上一年的负债率超过50%；②当年的外部贷款有所增加；③当年的息税前利润低于计算出的最低利润。

按照我国官方所给予的定义和相关人士的解读，"僵尸企业"应该是指没有竞争力和盈利能力，低效占用资源，完全依靠政府"输血"和银行贷款存活，持续亏损三年以上且不符合结构性调整的企业。

"僵尸企业"是经济发展的"痛点"，它们占据了土地、资金、能源、劳动力等重要资源，却不能产生与之匹配的经济及社会效益。"僵尸企业"的大量存在，不只给企业的投资者、债权人带来极其不利的影响，而且导致宏观经济运行风险的增加，致使资源无法向收益更高的部门流动，进而阻碍经济的转型升级和产业结构的有效调整，还有可能触发严重的债务违约，使大量的到期债务无法清偿，严重影响整个国家的市场及金融生态环境，成为拖累经济发展和社会安定的巨大隐患。

二、"僵尸企业"形成的影响因素

美国和日本都曾出现过"僵尸企业"。20世纪30年代，美国经济大萧条，很多银行本应该倒闭，而美国政府采取宽容政策，让这些银行存活下来，成为"僵尸银行"。这些银行的高额负债，使银行老板产生了强大的投机心理，用很低的利率投放高额的贷款。这一行为扭曲了市场的激励机制，破坏了市场的秩序，拖累了原本经营健康的银行，从而引发了新一轮的银行倒闭潮。

20世纪90年代初期，日本经济泡沫破灭，企业盈利能力下降，债台高筑。很多缺乏竞争力的企业处于倒闭的边缘，日本政府同样采取了宽容的态度，对濒危企业进行救助，银行向其贷款，让这些企业存活下来。这些企业的存在降低了市场的效率，影响了资源的有效配置，使市场活力丧失，成为日本经济二十年停滞不前的重要原因之一。

Hoshi（2006）对日本"僵尸企业"所进行的研究发现：第一，利润率低的企业更容易成为"僵尸企业"；第二，"僵尸企业"更容易出现在非制造行业和小的城市；第三，资产负债率高的企业更容易成为"僵尸企业"；第四，企业规模越大，越容易得到政策的保护，增加了成为"僵尸企业"的可能性，但是当企业规模增加到一定程度，反而降低了成为"僵尸企业"的可能性。

我国的"僵尸企业"呈现出怎样一种情况？

（一）研究设计

在研究这个问题之前，本文首先确认什么样的企业是"僵尸企业"？本文以国家公布的"持续亏损三年以上的企业"作为测量标准研究我国的"僵尸企业"的情况。

本文将企业分为四类，分别为：正常企业、亏损一年的企业、亏损两年的企业、亏损三年的企业。采用Logit模型，对这四类企业的运营能力、负债偿还能力、企业规模、企业所属行业、企业性质等情况进行对比研究。

Logit模型是研究因变量Y取某个值的概率变量P与自变量X的依存关系。采用Logit模型，可以预测一个分类变量每一类发生的概率，因变量为分类变量，自变量可以为区间变量也可以为分类变量，通常情况下，Logit

模型对自变量的假定条件较少（宇传华，2007）。

令因变量 Y 有 J 个类别，令 j $(j = 1, 2, \cdots, J)$ 类的概率分布为 $\{\pi_1, \cdots \pi_j, \cdots, \pi_J\}$，并满足 $\sum_{j=1}^{J} \pi_j = 1$。基于这些概率，n 个独立观察对象分配到各自的类别中，观察对象在 J 个类别中的分布服从多项分布。若自变量记为 $x_k(k = 1, \cdots, p)$，α_j 与 β_{jk} 分别表示第 j 类的常数项与解释变量参数 k，多项分类 Logit 模型可表示为：

$$\ln(\frac{\pi_j}{\pi_J}) = \alpha_j + \beta_{j1}x_1 + \cdots + \beta_{jk}x_k + \cdots + \beta_{jp}x_p, j = 1, \cdots, J - 1 \quad (1)$$

以最后一类 J 为基线，每个反应类型 j 与基线类别 J 间建立回归模型。

本文采用基本模型如下：

$$\text{企业分类} = \alpha + \beta_1 \text{运营能力} + \beta_2 \text{负债偿债能力} + \beta_3 \text{企业规模} + \beta_4 \text{所属行业} + \beta_5 \text{性质} + \mu \quad (2)$$

关于企业分类，如果企业是正常企业，则为 1；如果企业亏损一年，则为 2；如果企业亏损两年，则为 3；如果企业亏损三年，则为 4。企业运营能力通过存货周转天数、应收账款周转天数、总资产周转率测量；企业负债偿债能力通过资产负债率、流动比率、经营性现金流/流动负债测量；企业规模通过企业的员工数测量。行业划分通过制造业与非制造业测定，0 为能源开采与制造业，1 为非能源开采与制造业。企业性质通过国有与非国有测量，0 为非国有企业，1 为国有企业。

（二）研究数据

本文选取了 2443 家上市企业 2012—2014 年的数据，作为本文的样本。资料来源于 CSMAR 数据库，总体样本的具体分布情况见表1，能源开采与制造业的样本分布情况见表2。

表1　总体研究样本的分布情况

企业亏损程度	数量	所占比例
正常企业	1663	68.1%
亏损一年的企业	309	12.6%
亏损两年的企业	201	8.2%
亏损三年的企业	270	11.1%
总计	2443	100%

资料来源：作者整理。

表 2　能源开采与制造业样本的分布情况

企业亏损程度	数量	所占比例
正常企业	1073	65.4%
亏损一年的企业	215	13.1%
亏损两年的企业	146	8.9%
亏损三年的企业	206	12.6%
总计	1640	100%

资料来源：作者整理。

自变量之间的相关关系如表 3 所示。从表 3 中可以看出，各自变量间存在共线性的可能性很小。

表 3　各变量相关系数矩阵（N = 2443）

	存货周转天数	应收账款周转天数	总资产周转率	资产负债率	流动比例	经营性现金流/流动负债	企业规模	行业
应收账款周转天数	0.006							
总资产周转率	-0.055**	-0.088**						
资产负债率	0.002	-0.016	0.056**					
流动比例	0.019	0.030	-0.117**	-0.116**				
经营性现金流/流动负债	-0.019	-0.017	-0.015	-0.050*	0.343**			
企业规模	-0.075**	-0.089**	0.211**	0.040	-0.229**	0.060**		
行业	0.049*	-0.012	-0.059**	0.029	-0.068**	-0.073**	-0.120**	
企业性质	-0.022	-0.065**	0.055**	0.051*	-0.148**	-0.020	0.258**	0.164**

注：* 显著水平 95%，** 显著水平 99%。
资料来源：作者整理。

（三）研究结果

Logit 模型的结果是与参照组的对比结果。本文以持续亏损三年的企业作为参照组，表 4、表 5、表 6 分别显示了正常企业、亏损一年的企业、亏损两年的企业与亏损三年的企业（即"僵尸企业"）的对比结果。

根据 Logit 模型的结果，可以总结出影响我国"僵尸企业"形成的主要因素如下：

（1）高负债对我国"僵尸企业"形成的影响显著。M_2 和 M_4 的结果显示，正常企业和亏损一年的企业与亏损三年的企业最显著的差异是，前两类企业的资产负债率明显低于亏损三年的企业。因此，债务负担过重是"僵尸企业"形成的主要原因之一，即负债水平越高，越容易成为僵尸企业。数据显示，我国企业一直处于高负债状态。截至 2012 年末，全国企业的债务总额即已达到 65 万亿元人民币，占全国 GDP 的 125%。国际上成熟经济体的负债比率，一般是其 GDP 的 50%~70%。与之相比较，我国企业的负债比率已高出一倍，为全球平均水平的 3~4 倍。近几年，我国企业的债务困境非但未能得到应有的缓解，而是日益加重。

（2）短期偿债能力对我国"僵尸企业"形成的影响显著。"经营性现金流/流动负债"是反映企业短期偿债能力的主要指标之一，M_2 和 M_4 的结果表明，短期偿债能力较弱的企业更容易成为"僵尸企业"。

（3）企业规模对我国"僵尸企业"形成的影响显著。$M_1 - M_4$ 的结果说明，正常企业和亏损一年的企业与"僵尸企业"相比，差异显著，系数分别为 0.361 和 0.163。这意味着对于规模小的企业而言，规模越大越不容易成为"僵尸企业"。而 M_3 的结果显示，(ln 企业规模)^2 的系数为 -0.051，且显著，即当企业的规模足够大时，企业的规模越大，越可能成为"僵尸企业"。这一结果与 Hoshi（2006）对日本企业的研究正好相反，说明我国的"僵尸企业"要么是小企业，要么是规模特别大的企业。小企业出现困境时，因为没有足够的资源供其转型，很可能成为"僵尸企业"，江浙地区的"老板跑路"事件也说明了小僵尸企业的存在。而特别大的企业，因为提供了庞大的就业岗位，同时对当地的经济和社会稳定起着重要的影响，即使已经严重亏损了，也能得到政府的补贴和银行的贷款，最终成为"僵尸企业"。

表 4　正常企业与亏损三年企业对比的结果

企业亏损程度	变量	M_1	M_2	M_3	M_4
正常企业	存货周转天数	-0.001(0.003)			0.003(0.004)
	应收账款周转天数	-0.003(0.003)			-0.004(0.003)
	总资产周转率	0.024(0.137)			0.206(0.147)
	资产负债率		-5.172**(0.405)		-5.268**(0.410)
	流动比率		-0.028(0.035)		-0.028(0.036)

续表

企业亏损程度	变量	M₁	M₂	M₃	M₄
正常企业	经营性现金流/流动负债		0.751**(0.176)		0.754**(0.178)
	ln 企业规模	0.361**(0.056)	0.553**(0.061)	1.130**(0.291)	0.544**(0.062)
	(ln 企业规模)^2			-0.051**(0.019)	
	行业	0.997**(0.166)	1.633**(0.183)	1.027**(0.166)	1.645**(0.186)
	企业性质	-1.239**(0.147)	-0.858**(0.156)	-1.203**(0.147)	-0.871**(0.157)

注：* 显著水平 95%，** 显著水平 99%。

资料来源：作者整理。

（4）我国"僵尸企业"呈现出显著的行业特征，并多集中于国有企业。M_1-M_4 的结果均显示，正常企业和亏损一年的企业与"僵尸企业"的比照系数显著，对结果的解读，我们得出，我国的"僵尸企业"主要集中在能源开采和制造业，且国有企业居多。

（5）亏损两年的企业与"僵尸企业"没有显著差异。表6的数据显示，亏损两年的企业与"僵尸企业"没有显著的差异，因此企业在亏损两年的时候，就应该积极开展调整举措，避免走入"僵尸"的境地。而政府对"僵尸企业"的治理不应仅限于持续亏损三年的企业，对于亏损两年的企业就应该积极干预。

表5 亏损一年企业与亏损三年企业对比的结果

企业亏损程度	变量	M₁	M₂	M₃	M₄
亏损一年的企业	存货周转天数	-0.005(0.004)			-0.006(0.008)
	应收账款周转天数	-0.017*(0.008)			-0.019*(0.008)
	总资产周转率	0.046(0.165)			0.155(0.169)
	资产负债率		-2.417**(0.462)		-2.521**(0.467)
	流动比率		-0.010(0.039)		-0.007(0.039)
	经营性现金流/流动负债		0.401(0.212)		0.338(0.211)
	ln 企业规模	0.163*(0.070)	0.233**(00.70)	0.786*(0.386)	0.205**(0.072)
	(ln 企业规模)^2			-0.041(0.025)	
	行业	0.606**(0.204)	0.920**(0.212)	0.668**(0.202)	0.898**(0.217)
	企业性质	-0.954**(0.185)	-0.694**(0.188)	-0.883(0.184)	-0.740**(0.189)

注：* 显著水平 95%，** 显著水平 99%。

资料来源：作者整理。

表6 亏损两年企业与亏损三年企业对比的结果

企业亏损程度	变量	M_1	M_2	M_3	M_4
亏损两年的企业	存货周转天数	0.002（0.003）			0.003（0.004）
	应收账款周转天数	-0.002（0.004）			-0.003（0.005）
	总资产周转率	0.233（0.159）			0.291（0.159）
	资产负债率		-0.795（0.417）		-0.911*（0.428）
	流动比率		0.024（0.036）		0.025（0.037）
	经营性现金流/流动负债		0.091（0.101）		0.096（0.103）
	ln 企业规模	0.054（0.076）	0.078（0.074）	0.081（0.361）	0.071（0.076）
	(ln 企业规模)^2			0.000（0.025）	
	行业	0.337（0.227）	0.409（0.231）	0.335（0.227）	0.428（0.235）
	企业性质	-0.481*（0.202）	-0.373（0.203）	-0.466*（0.203）	-0.381（0.204）

注：*显著水平95%，**显著水平99%。
资料来源：作者整理。

前面的研究显示，企业的运营能力对企业是否成为"僵尸企业"影响不显著，其主要原因可能是行业间的运营能力指标存在差异，例如有些行业平均存货周转天数偏高，即使正常企业的存货周转天数也高于其他行业的"僵尸企业"的存货周转天数。因此本文将能源开采和制造业企业作为样本单独研究。

表7 能源开采与制造业正常企业与亏损三年企业对比的结果

企业亏损程度	变量	M_1	M_2	M_3	M_4
正常企业	存货周转天数	-0.071**（0.023）			-0.046（0.028）
	应收账款周转天数	-0.003（0.008）			0.003（0.009）
	总资产周转率	0.083（0.189）			0.593*（0.237）
	资产负债率		-5.454**（0.537）		-6.334**（0.609）
	流动比例		0.012（0.079）		0.058（0.093）
	经营性现金流/流动负债		2.508**（0.403）		1.998**（0.359）
	ln 企业规模			1.046*（0.421）	0.609**（0.085）
	(ln 企业规模)^2			-0.044（0.027）	
	企业性质			-1.567**（0.175）	-1.119**（0.197）

注：*显著水平95%，**显著水平99%。
资料来源：作者整理。

对能源开采与制造业企业的研究结果如表7所示。M_5 的结果显示，正常企业与"僵尸企业"的存货周转天数比照系数为 -0.071，且显著。M_8

的结果显示，正常企业与"僵尸企业"的总资金周转天数比照系数为0.593，且显著。因此，对于能源开采与制造业行业的企业而言，运营能力的差异影响了企业成为"僵尸企业"的可能性。企业的存货周转天数越长，资金周转越慢，越可能成为僵尸企业，这也印证了产能过剩是此次"僵尸企业"形成的主要原因之一。

M_6 和 M_7 的结果表明，高负债的国有企业也是能源开采与制造业行业的"僵尸企业"的特征。

三、处理我国"僵尸企业"的对策和应注意的问题

上述分析表明，我国"僵尸企业"的主要特征是运营效率低、高负债、规模大的国有制造业企业。为此，对这些"僵尸企业"的处理需要分类进行。

（一）高负债的"僵尸企业"的处置建议

对陷入债务困境但仍有转机和重建价值的"僵尸企业"，可以考虑通过其债务重组、剥离不良业务等方式进行企业重组，以帮助企业改善其资产质量，从而恢复并增强其盈利及债务清偿能力，使企业从其困境中走出来。

这里所说的债务重组，是指在债务人无法清偿到期债务时，通过与债权人进行协商并自愿达成修改债务清偿条件的协议，以减轻债务人的债务负担，从而提高其偿债能力，以期最大限度地偿还其债务，并避免由于采取立即的求偿措施（如司法诉讼及执行程序）而导致债权的更大损失。

按照重组损失承担的主要对象划分，债务重组包括外部重组和内部重组两种基本类型。外部重组主要通过政府或专业公司等外部力量展开，而内部重组则主要依靠企业自身的力量进行。

我国于20世纪90年代设立的以收购、管理和处置目标银行不良贷款为经营目标的四大国有金融资产管理公司，其债务重组的主要方式是对所收购不良贷款形成的资产进行出售、租赁或者以其他形式转让和债权转股权，并对企业实行阶段性持股。四大国有金融资产管理公司的债务重组，在剥离目标银行的不良贷款、改善银行资产结构、提高银行不良资产处置回收率、避免银行介入企业经营的法律及技术障碍等方面发挥了重要作用。

我国目前债务重组的主要运作方式，可在借鉴并完善四大国有金融资产管理公司债务重组的经验和做法基础上，以新型国有资产经营与管理公

司作为债务重组的投资主体,先依据市场原则,商业化收购困境企业的不良资产,然后对所收购的不良资产进行分类,再通过不同的方式有效处置这些不良资产。如有些债务可通过法律手段进行追讨;有些债务可通过资产抵押进行变现处理或运用现金资本金对所收购的不良资产的抵债实物资产进行投资;有些债务则可通过债转股,将不良资产转变成企业的股权等。

在债务重组的实际操作过程中,应特别注意以下问题的有效解决:

(1) 债务重组的发起动力不足

国外的研究表明,债务重组的发生是因为银行追求最大化回收贷款,借款者期望最小化破产声誉成本(Dewatripont 和 Maskin,1990)。从理性的角度出发,商业银行宁愿接受债务重组条件,也不愿意接受廉价的清算资产价值(Hart 和 Moore,1990)。

在我国,商业银行是企业的最大债权人。但银行发起债务重组的积极性却并不高。一是银行出于自身原因,不愿意将不良贷款披露出来。由于国家对商业银行的不良贷款率进行严格考核,在这种情况下,一些银行因为担心已经形成的不良贷款被追责而加以隐瞒,不上报、不披露。二是不良资产的定价问题。从市场化的角度看,不良资产的价格一般是通过银行和金融资产管理公司协商确定,但因为缺少完善的定价体系,可能出现事后被认定是低价出售了银行的不良资产,而追究当事人责任。这也导致银行管理层对不良资产的处理采取保守的做法。

(2) 债务重组过程中信息不对称

在债务重组过程中,由于信息不对称产生的代理冲突,会延迟债务重组,导致股本和债务价值的下降(Shibata 和 Tian,2012)。

从我国情况看,信息不对称主要发生在国家和经理人之间。我国的国有企业、银行各有其独立的法人利益和财产,但最终的责任承担都归结在财产的终极所有者——国家身上。由于国有企业和银行主体的缺位,造成公司治理体系的严重缺陷,加上资本市场发育得极不充分,从而形成严重的内部人控制现象,导致外部债权人(国家)和企业内部人(经理)之间存在严重的信息不对称问题。虽然金融资产管理公司介入企业的债务重组,作为股东进入企业,但金融资产管理公司的大股东仍然是国家,企业的治理结构并未发生根本性的改变,信息不对称依然存在,从而导致债务重组后的无效经营。

(3) 如何选择债务重组的对象

债务重组的对象,是由银行确定还是由金融资产公司选择?从以往的案例看，往往是由政府主管部门指派。这种做法影响了市场制度和市场竞争的公平性。对债务重组的对象进行选择时，应该通过市场机制来加以实现，不仅要关注债务公司的偿债能力，更要关注其运营能力。好的运营能力能够为持续经营、创造价值提供保障（宋淑琴、臧紫薇，2014）。债务重组企业必须以其维持经营的价值大于清算价值为前提。

（4）债转股后，资产管理公司的股东权益难以充分体现，同时缺乏有效的退出机制

一是资产管理公司的股东身份与其股权性质、职能、权力定位不对称，新投资主体的权力无法充分体现。如资产管理公司对企业改组、管理、监督缺乏权威性，难以真正发挥重大决策和监督制衡的作用。二是我国资本市场和产权交易市场发展得极不成熟，资产管理公司缺乏有效和及时的退出渠道。

（二）运营效率低的"僵尸企业"的处置建议

对于运营效率低的"僵尸企业"，应采用破产重整或者破产清算的手段给予处置。企业的破产重整制度是以各方利害关系人协商通过或依法强制通过重整计划的方式进行债务调整和清理，同时进行股权结构、经营结构和资产结构的调整，以便使企业摆脱困境、恢复其持续经营能力和盈利能力，重获新生。

重整制度透过司法程序对企业的经济活动进行适度干预，有效调整、平衡企业债权人、股东以及其他利益相关方的利益关系，既使债权人得到公平清偿，同时又创造条件使债务人从困境中获得新生，使困境企业得以继续存续而免予因陷入破产清算而带来的社会震荡，以维护社会的稳定并实现整体社会利益的最大化。重整制度以拯救处于困境中的企业为目标，已被全球公认为是挽救困境企业最为全面、积极、有效的法律制度。国际上，美国通用汽车、日本航空等都是透过司法程序进行企业重整从而摆脱其困境、重新回到市场的成功案例。

我国于2007年6月1日起开始实施的《企业破产法》引入了国际上通行的企业重整制度，为通过司法程序使困境中的企业摆脱其困境、实现重生提供了一条有效的法律途径。《企业破产法》规定了3种破产程序，即清算、重整、（庭上）和解。清算是把债务人的所有资产变现后，按"绝对优先原则"偿还给权益要求人，然后企业退出市场。重整则是在企业获得破产保护后，从资产重组和调整债务合约两方面着手解决企业财务困境，从

而给企业重生的机会。和解其实质是法庭监督下的债务重组,债务人和债权人就债务问题达成新的协议。由于重整制度有着其他困境企业拯救机制所不具备的制度优势,因此自《企业破产法》实施以来,已有不少企业通过重整实现了重生。截至2014年末,全国已有43家上市公司、近300家中央及地方的大型企业通过重整获得了重生。无锡尚德、海鑫钢铁等即是国内透过司法程序实行企业重整的成功范例。

利用重整制度拯救困境企业的比较优势,突出地表现在以下几个方面:

(1) 为重整企业提供强有力的司法保护

法院受理困境企业的重整申请后,基于《破产法》的规定,企业在重整期间能够得到全面的法律保护,一是有效锁定企业的债务总额,为重整期间的债务重组奠定基础;二是避免企业财产(含担保财产)被个别债权人申请司法冻结及强制执行,确保企业资产的完整性;三是给予企业继续营业的机会,保障企业在重整期间的正常经营,使企业在面临严峻的债务危机和经营危机时得以喘息。

(2) 一揽子解决重整企业的全部债务问题

经法院依法批准的重整计划能够为彻底解决重整企业的债务问题提供强有力的制度保障。重整计划确定的债权调整(也就是债务重组)方案,对重整企业的所有债权人包括未参与重整程序但依法申报债权的债权人具有同样的约束力。当计划执行完毕后,按计划减免的债务,企业将不再承担清偿责任,使其债务负担得以在法律框架的保障下彻底摆脱,从而实现"一揽子"解决企业债务问题的目标。

(3) 能够最大限度地提高重整工作的效率

经法院裁定批准的重整计划,能够对全体债权人及债务人发生法律效力,无须通过对逐个债权人的谈判达成债务和解协议,而是对债权进行合理分类,将同一性质的债权依据同一标准、同一方案进行清偿,从而有效摆脱债权人、债务人之间的复杂博弈关系,使重整的工作量大为减少。之后,重整案件由法院依据《企业破产法》审理,程序性强,债权确认、资产评估、债务清偿、出资人权益调整、经营方案设计等均有明确的法律规定,相关工作依法进行,易于展开。再有,《企业破产法》对于重整程序的完成时间有着明确具体的法律规定,因而可避免程序上的拖延,确保在规定的时限之内完成重整程序。

(4) 可有效调整出资人权益,实现多样化的重整目标

重整制度的一大亮点是能够对出资人的权益进行调整,以实现多样化

的重整目标,包括重构公司的股权结构、对公司经营管理权的调整和拓宽企业偿债资金的筹集渠道等。

对于没有通过重整计划的企业,说明债权人和投资人对企业未来的发展不认可,这类企业应严格按照清算的程序,使其退出市场,实现市场出清。2008年后,我国企业产能已明显过剩、入不敷出的大型亏损企业数目不断增加,然而实际依法破产清算的企业数目增长速度却远低于大型巨亏企业的增长速度。各级政府利用自己手中所掌握的巨量资金和银行贷款对大型亏损企业实施疏解、改造,培植了不少该死没死的"僵尸企业",其教训是极其深刻的。美国经济学家莫顿·米勒称,日本"失去的十年",就是救助"僵尸企业"的结果。他认为,"允许破产清算,就是鼓励发展",日本当初就不应该救助那些僵而不死的企业。

通过破产重整和破产清算的方式处理"僵尸企业"的问题,应该存在以下几点问题:

(1) 企业重整动力缺乏

我国符合重整条件的企业不在少数。但真正提出重整申请,进入重整司法程序的企业特别是国有企业却极为罕见。主要原因是企业缺少提出重整的动力。美国的企业重整制度比较独特,它对债务人比较宽容,只要管理层没有渎职或者欺诈行为,即可以留下来参与或主导重整程序。而我国企业重整的管理人则是以社会中介结构为主。这一模式存在两个突出的缺陷:一是削弱了企业申请重整的积极性;二是重整管理人存在不熟悉重整企业的实际情况等问题。此外,我国企业重整过程的控制权实际上是掌握在政府手中的,政府各职能部门因为不熟悉《企业破产法》,所以对管理人的角色定位并不清楚,加上地方政府对企业重整可能引发出的一些社会问题的担心,往往极不愿意企业进入破产重整程序,所有这些也都是我国企业重整乏力的重要原因。

(2) 法院资源不足

我国每年被工商行政部门吊销执照的企业多达数十万家,而自2007年《企业破产法》正式实施以来,全国企业进入3种破产程序即清算、重整、(庭上)和解的案件合计,最多的一年也仅为4000件,并呈逐年下降趋势,到2013年只有2000件左右。为什么会出现这种现象?一方面,包括重整在内的企业破产程序的实施,是一个复杂的过程,从申请受理到方案的制订、评定与执行,有大量的工作需要完成,需要有相应的人力人才资源配置。但另一方面,各级法院对主审破产案件法官的配备不足,培养乏力,却是一个突出问题,现有法官中不少都没有审理破产案件的经验。在这种情形下,法院的案多人少矛盾极其突出,很难派出更多的人来审理包括重整在内的企业破产案件,以满足不断增加的企业重整之需要。

(3) 重整计划的评定

重整计划的制订过程,是利益相关各方进行博弈的过程。重整计划只有获得利益相关各方的通过,才能由法院批准或确认,并最终执行。对于国家救助企业的重整计划,由谁来评估更为合理?美国救助通用汽车时,成立了专门的专家委员会讨论通用汽车的重整计划,而我国目前却没有类似的机构。

(4) 对于清算的企业,下岗失业人员安置难

企业进入和终结破产清算程序后的一个重要结果是导致企业职工的大量下岗失业。我国目前产能过剩、亏损严重、已无活力又乏前景而需退出市场的企业,大多又都是一些容纳了巨量人员的企业。目前,我国社保体系发育尚不充分,社会对人员失业的负担能力极为有限的情况下,如何妥善安置下岗失业人员的生活与再就业,成为一大难题。如果不能妥善安置企业破产清算所造成的下岗失业人员的生活和再就业,势必造成对社会的巨大冲击,引发严重的经济社会风险。

四、政策建议

针对我国"僵尸企业"的现状,结合分类处理"僵尸企业"的策略,国家应从完善法律法规、推动债务重组、安置失业人员、解决过剩产能等方面入手,制定相应的政策,加快处置"僵尸企业"的步伐。

(一) 制定《企业破产法》实施细则,促进困境企业的稳妥破产重整与清算退出

《企业破产法》实施后,由于缺乏有效的实施细则和某些相关部门对《企业破产法》的认识不足,致使企业破产过程中存在相关部门间互不协调与配套行动的情况,有些甚至按《企业破产法》处理的事项与其他部门的规定形成冲突。使本该进行破产重整或清算的一些企业难以进入破产程序。制定《企业破产法》实施细则,形成规范、快捷的市场破产淘汰退出机制,并将其可能出现的风险降到最低,可以为困境企业破产重整与清算退出提供有利的条件和完善的法律手段保障,从而促进部分困境企业的稳妥重整

和清算退出。

（二）通过资产管理公司，推动"僵尸企业"债务的重新组合

困境企业的债务重组需要建立与之相适应的组织来加以推进和运作，以提高困境企业债务重整的优化水准，防止可能发生的市场风险外溢。资产管理公司作为企业债务重组的操作平台，需要在财产所有、设立条件、投资等方面显示其特有性，但作为一个独立的企业法人，其法人治理结构、产权管理、经营方式等却又与一般企业无异，需要建有完善、有效的法人治理结构，产权清晰，经营方式企业化、市场化。

（三）妥善安置失业员工，完善社会保障机制

困境企业的重整与破产清算，会不可避免地造成部分员工的下岗失业。为维护社会稳定，各级政府应建立社会托底政策，加大资金投入，通过一些特殊政策安排，实现企业人员的劳动、医疗保障与社会系统的有效对接，妥善安置破产重整与清算退出企业的下岗失业人员，解决好下岗失业人员的再就业及生活保障。一是为破产重整与清算退出企业的下岗失业员工提供转岗技能培训和再就业的机会，给予下岗职工以必要的创业支持，使失业人员能够顺利再就业；二是对丧失劳动能力的下岗失业员工实施养老、医疗等方面的社会救助，处理好员工普遍关注的失业保险、医疗保险、基本养老保险等问题，确保下岗职工的基本生活保障，实现困境企业重整和破产清算退出的"软着陆"和"无震荡"的破产重整与清算退出目标。

（四）从供给侧着手重启经济改革进程，激活困境企业的重生发展之路

通过"放松供给约束，解除供给抑制"，重视熊彼特增长，让新的供给创造新的需求，借以恢复"供给自动创造需求"的理想经济运行机制，为产能过剩的困境企业重启发展之路创造其所需要的市场条件。

第一，减少垄断。降低限入领域企业进入的门槛，改进资源和基础服务的价格形成机制，有效控制基础设施和基础服务的成本及盈利水平，积极推进金融领域的配套改革与创新，促进各经济活动主体间的自由竞争。

第二，鼓励创业。制定有助于鼓励和推进国民创业的相关政策，包括创业资助政策、企业发展政策、企业转让与转移政策、企业治理与经营政策、人才培养与流动政策等。

第三，结构创新。充分发挥政府和市场、国有经济和非国有经济、城镇和乡村各自应有的作用与优势，促进二者的良性互动，实现二者间的互补推进、协调发展，摒弃两者间非此即彼、截然互斥的传统思维。

参考文献

[1] 宇传华. SPSS 与统计分析 [M]. 北京：电子工业出版社，2007.

[2] 冼国明，刘晓鹏. 财务困境企业债务重组的博弈分析 [J]. 中国工业经济，2003（10）：89–96.

[3] 宋淑琴，臧紫薇. 财务状况、债务重组与公司绩效 [J]. 财经问题研究，2014（11）：79–86.

[4] 宇传华. SPSS 与统计分析 [M]. 北京：电子工业出版社，2007.

[5] 冼国明，刘晓鹏. 财务困境企业债务重组的博弈分析 [J]. 中国工业经济，2003（10）：89–96.

[6] 宋淑琴，臧紫薇. 财务状况、债务重组与公司绩效 [J]. 财经问题研究，2014（11）：79–86.

[7] Hoshi T. Economics of the living dead, The Japanese Economic Review [J]. 2006（11）：30–49.

[8] Ahearne A. G. Shinada N. Zombie firms and economic stagnation in Japan, International Economics & Economic Policy [J]. 2005（2）：363–381.

[9] Caballero R. J. Hoshi T. Kashyap A. K. Zombie lending and depressed restricting in Japan, The American Economic Review [J]. 2008（5）：1943–1977.

[10] Fukuda S. I. Nakamura J. I. Why did "Zombie" firms recover in Japan, World Economy [J]. 2011（7）：1124–1137.

中美共享经济协作金融平台价值通路比较研究

张 宁[①]

一、引言

在过去几年,共享经济的商业模式在全球范围迅速崛起,以超乎想象的速度影响和改变着人们的生活方式、商业运行机制、组织管理模式,也给传统经济领域带来了巨大影响和冲击。共享经济模式从兴起到在全世界范围内极速扩张也让"新经济"焕发出新的内涵。李克强总理在2015年夏季达沃斯论坛上充分肯定了共享经济在拉动经济增长方面的积极作用,鼓励更多人参与共享经济。从协作金融平台在我国的发展态势看,正面影响与负面影响兼具,一方面,协作金融平台释放了大众的投资需求,满足了个人及中小企业的融资需求,弥补了传统金融机构的不足;另一方面,行业乱象丛生,机构良莠不齐,平台风险高发。

研究选取了在中美协作金融领域非常具有代表性的4家平台,其中Lending Club和宜人贷是两家P2P金融对标平台,先后均在纽交所上市;Kickstarter和京东众筹是两家众筹对标平台,基于不同的发展初衷和轨迹在相关领域均取得行业优势地位。

二、研究方法

作为新兴的经济形态,共享经济领域各平台价值通路信息及相关数据披露情况参差不齐,且各价值环节不同程度地涉及商业秘密,同一截面数据资料获取存在很大挑战。因此,研究以定性方法为主,将价值通路模型与扎根方法和质性分析工具结合,突破了多平台对比分析中横断面文献与

[①] 张宁,中山大学与深圳市前海金融控股有限公司联合培养博士后,研究方向:公司治理。

数据收集的局限。

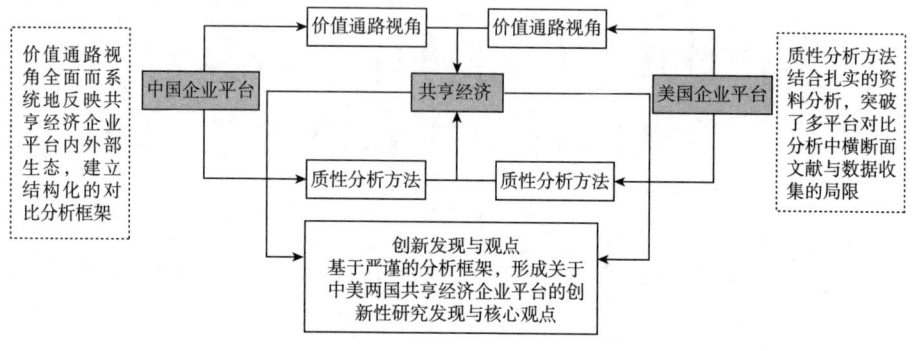

图 1　基本研究思路

三、文献综述

杰里米·里夫金（2014）在其著作《零边际成本社会》中做出对未来世界的三大预测，其中之一便是："协同共享经济将颠覆世界上许多大公司的运作模式。"① Anna Felländer 等（2015）指出，共享经济是在全球化背景下，以数字化为驱动力，包括个人与个人关于有形或无形冗余资源、信息的交换，这种基于平台的资源交换能够为用户节约交易成本。腾讯研究院在 2016 年给出非常直观的诠释，将共享经济定义为在社会化平台与他人分享闲置资源获得收入的经济现象。②本文认为，共享经济是围绕闲置资源流动与分享而形成的，以用户为中心、平台为中介、技术为驱动的经济形态。研究采用 Stokes 等（2014）针对"共享经济"所进行的模式分类，将共享经济划分为："协作消费""协作生产""协作学习""协作金融"四种子模式。③着重对共享经济协作金融领域进行研究。

四、研究逻辑与案例选取

（一）研究逻辑

共享经济最基础的价值通路逻辑，即通过共享平台对闲置资源的供给

---

①　[美]杰里米·里夫金. 零边际成本社会. 赛迪研究院专家组（译）, 中信出版社（2014）.
②　马化腾, 等. 分享经济：供给侧改革的新经济方案. 中信出版社（2016）.
③　Stokes K. et al., Making Sense of the UK Collaboration Economy, Nesta and Collaborative Lab's Report, 2014.

和需求进行匹配,达到资源有效利用。共享平台建立之始就必定要考虑为客户带来什么样的价值?帮客户解决什么问题?因为核心业务的构建需要围绕这两个问题展开,进而依次积累必要的核心资源和核心能力,也围绕着核心业务建立外部合作关系。在共享平台连接供给方和需求方的路径中,既需要通过渠道影响并获取用户,也需要针对现有用户进行策略化的维护管理。

研究将共享平台的基础商业逻辑要素与 Osterwalder BM^{2}L 商业模型剔除成本结构要素后进行对照,同时将各要素纳入价值通路内部维度,具体见表1。

表1 共享经济企业平台商业要素基本结构对照

共享经济基础商业逻辑 深层剖析图	BM^{2}L 商业模式 基本结构	价值维度
定位与价值诉求	价值主张	价值主张
核心业务	关键业务	价值创造
核心资源、核心能力	核心资源	
外部合作	重要伙伴	
供给方、需求方	客户(用户)群体	价值传递
用户获取	渠道通路	
用户维护管理	客户(用户)关系	
业务收入	收入来源	价值获取

资料来源:Osterwalder(2004),个人根据文献整理。

通过比较,发现 Osterwalder BM^{2}L 商业模型在价值通路框架下对共享经济平台价值通路内部各要素具有非常好的解释力。因此研究将共享经济平台价值通路建构在 Osterwalder BM^{2}L 模型基础上,形成价值主张、价值创造、价值传递和价值获取四个通路环节,具体见图2:

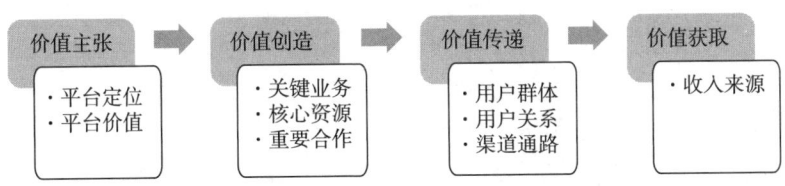

图2 通路框架下的 Osterwalder BM^{2}L 商业模型要素

(资料来源:Osterwalder(2004),作者根据文献整理)

(二）案例选取

美国是全球共享经济的暴风眼，共享经济商业模式多发端于美国。近年来，共享经济在中国发展迅猛，诞生了大量新兴经济体。本文选取了4家中美两国在共享经济协作金融领域内具有代表性的公司，见表2：

表2 研究选取的中美两国代表性共享经济企业平台基本信息

共享模式	分享类别	平台名称	所属国家	创立年份	平台特点
协作金融	P2P 网贷	Lending Club	美国	2006	全球最大的 P2P 公司，全球 P2P 龙头公司
	P2P 网贷	宜人贷	中国	2012	中国最大的 P2P 公司，国内金融科技行业赴海外上市第一股
	众筹平台	Kickstarter	美国	2009	全球最著名的创新项目众筹平台
	众筹平台	京东众筹	中国	2014	中国国内影响力最广的众筹平台

资料来源：作者根据文献资料整理。

五、协作金融平台价值通路研究

研究针对具体共享经济平台，进行了广泛的资料收集，在对资料进行初始编码的过程中，采用 MAXQDA 质性分析软件进行系统性编码和标记，随后对初始编码进行概念化分析归类。在获取了各案例的初始编码和概念后，研究将按照扎根分析的思路进一步将概念范畴化，形成相应的概念聚集范畴，在此基础上进行主轴编码（主范畴）和选择性编码（核心范畴）归类。具体流程见图3：

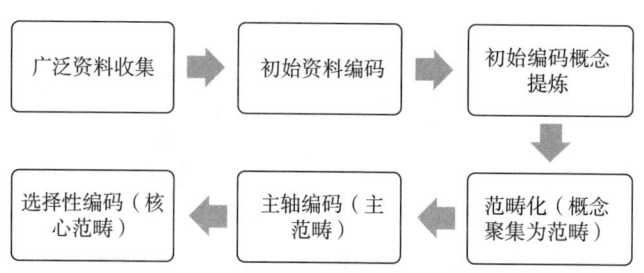

图3 质性研究分析过程示意图

（资料来源：本文作者整理）

扎根理论认为,知识是通过积累形成的,是从事实到理论不断推演的过程,需要一定的理论中介与支持,防止从资料到理论之间过大的跳跃性所导致的漏洞产生。在本文中,我们探讨过的 BM^{2}L 商业模式和相应的价值通路环节是研究中重要的理论中介,是我们确定主范畴和核心范畴的重要依据。因此,整个扎根分析是从原始资料、初始编码、概念化、范畴化,到根据理论中介进行主轴编码(主范畴)和选择性编码(核心范畴)的研究过程。

在针对 4 家案例平台初始编码范畴化的过程中,为便于后续平台间及国家间的横向对比分析与研究,并全面反映价值通路框架下各商业要素的面貌,根据资料及编码情况反复修订范畴化结构,最终将概念化编码聚焦于 25 个范畴。具体结构及范畴解释见表 3:

表3 共享经济企业平台扎根分析范畴结构层次表

核心范畴	主范畴	范畴	范畴解释
价值主张	价值主张	平台定位	平台对其业务属性、市场领域及用户服务方式的界定
		平台价值	平台对供给端、需求端以及社会的价值或贡献
价值创造	关键业务	产品策略	平台为用户提供的主要服务产品或实体产品的方法论与原则;平台本身作为产品,在进行建构过程中的思想或策略
		运营策略	平台在获取供需两端资源、维持平台运作、服务用户、市场推广方面的策略
		发展策略	平台过去、现在、未来的发展方向、方略与原则
		业务模式	平台如何服务供给端与需求端,推动资源共享,并获取收益
		产品结构	平台为用户提供的主要服务产品或实体产品种类和结构
		存在问题	在关键业务层面所存在的问题与挑战
	核心资源	创始人/平台背景及资源	平台创始人或平台本身在成立阶段所具有的有利于平台发展的背景和资源
		内容资源	平台为用户所呈现的主要内容
		用户资源	平台的海量用户
		数据资源	平台运行所产生的数据以及从外部获取的数据
		人力资源	平台在人力资源方面的优势
		渠道资源	平台在渠道资源方面的优势
	重要合作	合作伙伴	平台所开展的重要合作及其通过合作获取的资源和能力

续表

核心范畴	主范畴	范畴	范畴解释
价值传递	用户群体	用户特征	平台供需两端用户所具备的基本特征
		用户分布	平台供需两端用户的地域分布情况
		用户数量	平台供需两端用户的数量情况
		用户分类	平台供需两端用户的身份特征
	用户关系	用户—用户关系	平台供给端用户之间、需求端用户之间、供需两端用户之间的关系建立方式及影响
		用户—平台关系	平台供给端用户与平台之间、需求端用户与平台之间的关系建立方式及影响
	渠道通路	线上渠道	基于互联网而获取用户、服务用户的渠道
		线下渠道	在互联网之外获取用户、服务用户的渠道
价值获取	收入来源	融资收入	从资本市场获取的投资性收入
		业务收入	通过帮助供需两端用户完成交易行为而获取的收入;为广告商提供广告业务获取的收入

资料来源:作者根据资料整理。

研究选取了四家协作金融案例平台,分别是 Lending Club、宜人贷、Kickstarter、京东众筹,各平台文献、编码、概念提取情况见表4:

表4 中美协作金融平台文献、编码、概念提取情况汇总表

编码 平台	文献数量	初始编码总数	概念提取总数	价值主张		价值创造		价值传递		价值获取	
				初始编码	概念提取	初始编码	概念提取	初始编码	概念提取	初始编码	概念提取
Lending Club	98	322	216	17	16	235	158	37	26	33	16
宜人贷	75	187	136	13	8	128	97	32	28	14	3
Kickstarter	89	244	157	34	26	167	110	36	17	7	4
京东众筹	72	181	110	28	13	119	78	24	17	10	2

注:由于文章篇幅有限,各平台价值通路扎根编码未进行具体呈现,依据编码展开相应的价值通路环节分析。

资料来源:作者根据文献编码情况整理。

(一) Lending Club 企业平台价值通路分析

Lending Club 成立于 2006 年，伴随着传统金融机构服务的固有局限与消费信贷的繁荣，平台获得了良好的发展土壤，目前已成为全球最大在线信用市场。2014 年 12 月 12 日，Lending Club 开始在纽交所挂牌交易。

1. 内嵌于价值通路的价值主张

根据研究获取的编码及核心概念，Lending Club 定位于服务借贷双方的信息中介平台，一端汇集借款人的融资需求，另一端汇集贷款人的投资需求，通过平台交易匹配系统撮合供需。快速、简单、有效地为融资者提供更优惠的借款利率，为投资者提供更丰厚的投资收益，是平台最核心的价值需求。

2. 内嵌于价值通路的价值创造

(1) 价值创造——关键业务

表 5　Lending Club 价值创造——关键业务解析

范畴	分析维度	核心思想
产品策略	信息中介 服务借贷双方	服务借贷双方，为资金供需两端提供所需要的产品和价值：有吸引力的贷款利率和投资利率、良好的用户体验 紧扣信息中介的平台定位，设置独立的资金托管账户、保障信息对称、不承担投资风险、不吸纳存款、完全依赖金融市场
	依托技术系统 完全线上服务	利用数据和网络工具，采用自动化技术系统，完全线上服务，无线下分支机构，在降低成本的同时提升效率 通过信用评级及利率计算系统为产品定价
	多元化贷款产品	产品延伸，满足多样化的借款需求（医疗服务贷、家庭教育贷、汽车消费贷），提供个性化贷款组合 设置合格借款人门槛
	分散化投资产品	提供个性化、分散化投资产品，同时设立投资凭证转让平台 设置合格投资人门槛，由投资人承担投资风险
运营策略	运营技术导向	依靠技术手段运营平台，保持较传统金融机构更低的经营成本，为客户提供更有吸引力的利率
	风控体系严密	完整的风控体系，贯穿产品研发、用户评价、信息披露、平台管理的各个环节
	关注用户需求	关注用户服务和体验，快速有效地响应用户需求

续表

范畴	分析维度	核心思想
发展策略	受环境影响显著	环境机会：传统金融机构所固有的局限导致个人和小企业的投融资需求无法得到有效满足，同时社区银行没落，消费信贷繁荣，为平台的诞生和发展营造了良好的土壤 环境威胁：网贷行业风险高发，经济周期下行，行业监管更加严格，导致平台发展受阻，业务量下降
	上升期 上市+扩张	通过上市增信，品牌建设同时提升信誉 大举拓展业务，扩展市场的同时积极进行多元化探索实践 不断引入资产，业务模式决定面临流动性饥渴，需将业务向机构投资者倾斜
	下行期 增信+节流	上市后由于内外部原因导致平台发展下行，业务量下跌，大面积裁员 多种手段重建投资人信心，同时放缓国际化脚步 为市场贷款制定规范的操作标准，增强借贷双方的信心
业务模式	资金供给端 （B/P）	资金供给端：个人投资者和机构投资者 机构是主要的资金来源
	资金需求端 （P/B）	资金需求端：个人借款者和中小企业借款者 个人是主要的资金需求方
	平台层面	科技+金融 完全在线交易，通过技术和运营模式压低成本 依靠技术在线匹配，进行信用评级及利率计算 个性化分散投资方法
	交易结构	借款人（降低融资成本）—LC（收取交易费，不承担风险）—贷款人（获得更高收益）（Lending Club，LC） 合格借款人发布借款申请—通过审核后合作银行发放贷款—银行出售债权（无追索权本票）给LC—LC出售债权（等额本息还款票据形式）给投资者
	盈利点	借款者：收取交易费、分期还款服务费等费用 投资者：服务费、管理费、催款费等费用

续表

范畴	分析维度	核心思想
产品结构	多元化融资产品	个人贷款（联合贷款、信用卡偿还、家庭改善、泳池贷款）、商业贷款、汽车再融资、医疗贷款 标准贷款（核心期限贷款产品）+定制贷款（小微企业贷、助学医疗贷、达不到标准贷要求的消费贷） 获得贷款手续费
	差异化投资产品	个人投资+机构投资 差异化债权券：个人投资者获得的权益凭证是票据，机构投资者获得的权益凭证是信托凭证（具有风险隔离作用） 获得投资管理费
存在问题	借款人质量问题	借款者大多是次级中的次级，债务违约风险较高
	重大内控缺陷	虽然宣称信息透明、风控严密，但2016年信用丑闻则暴露出重大内控缺陷

资料来源：作者根据文献编码情况分析整理。

（2）价值创造——核心资源

表6　Lending Club 价值创造——核心资源解析

范畴	分析维度	核心思想
创始人背景及资源	前期积累奠基础	创始人有科技公司创业经历、商业及法律教育和从业背景，为其创办科技金融平台奠定坚实基础
	创始人被辞职	因陷入违规贷款丑闻被迫辞职后创办新网贷平台Upgrade，A轮已获6000万美元融资，对LC构成新的竞争
用户资源	海量供需用户	借款端和投资端聚集着海量个人用户，个人用户是主要的资金需求方，为平台提供源源不断的收入来源
人力资源	强大的高管团队	强大的董事会及高管团队为公司发展导入多种支持与资源，新任CEO为公司原首席营销官和首席运营官
	技术+金融团队	公司团队极速扩张，早期以技术团队为主，逐渐引入金融服务人才（技术基因+金融基因）
数据资源	平台交易数据	海量的交易数据、用户行为数据、用户特征数据为平台完善风控体系和运营管理提供重要依据

资料来源：作者根据文献编码情况分析整理。

(3) 价值创造——重要合作

表7 Lending Club 价值创造——重要合作解析

范畴	分析维度	核心思想
重要合作	支持业务	通过 WebBank、Cross River Bank 向借款人发放贷款,平台向合作银行回购债权
	获取资源	客户资源:通过与 Facebook、谷歌、阿里巴巴、SCORE 等组织合作获取客户资源 渠道资源:通过与社区银行合作,免费建立线下分支网络,发放个人贷款;与生态合作伙伴打通平台金融服务通道 资产/资金:通过机构投资者(银行、专门基金、资产管理机构、退休基金)获取资产或资金
	强化能力	同金融科技公司合作外包尖端技术

资料来源:作者根据文献编码情况分析整理。

3. 内嵌于价值通路的价值传递

(1) 价值传递——用户群体

平台主要有借款者和投资者两类用户群体。借款者中有个人用户和企业用户,个人用户以男性用户为主,且具有良好的教育背景,企业用户则以中小企业为主。投资者当中有个人投资者和机构投资者。根据平台所公布的数据,2016 年 44.69% 的个人借款者将借款用于债务再融资,这其中有 14.96% 是用于偿还信用卡。无论是个人客户还是小企业客户,都是由于各种原因在其他渠道很难获得融资而选择 Lending Club,因此在一定程度上,这些在宽松借贷环境下依然信用不足的人实际上是借款当中"次级中的次级"。在投资方,个人投资者推动平台起步与成长,但由于其提供的资金非常有限且不稳定,包括银行,专门基金,资产管理机构和退休基金在内机构投资者就成为平台发展的重要推动力量。

(2) 价值传递——用户关系

用户—用户关系方面,虽然对平台而言其用户与用户之间属弱关系,但相互之间的口碑影响非常大,尤其是针对负面影响的扩散。用户—平台关系方面,从平台方面看,平台为供需两端用户撮合资金需求,提供投融资服务,因此有吸引力的投资及借款利率、安全可靠的交易服务是平台维系用户关系的重要方向。选择平台最主要的因素是认可与信任，其次是需求的满足程度，因而，平台需从多方面入手树立可靠的品牌形象。

(3) 价值传递——渠道通路

Lending Club 是完全线上运营，获客和服务渠道则主要以线上渠道为主，包括平台官网、APP、搜索引擎、社交媒体、建立导流合作关系的其他线上平台。线下渠道则以合作金融机构为主，具有代表性的即是社区银行。这些金融机构通过 Lending Club 向个人客户发放贷款，正如平台所倡导的价值之一，与银行一起改变银行业，Lending Club 提升传统金融机构的信贷效率及用户服务能力。

4. 内嵌于价值通路的价值获取

由于 Lending Club 是上市公司，研究能够获得平台较为完整的财务信息。平台主要的收入分融资收入和业务收入两部分，其中，融资方面，平台自 2006 年成立至 2014 年，每年均有大额融资的收入（除 2008 年），从天使轮到 G 轮融资总额超过 6 亿美元。业务收入以来自借款者的交易费和来自投资者的服务费为主，还有诸如分期还款服务费、催款费、管理费等其他费用收入。

(二) 宜人贷企业平台价值通路分析

宜人贷是由宜信公司在 2012 年推出的在线金融服务平台，于 2015 年 12 月在美国纽交所上市，成为国内金融科技行业赴海外上市第一股。

1. 内嵌于价值通路的价值主张

宜人贷定位于借贷服务平台、在线金融科技服务平台，这两个定位一个直指目前平台的核心业务，另一个揭示平台的发展方向，都是目前宜人贷对外公布的价值定位。平台通过线上服务有效连接资金供需双方的需求，满足借款者的资金需求，为投资者提供良好的投资体验，便捷高效地实现双方的价值。

2. 内嵌于价值通路的价值创造

(1) 价值创造——关键业务

表8 宜人贷价值创造——关键业务解析

范畴	分析维度	核心思想
产品策略	完全线上服务	用户完全线上操作,平台在线上管理运营并向用户提供服务,前瞻性的全球首拓移动端服务渠道
	专注信用借款	利用大数据及技术系统获取授信依据,细分用户,并依据信用等级为借款定价
	科技驱动升级	依靠技术推动平台开发、金融产品设计、风险管理及运营服务向行业合作伙伴输出金融技术产品
	多元化贷款产品	以公积金、工资流水、信用卡、寿险保单为基础开发满足不同群体的贷款产品
运营策略	轻资产管理	完全线上服务,固定资产比重及增长率非常低,从而增强灵活性及核心能力,降低风险成本
	内外协同建立领先风控系统	内部:利用领先技术与经验、数据积累建立模型与风控体系 外部:通过合作获取征信数据,同时开辟资金托管通道
	服务用户优化体验	以用户为中心,深入了解市场和用户,通过线上与线下结合的方式服务用户,满足用户需求 持续优化体验,建立信任,开设质保服务专款账户用于偿还借款人逾期债务,保证债权人利益
发展策略	多元化金融科技平台	深耕中国市场,多元化战略布局,个性化产品服务 面向城市白领人群推出宜人贷,提供资金出借服务 面向大众富裕人群推出在线财富管理平台——宜人财富,提供网贷信息服务、基金、保险等多种资产类别 服务行业,金融科技能力共享平台YEP,输出数据、风控、精准获客能力
	移动端布局	2013年推出全球首款在手机上完成信用借款全流程操作的宜人贷借款APP
	上市增信	2015年纽交所上市,意在强化品牌获得认可,赢得用户信任
	数据+技术双轮驱动	注重数据分析能力和运营能力建设,基于数据进行决策和风控;通过技术驱动平台建设与行业发展

续表

范畴	分析维度	核心思想
业务模式	资金供给方（B/P）	资金供给端——机构、个人，其中机构为主要资金来源 理财业务，用户可根据投资需要分散投资 投资者在线浏览投资项目（精英标＋宜定盈）——在线选择并投标
	资金需求方（P）	资金需求端——借款人以个人为主 借款业务，针对不同用户开辟多种模式场景 借款人提交借款需求—平台审核发布—平台放款
	平台层面	依靠技术驱动产品建设与风控升级 撮合资金需求，提供投资和借款服务 数据和金融能力输出
	盈利点	借款者：借款手续费——基于数据进行信用评级，为风险定价 投资者：投资服务费－个人投资者＋机构投资者 针对机构投资者发布借款基础资产投资专项计划
产品结构	借款业务	公积金模式、精英模式、极速模式、寿险模式
	理财业务	精英标（白领出借咨询服务）、出借服务（宜定盈）、转让债权
	软件产品	输出金融数据能力、反欺诈智能和线上客户获取服务能力，服务金融科技企业
存在问题	坏账率持续攀升	坏账率持续增长将带来巨大隐患，平台也需预备更多风险准备金覆盖增加的坏账，直接损害盈利水平
	风险定价体系有待完善	根据信用级别进行的四类借用户坏账率并未呈现应有的阶梯分布，据2016年第一季度和第二季度披露数据，最高信用级别借款者坏账率高于最低信用级别借款者
	贷款集中在低信用级别的借款人	据2016年第一季度和第二季度财报显示，信用级别最低的借款人占比87.8%，存在较大风险隐患

资料来源：作者根据文献编码情况分析整理。

（2）价值创造——核心资源

表9　人人贷价值创造——核心资源解析

范畴	分析维度	核心思想
平台背景及资源	创始人背景	创始人唐宁在金融行业积累深厚 2006年在北京创办中国第一家P2P金融公司宜信
	宜信背景与支持	依托宜信成立，有得天独厚的资源和能力支持，从宜信获得客户资源、大数据资源、风控经验、线下网络、流量导入

续表

范畴	分析维度	核心思想
用户资源	供需用户资源	借款端和投资端聚集着海量个人用户，个人用户是主要的资金需求方，为平台提供着主要的收入来源
	移动端用户	移动端主要聚集着借款用户，目前用户量已突破千万
数据资源	宜人贷+宜信	平台海量的用户数据是精准推广、风控管理的基础 宜信在金融行业多年的用户及风控数据积累
	第三方+网络公开	广泛收集网络公开数据和广泛的第三方数据资源建立风控模型
人力资源	CEO背景	CEO方以涵也是最早归国加入团队的高管，具有互联网、大数据和金融服务方面背景
	一流团队	核心团队成员均来自国内外顶尖的互联网企业和金融机构

资料来源：作者根据文献编码情况分析整理。

（3）价值创造——重要合作

表10 人人贷价值创造——重要合作解析

范畴	分析维度	核心思想
重要合作	平台增信	资金托管合作 战略投资合作 行业协会合作
	获取服务	业务开展及平台发展需要获取投资银行服务、法律顾问、资产评级服务、审计服务、上市承销服务等
	获取资源	通过与外部第三方合作获取海量风控数据 通过与投资方合作获取发展所需资金及资源

资料来源：作者根据文献编码情况分析整理。

3. 内嵌于价值通路的价值传递

（1）价值传递——用户群体

宜人贷用户主要分布在我国沿海省份，70%来自二三线城市。在借款端，用户主要身份为城市白领，以"80后"男性已婚用户为主，他们有互联网行为，收入固定且信用良好，对资金的需求主要是为了装修、旅游、教育、职业技能提升、婚庆、子女教育和兼职创业，金额在5万元左右。在理财端，用户则以熟悉互联网的大众富裕阶层为主。平台根据大数据所勾勒出的用户画像具体而清晰，是用户运营和精准营销的重要依据。

(2) 价值传递——用户关系

用户—用户关系方面，平台用户之间基于资金供给者和需求者身份的不同形成债权、债务关系，出借人对借款人的了解主要信息来源是平台所提供的借款人信息，因而无论是投资哪类产品，投资者对借款人的信任根本是对平台的信任。用户—平台关系方面，安全方便的互联网平台操作体验和简单快捷的投融资业务流程是平台满足用户需求，维系用户关系的主要方式。

(3) 价值传递——渠道通路

线上渠道是平台的主要渠道通路，根据宜人贷2017年第三季度披露的数据，目前75.7%的借款人通过线上获取，57.2%的借款也是在线上渠道促成。APP是重要战略性渠道，2017年第三季度平台所有的借款行为都是通过APP完成的。

4. 内嵌于价值通路的价值获取

在收入方面，平台收入主要来自业务开展，包括借款手续费和投资服务费，这两类是应然收入，还有一些或然业务收入，主要是借款人提前或延迟还款的手续费。

(三) Kickstarter企业平台价值通路分析

Kickstarter是一个围绕创造力构建的全球性众筹社区平台。平台于2009年上线，创立初衷是为了帮助艺术家、音乐人、电影人、设计者以及其他创意者找到实现想法的资源和支持。2015年，Kickstarter转变成为B型企业（公益企业），致力于持续为社会带来积极影响。

1. 内嵌于价值通路的价值主张

Kickstarter定位于创新产品型众筹平台，旨在帮助创意项目走进生活，同时它也是一个公益平台。Kickstarter衡量平台成功的标准并非出色的财务表现，而在于在多大程度上支持了创意项目落地生花。在平台价值方面，一方面，平台帮助好创意变成现实的同时能够带来强大的营销能量，让项目找到市场、找到受众、找到价值。另一方面，大量的项目通过平台募资成功，落地实践，创造了就业，也刺激了经济的发展。平台是价值实现的桥梁，也是发起者与支持者之间的情感纽带。

2. 内嵌于价值通路的价值创造

(1) 价值创造——关键业务

表 11　Kickstarter 价值创造——关键业务解析

范畴	分析维度	核心思想
产品策略	平台性质 简洁突出核心	平台性质，无自营项目，永久保存内容信息 页面简洁，围绕众筹项目与多元化呈现形式建构平台
产品策略	文创项目主导	文化类项目主导，以大众智慧作为项目价值的检验标准 广泛聚集小众力量，营造产业社区属性
运营策略	项目审核 机制由严格至宽松 操作由人工至系统	较同类平台有着更为严格的审核机制，限制也更多，关注项目的真实性和独特性以及团队情况。由于同类平台竞争激烈，2014 年修改相关政策，精简原则，解除部分限制 人工审核系统向自动化审核系统转变，提升审核效率
运营策略	信息公开透明 用户判定价值	公开透明，向用户明确项目风险，营造非功利性支持氛围，以用户支持率判定项目价值
运营策略	用户保护机制	保护用户数据 关注系统诚信，严查执行失败项目，对未达目标项目要求退款
运营策略	示范效应引流	通过成功案例及名人项目引流 上线 Spotlight 展示成功项目
发展策略	发展制造者经济	工业经济向制造者经济过渡，通过平台联系创业者与消费者，帮助好创意落地，推动经济发展 发展迅速也面临激烈的竞争，2014 年降低众筹门槛
发展策略	围绕核心业务进行 国际化拓展与并购	国际化拓展：亚洲、北美、南美、大洋洲、欧洲 围绕平台定位和核心业务开展收并购，为众筹项目开拓多元化呈现方式
发展策略	转型为 B 型企业	由商业企业向公益企业转型，关注社会责任和社区意识，兼顾公司利益与公众利益，大力支持公益活动
业务模式	资金供给方 （B/P）	资金供给方以个人用户为主，通过向发起人提供资金以支持创意项目 资金供给方作为项目支持者，获取相关产品回报
业务模式	资金需求方 （P）	资金需求方以创业团队及个人为主，通过在平台展示创意项目寻求资金支持 资金需求方作为项目发起人，为支持者提供产品回报

续表

范畴	分析维度	核心思想
业务模式	交易结构	项目发起人—平台—项目出资人 项目发起人提交项目说明—平台审核—发布 项目出资人在线浏览项目—选择项目—付款支持 大众的智慧—支持者鉴别项目的可行性
	预购型众筹平台	网络平台—公众—募集小额资金 发起人向出资人提供产品回报 出资人向发起人提供资金支持 平台发布审核项目，运营管理平台，支持交易流程
	盈利点	佣金模式，募资成功5%服务费 2009年上线，2010年已盈利 融资呈现两极分化的马太效应
产品结构	产品型众筹	涵盖艺术、科技、电影、游戏、音乐等13个领域 文化类项目占主导
	多种项目呈现形式	Kickstar：分类展示+推荐，图文+视频 Drip：音乐流媒体平台 Kickstar Live：以直播形式展示项目
	"All in 1"众筹加速通道	帮助众筹项目发起人更加快速便捷地完成准备工作，整个过程历时仅需一周
存在问题	存在项目失败风险	项目失败则无法按约定为支持者提供作品回报，同时面临客户追偿问题
	仿制品泛滥	具有制造业优势的国家和地区，在快速获取新产品创意后立即投入生产，制造低成本仿制品
	信息泄露风险	2014年网站遭黑客攻击，大批用户信息被盗
	资金募集两极分化	马太效应明显，要么成功募资，要么基本募集不到资金

资料来源：作者根据文献编码情况分析整理。

（2）价值创造——核心资源

表12　Kickstarter价值创造——核心资源解析

范畴	分析维度	核心思想
创始人背景及资源	技术支持	Charles Adler的技术背景为平台早期的建构奠定基础 另外两位创始人音乐相关背景，并无与平台相关的强职业背景和资源积累

续表

范畴	分析维度	核心思想
内容资源	项目内容	平台拥有海量的创意项目，艺术及创意资源库是平台最宝贵的内容资源 项目本身的创新性吸引来自全球用户的关注，用户在这里能够发现新鲜有趣的生活领域
用户资源	用户推动创新	来自全球近1400万用户，正是这些项目支持者在平台支持了超过13万个创新项目，2016年90%的认筹项目都取得了成功
用户资源	用户检验项目	通过用户的价值判断为平台项目提供了宝贵的市场参考，帮助创意项目更加深入地了解市场，完善作品
数据资源	数据支持运营	海量用户行为数据为平台及社区建设提供决策基础 为项目提供一手的价值鉴定
数据资源	数据检验市场	资金供给方，即项目支持者数据有效检验市场需求 资金需求方，即项目发起者数据绘制了创新活跃领域地图及项目市场行为指引
人力资源	适度规模	至今仅有129名员工，服务全球用户，支持海量项目 目前三位创始人中有两位已离任，包括Charles Adler
人力资源	社区+产品团队	社区与产品团队各占一半 社区团队主要帮助项目支持者和创作者，为项目和用户服务，产品团队主要负责网站的建构、设计与完善
人力资源	倡导公平文化	团队男女比例均衡，倡导公平的企业文化 雇员种族多元化

资料来源：作者根据文献编码情况分析整理。

（3）价值创造——重要合作

表13 Kickstarter价值创造——重要合作解析

范畴	分析维度	核心思想
重要合作	获取资源	与亚马逊合作获取渠道资源，为平台产品提供销售平台
重要合作	强化能力	与支付服务商合作完善平台功能，简化支付流程

资料来源：作者根据文献编码情况分析整理。

3. 内嵌于价值通路的价值传递

（1）价值传递——用户群体

Kickstar用户覆盖北美洲、南美洲、亚洲、大洋洲以及欧洲，美国本土用户居多，以热衷新鲜事物的男性用户为主。根据平台官网公布的数据，截至 2017 年 12 月，平台已经聚集了 1394 万项目支持者，成功支持了 135396 个项目。

（2）价值传递——用户关系

用户—用户关系方面，项目支持者与项目发起者之间通过平台联系情感纽带，项目价值实现的同时，支持者也在一定程度上实现自我价值。双方之间基于信任而产生的关系主要依靠发起者运营维护，包括项目展示信息的策划制作，项目上线后与支持者之间的沟通交流，及时更新项目进展，给予支持者反馈，提供产品回馈等。支持者之间也相互影响，一个项目如果获得了较多关注，就将持续获得更多关注，反之亦然。

用户—平台关系方面，支持者也是基于信任而愿意通过平台支持创新项目，因此建立并维护信任关系是平台运营的重要内容。包括提供安全流畅的操作体验、对项目的真实可靠性严格把关、出现逾期或失败的情况确保支持者利益等。发起者与平台的关系更多是基于平台所拥有的大量支持者用户和强大的品牌效应能够帮助其获得服务与宣传，资金及资源。

（3）价值传递——渠道通路

平台的渠道主要来自线上，包括官网、APP、搜索引擎、社交媒体、新闻站点。亚马逊发明家是重要的合作渠道，平台向亚马逊输送创新产品，帮助项目发起者进一步拓展市场。

4. 内嵌于价值通路的价值获取

研究所获取的 Kickstarter 收入来源较为清晰，在收入来源方面，主要是融资收入与业务收入。平台 2009 年成立后仅在 2011 年进行过一轮 1000 万美元的融资。实际上平台在 2010 年就已经开始盈利，主要是向项目发起者收取所募集资金的 5% 作为佣金，这一盈利模式沿用至今。在 2016 年，平台收益达到 3575 万美元。

（四）京东众筹企业平台价值通路分析

京东众筹是京东金融的业务板块之一，以产品众筹为主，平台于 2014 年上线。京东商城的流量优势和京东金融的业务优势为京东众筹的发展提供了有力支撑。截至 2017 年 6 月底，京东众筹累计筹资金额超过 44 亿元，项目成功率超过 90%，已成为中国国内最大的众筹平台。

1. 内嵌于价值通路的价值主张

京东众筹不仅是一个筹集平台，也是孵化平台，依靠京东的业务优势，平台致力于将其建构成为一个从想法到产品的完整供应链，基于众筹打造创业生态。在平台价值方面，一方面，作为众筹平台，项目发起者能够获得资金支持，得到孵化、关注、用户、流量，让创新落地。另一方面，作为京东旗下金融平台，京东众筹继承了电商基因，满足了发起者和支持者的销售与购买需求。

2. 内嵌于价值通路的价值创造

（1）价值创造——关键业务

表14 京东众筹价值创造——关键业务解析

范畴	分析维度	核心思想
产品策略	京东众创生态圈 众筹+孵化	京东特色的差异化众筹平台，帮助创业者获得全生命周期的资金和资源支持，提供创业咨询管理服务
	项目品类多元化	项目包罗万象，涉及产品、公益、股权、创投，满足用户多元化投资需求
运营策略	规范管理 增强信任	制定系统的风控措施与内控流程，为用户提供保障与承诺 依托京东的品牌知名度
	压低门槛 重在参与	项目进入门槛相对较低，鼓励全民参与，扩大交易规模
	京东商城引流 爆品爆款引流	京东商城用户资源引入平台 打造爆品爆款吸引广泛关注
发展策略	配合京东业务 定义众筹	体验消费兴起的背景下通过众筹对消费升级 京东金融2.0（金融科技输出） 继承京东的电商基因，围绕京东本身的业务体系发展众筹，成为电商形态的补充 拓宽京东白条使用场景，完善京东互联网金融生态体系 为京东智能硬件战略布局服务
	依托京东大平台谋发展	利用京东的资源、客流以及供应链能力支持平台发展 升级用户服务，筹资、筹人、筹智、筹资源 基于场景和大数据服务创业者和消费者
	多元化发展	涉足产品众筹、私募股权融资、众创生态、众创投资基金，致力于打造众创生态圈
	拓展海外市场	积极拓展海外市场，吸引海外智能硬件产品

续表

范畴	分析维度	核心思想
业务模式（产品众筹）	产品众筹平台	项目发起者（创业者）—平台—项目支持者（用户） 项目发起者：通过平台发布项目，获得项目支持者的资金支持，得到产品市场检验与反馈，基于用户需求完善产品 项目支持者：通过平台浏览项目，对感兴趣的项目提供资金支持，获得发起者提供的产品回馈
	B端产业链	为创业者提供完整的创业服务，找资源、找市场、找用户，帮助其将作品转换为产品、商品、爆品
	P2B2C电商模式	电商数据+众筹平台+电商渠道 京东电商与京东众筹配合，基于众筹平台P型用户支持与反馈数据捕捉用户需求，用户深度参与产品的设计研发，B端生产定制化的产品后再提供给电商平台广大的C端消费者 构造去中心化、分散的、基于个人用户定制的电商模式
	盈利点	众筹平台获得佣金收入，3%~8%募资金额（商品品类差异定价） CPS销售返利，针对产品众筹，返利比率最低是1%，最高是30%
产品结构	产品众筹	目前，京东众筹主页，类似预售，用户购买还未投产的商品，项目发起者按约定时间和条件提供商品
	轻众筹	发起和审核更为简单的众筹模式，主要针对移动端个人用户，帮助年轻群体实现梦想和愿望
	CPS营销	针对产品众筹按销售额比例向平台支付返利，返利比率可自行设置（1%~30%），与电商平台销售模式相似
	京东众创	创业企业从孵化到成长一站式服务平台 京东创投、创业服务、众创学院
	东家	私募股权，投资者投资入股创业企业以获得未来收益
存在问题	刷单问题	据有关行业分析，京东众筹刷单文化盛行，且饱受诟病
	众筹转预售	产品众筹变味，成为商品预售甚至是销售的平台

资料来源：作者根据文献编码情况分析整理。

（2）价值创造——核心资源

表 15　京东众筹价值创造——核心资源解析

范畴	分析维度	核心思想
平台背景及资源	京东大平台背景	依托京东品牌优势，及其在3C产品方面的业务延伸势能 京东业务布局、客流导入、大数据支持、强大的供应链整合能力，为京东众筹的多元化发展提供了广阔空间
内容资源	大量众筹项目	京东众筹发展迅速，沉淀了大量有价值的项目内容资源 截至2017年6月底，扶持超过8000家创新创业企业，呈现超10000个创新众筹项目
用户资源	用户为项目和平台带来资金流量	平台依靠筹资佣金获利，用户就是支持力和购买力，帮助项目获得筹资的同时为平台盈利
	判断项目市场价值	用户偏好有效地检验创业项目的市场价值
	C2B模式基础	用户（P）需求倒推产品设计生产，支持C2B模式
数据资源	数据支持运营	用户行为数据是平台运营决策的重要依据
	创业风向标	平台的用户行为数据为创业团队揭示项目市场认可度 平台的众筹项目数据刻画创新创业市场基本面

资料来源：根据文献编码情况分析整理。

（3）价值创造——重要合作

表 16　京东众筹价值创造——重要合作解析

范畴	分析维度	核心思想
重要合作	获取资源	与国外众筹平台合作获取智能硬件项目资源
	强化能力	与金融机构、私募股权合作支持多元化业务开展

资料来源：根据文献编码情况分析整理。

3. 内嵌于价值通路的价值传递

（1）价值传递——用户群体

与国外众筹环境不同的是，国内产品众筹平台的用户群体更关注项目的成功率，资金支持实质上即是预售商品的购买。根据京东众筹发布的2016年上半年运行报告，平台的用户以"80后""90后"男性用户为主，分布在一线城市，以广东、北京、浙江用户居多，普遍中等收入，追求生活品质。

（2）价值传递——用户关系

用户—用户关系方面，支持者之间的关注及支持行为相互影响，得到用户较高关注和支持的项目会吸引更多的关注与支持。发起者与支持者是认可与回馈关系，支持者通过资金支持的方式对项目进行认可，发起者则需要以实物产品的形式回馈给支持者。用户—平台关系方面，项目发起者与平台是获得/提供服务关系，发起者通过平台获取所需的资金、资源、服务及宣传，向平台支付佣金，两者是利益共同体。项目支持者与平台是体验/保护关系，支持者通过平台对意向项目进行资助，主要关注流畅的操作环境和真实有趣的众筹项目，平台一方面为这些用户提供体验良好的互联网平台和项目资源，另一方面需要对用户利益进行保护。

（3）价值传递——渠道通路

京东众筹通过线上渠道获取用户并服务用户，常规渠道包括平台官网、APP以及社交媒体微信、微博、搜索引擎、导航网站、门户网站。此外，京东商城和京东金融也是平台重要的渠道通路，京东商城聚集着海量用户群体，其中大量用户成为京东金融和京东众筹的用户。

4. 内嵌于价值通路的价值获取

根据研究收集到的资料编码，京东众筹的收入来源主要是业务收入，包括众筹佣金及CPS营销费。佣金根据不同产品品类收取3%~8%的筹资额，CPS营销费则是销售成功后按照销售金额支付一定比例佣金，提取比例1%~30%不等，项目发起者自行设置。京东众筹是京东金融的业务分支，2016年京东金融获得来自红杉中国、中国太平、嘉实投资三家机构领投的66.5亿元人民币A轮融资。2017年A+轮融资总额为143亿元人民币。

六、中美协作金融平台价值通路分析结论

（一）内嵌于价值通路的价值主张

在平台定位方面，Lending Club和Kickstarter较两家中国对标平台，其业务定位更加简单且聚焦，宜人贷和京东众筹则通过多元化的触须延伸赋予平台定位更为丰富的含义，科技服务与创业服务分别成为两家平台未来战略性发展方向。从定位价值点的侧重来看，满足需求端的资金需求是协作金融平台最核心的价值；价值主张是平台的顶层设计，深刻影响着价值创造、价值传递与价值获取的各个环节。

（二）内嵌于价值通路的价值创造

1. 价值创造——关键业务环节主要结论

（1）协作金融平台是科技与金融的有机结合，数据和技术为平台赋能，

横向强化平台性能，优化用户体验，纵向深化服务，给予平台更多发展空间。

（2）协作金融平台受经济环境和政策环境影响显著。平台普遍关注用户需求、信任与体验，运营都趋于技术导向，重视风控，轻资产管理。

（3）协作金融平台连接资金供给方和需求方，供需双方分别是有投资需求和筹资需求的个体或机构，分别主要涉及 P2P、B2P、P2B（Peer 简称"P"，Business 简称"B"）三类交易模式。平台模式决定了协作金融平台普遍存在筹资者逾期和违约的风险。

（4）协作金融平台分享与被分享的内容是资金。P2P 金融服务平台的资金呈双向流动机制，资金以投资的形式从供给端流向需求端，以本金和利息的形式从需求端流向供给端。在流动的过程中，供给端获得投资收益，需求端付出资金利息，平台从供需双方分别获得交易费和服务费。众筹平台的资金则呈单向流动机制，资金以支持及预购的形式从供给端流向需求端，供给端支持创业项目落地获得实物回馈，需求端获得资金完成项目付出产品，平台从需求端获得交易佣金。与众筹平台相比，P2P 金融平台涉及规模更大、更为复杂的资金交易。

（5）P2P 金融，供需双方围绕资金流运转，有偿地互通有无，用户投融资决策更加理性，安全合理且符合期望的投融资产品利率是核心价值点。众筹金融，供需双方围绕资金流和产品流运转，支持用户投入资金和情怀，获得产品和体验，投资决策更加感性，新颖和需求的产品和创业者的精神感召是核心价值点。

（6）Lending Club 和 Kickstarter 业务聚焦，两家平台从创立至今独立运作，在不断构建自身资源和能力的同时以差异化的平台定位获取用户支持。宜人贷和京东众筹则分别有宜信与京东的背景支持，均以多元化和生态化作为主要发展轨迹。

（7）国内外的市场环境和投资者成熟度决定了中美平台在风险承担方面的差异。Lending Club 和 Kickstarter 均不承担投资或项目失败风险，平台在用户教育阶段就进行了明确的风险揭示，信息中介平台的定位明确。宜人贷和京东众筹则通过风险保证金、用户保障计划等方式承担风险，确保用户的资金安全。

2. 价值创造——核心资源环节主要结论

Lending Club 和 Kickstarter 创始人的背景和资源在平台创立及发展过程中起重要的作用，宜人贷和京东众筹分别是宜信财富和京东集团的战略延伸,两个平台借助雄厚的背景和得天独厚的资源获取支持;用户资源和数据资源是协作金融平台的核心资源,技术团队和金融团队则是协作金融品牌的主要团队构成。

3. 价值创造——重要合作环节主要结论

平台外部合作关系的建立主要是为获取资源、强化能力、支持业务以及为平台增信;建立外部合作的需求与平台本身的性质、资源和实力密切相关。

(三) 内嵌于价值通路的价值传递

首先,用户群体方面,Lending Club 和宜人贷在资金需求端以个人用户为主,Kickstar 和京东众筹在资金供给端主要以个人用户为主;宜人贷和京东众筹的用户为本土用户,Lending Club 和 Kickstar 用户对风险的容忍度高于两家中国平台用户。

其次,用户关系方面,平台为用户提供价值是平台获取用户,维系用户关系的关键;良好的用户体验、简单快捷的业务流程、值得信赖的平台背景、安全可靠的风控体系则是协作金融平台留住用户的重要侧面。

最后,渠道通路方面,线上渠道依然是协作金融平台最主要的获客及服务渠道,且移动化趋势显著;电商渠道是众筹平台重要的创新产品输出平台。

(四) 内嵌于价值通路的价值获取

融资收入是平台的主要收入来源;业务收入方面,Lending Club 和宜人贷主要是向借款人收取一定比例的交易费/手续费,向投资者收取一定比例的服务费,Kickstarter 和京东众筹则通过向项目发起者按筹资比例收取佣金。

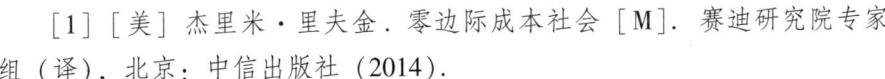

参考文献

[1] [美] 杰里米·里夫金. 零边际成本社会 [M]. 赛迪研究院专家组 (译), 北京: 中信出版社 (2014).

[2] 马化腾等. 分享经济: 供给侧改革的新经济方案 [M]. 北京: 中信出版社 (2016).

[3] 谢志刚. "共享经济"的知识经济学分析——基于哈耶克知识与秩序理论的一个创新合作框架 [J]. 经济学动态, 2015 (12): 78 – 87.

[4] 郑志来. 共享经济的成因、内涵与商业模式研究 [J]. 现代经济探讨, 2016 (3): 32 – 36.

[5] 杨帅. 共享经济类型、要素与影响: 文献研究的视角 [J]. 产业经济评论, 2016 (2): 35 – 45.

[6] Stokes K. et al., Making Sense of the UK Collaboration Economy, Nesta and Collaborative Lab's Report, 2014.

[7] What is the Sharing Economy?, The People Who Share, http://www.thepeoplewhoshare.com/sharing – economy – consultancy.

[8] Botsman R., Rogers R. What's mine is yours: The Rise of Collaborative Consumption [M]. Harper Collins, 2010.

[9] European Parliament resolution of September 2015 on the implementation of the 2011 White Paper on Transport: taking stock and the way forward towards sustainable mobility [2015/2005 (INI)].

[10] Shaheen S. A., Cohen A. P., & Chung M. S. North American Carsharing: 10 – Year Retrospective. Washington, DC: Transportation Research Board, 2009.

我国金融控股公司协同治理路径研究

张 宁[①]

一、概念与特征

对金融控股公司内涵的界定,引用最为广泛的是金融集团联合论坛1999年发布的《金融集团监管原则》所给出的定义:在同一控制权下,完全或主要在银行业、证券业、保险业中至少为两个不同的金融行业大规模地提供服务的金融集团公司。这一定义在理论界被普遍认同和使用,但随着世界各国(地区)金融控股公司的发展实践,特别是2008年国际金融危机爆发后,对金融控股公司的理解和界定也在发生新的变化。2012年9月,联合论坛发布了《金融集团监管原则(2012年版)》。在重新判断金融危机对金融集团经营活动、监管要求的基础上,金融集团的定义修改为"在受监管的银行业、证券业或保险业中,实质性地从事至少两类金融业务,并对附属机构有控制力和重大影响的所有集团公司,包括金融控股公司"。需要说明的是,《金融集团监管原则》中对金融集团和金融控股公司的定义没有实质性的差异,无论是1999年版还是2012年版,在监管原则上,对金融控股公司与金融集团的界定是保持一致的。

金融控股公司的基本特征主要有:一是多元化经营,是金融控股公司的首要特征,但这种多元化混业经营,总体限定于金融领域,即多元化首先是专业化的;二是协同效应,包括产品研发、营销网络、信息技术、人力资源等方面的协同;三是风险传递与风险分散。金融控股公司复杂的组织结构和综合经营的特性,使其具有非常明显的"正"协同效应。而风险传递,恰恰是金融控股公司必须关注和重点防范的"负"协同效应。

---

① 张宁,中山大学与深圳市前海金融控股有限公司联合培养博士后,研究方向:公司治理。

二、基本政策导向

进入 21 世纪以来，面对经济结构转型和社会财富增长带来的综合金融需求，我国在金融业综合经营领域开展了一系列试点和探索。研究根据我国金融控股公司相关政策在经营层面和监管层面的实践探索进行梳理归纳，如表 1 所示：

表 1 我国金融控股公司经营层面的实践探索

时间	文件名称	实践探索
20 世纪 90 年代	—	我国金融业一度出现"混业"经营状态，但受到当时经济体制、金融机构自控薄弱和监管力量不足等因素限制，这种探索不甚成功
1993 年 12 月	国务院做出《关于金融体制改革的决定》	规定"对保险业、证券业、信托业和银行业实行分业经营"
1995 年 7 月	《商业银行法》	规定"商业银行在中华人民共和国境内不得从事信托投资和股票业务，不得向非自用不动产投资或者向非银行金融机构和企业投资"。之后我国金融监管体制开始实行严格的分业经营和分业监管
2001 年	—	随着加入世界贸易组织以及金融—机构监管水平的提高，我国开始有条件地建立金融综合化经营试点
2002 年	—	国务院尝试进行综合金融控股集团试点工作，中信集团、光大集团和平安集团三家公司被批准作为试点单位
2003 年 12 月	修订版《商业银行法》	将第四十三条规定修改为"商业银行在中华人民共和国境内不得从事信托投资和证券经营业务，不得向非自用不动产投资或者向非银行金融机构和企业投资，但国家另有规定的除外"，为混业经营留下了政策空间
2005 年 10 月	《中共中央关于制定国民经济和社会发展第十一个五年规划的建议》	提出要"稳步推进金融业综合经营试点"。据中国人民银行的一项调查，2005 年初我国具有金融控股公司性质的公司数量已达到 300 多家

续表

时间	文件名称	实践探索
2008年2月	由中国人民银行、中国银监会、中国证监会、中国保监会共同制定并公布的《金融业发展和改革"十一五"规划》	首次明确了监管机构对综合化经营和金融控股公司的态度,提出"稳步推进金融业综合经营试点。鼓励金融机构通过设立金融控股公司、交叉销售、相互代理等多种形式,开发跨市场、跨机构、跨产品的金融业务,发挥综合经营的协同优势,促进资金在不同金融市场间的有序流动,提高金融市场配置资源的整体效率"
2009年10月	财政部出台《金融控股公司财务管理若干规定》	金融控股公司(中国中信集团公司、中国光大(集团)总公司、中国光大集团有限公司)应当积极推进股份制改革,坚持以金融业为主,在国家规定的范围内开展多元化经营。至此,我国金融业综合经营开始了有规范的试点探索
2012年9月	"一行三会"和国家外汇管理局共同编制和发布的《金融业发展和改革"十二五"规划》	提出要"继续积极稳妥推进金融业综合经营试点"
2018年6月	中共中央、国务院出台了《关于完善国有金融资本管理的指导意见》	明确提出"建立金融控股公司等金融集团和重点金融基础设施财务管理制度",国有金融机构要"健全公司法人治理结构"

资料来源:作者根据相关文献资料整理。

我国金融控股公司在经营层面的实践探索经历了从"混业"经营状态到分业经营再到混业经营的发展路径。随着我国加入世界贸易组织以及金融机构经营水平的提高,我国开始有条件地建立金融综合化经营试点,中信集团、光大集团和平安集团三家公司作为试点单位。金融控股公司是金融业走向混业发展过程中的必然产物,到2005年初我国具有金融控股公司性质的公司数量已达到300多家。金融控股公司能够通过多元化发展实现规模经济和范围经济,同时混业经营的状态也面临着更多风险,推动监管层面的诸多实践探索(见表2)。

表 2 我国金融控股公司监管层面的实践探索

时间	文件名称	实践探索
1995年7月	《商业银行法》	第四十条规定,"商业银行在中华人民共和国境内不得从事信托投资和股票业务,不得向非自用不动产投资或者向非银行金融机构和企业投资"。之后我国金融监管体制开始实行严格的分业经营和分业监管
2003年9月	中国银监会、中国证监会、中国保监会举行的"金融监管第一次联席会议",签订了《中国银行业监督管理委员会、中国证券监督管理委员会、中国保险监督管理委员会在金融监管方面分工合作的备忘录》	提出对于金融控股公司的监管,集团公司要依据其主要业务性质归属相应的监管机构,按照业务性质对金融控股公司子公司实施分业监管,对于由产业资本投资形成的金融控股集团,在监管的政策、标准和方式等方面的研究仍需进一步加强。该文件首次明确了金融控股公司的监管
2013年8月	国务院批复《中国人民银行关于金融监管协调机制工作方案的请示》	建立了"一行三会一局"金融监管协调部际联席会议制度
2014年12月	中国银监会、财政部、中国人民银行、中国证监会和中国保监会联合发布《金融资产管理公司监管办法》	指出监管框架的基本要素包括公司治理、风险管控、内部交易、资本充足性、财务稳健性、信息资源管理和信息披露等。这是真正意义上针对我国特定类型金融控股公司的监管法规
2017年7月	第五次全国金融工作会议决定设立国务院金融稳定发展委员会	明确其中一项重要的职责就是加强系统重要性金融机构和金融控股公司等的规章制度建设
2018年3月	政府工作报告	着重强调金融控股公司的监管问题。"强化金融监管统筹协调,健全对影子银行、互联网金融、金融控股公司等监管,进一步完善金融监管"
2018年4月	中国人民银行、中国银保监会、中国证监会联合印发《关于加强非金融企业投资金融机构监管的指导意见》(银发〔2018〕107号)	《指导意见》规定了监管的六大原则:立足主业,服务实体经济;审慎经营,避免盲目扩张;严格准入,强化股东资质、股权结构和资金来源审查;隔离风险,严禁不当干预金融机构经营;强化监管,有效防范风险;规范市场秩序与激发市场活力并重。旨在规范非金融企业投资金融机构行为,强化对非金融企业投资金融机构的监管,促进实业和金融业良性互动发展

续表

时间	文件名称	实践探索
2018年11月	中国人民银行发布《中国金融稳定报告2018》	1. 进一步明确金融控股公司的监管方向，报告指出：对金融控股公司监管可考虑采取宏观审慎管理与微观审慎监管相结合的方式，按照实质重于形式的原则，以并表监管为基础，对金融控股公司进行全面、持续、穿透监管，建立统筹监管机制，并赋予监管主体有效的监管手段。 2. 需从明确市场准入监管、加强资本充足率监管、设置资产负债率要求、严格股权结构管理、明晰公司治理结构、增强集团整体风险管控、强化关联交易监管七大监管路径着手，明确监管主体，出台监管规则，将金融控股公司纳入监管。 3. 正式披露5家金控试点公司，分别为：招商局集团、蚂蚁金服、苏宁集团、上海国际集团和北京金控。未来将会在试点基础上，出台金控公司管理办法，规范金控公司运营

资料来源：作者根据相关文献资料整理。

自2017年以来，国内金融控股公司发展所面临的战略环境呈现出一系列值得关注的重大变化。党的十九大和第五次全国金融工作会议明确了我国金融业改革与发展的主要方向，随后，进一步确定金融控股公司监管的基本原则和监管要点。2018年11月央行发布《中国金融稳定报告2018》，正式对外披露模拟监管试点的5家金融控股公司名单，并在综述中明确"加快制定金融控股公司监管办法，补齐监管制度短板"。面对激荡变化的内外部环境，强化公司治理能力，策动协同效应，提升企业的核心竞争能力，实施战略转型的迫切性进一步凸显。

三、协同治理现状

（一）国内外公司治理原则持续发展

2008年国际金融危机的爆发暴露了大型金融控股公司董事会履职失效、管理层过度逐利、风险控制机制不健全、组织结构复杂不透明等公司治理方面的缺陷。缺乏针对金融控股公司特征而设定的公司治理结构与机制也是导致2008年国际金融危机中以雷曼兄弟为代表的金融控股公司倒闭的根本原因所在。为了吸取金融危机的经验教训，让《OECD公司治理原则》成为更有效的指导性工具，经济合作与发展组织于 2016 年邀请二十国集团成员国代表和 OECD 组织成员国一道对《原则》进行修订，为不同国家和地区的公司治理提供非约束性标准、良好实践和实施指南。

另外，随着气候变化、资源枯竭、人权与文化冲突等问题逐渐成为全球共同面临的重要挑战，ESG 因素受到了越来越多的政府、监管机构、金融机构、投资人等市场主体，以及社会公众的关注。公司治理作为 ESG 价值支柱之一，是一套有效解决委托代理问题的机制，良好的公司治理能够降低代理成本，增强信息透明度，促进利益共同体的形成，进而提升企业价值，获得投资者的信赖。

2018 年 9 月 30 日，中国证监会正式发布了新修订的《上市公司治理准则》，本轮修订一方面参与到《G20/OECD 公司治理原则》相关承诺的履行，另一方面也针对性地解决和满足了长期困扰中国资本市场、上市公司治理领域的治理问题和治理需求。值得一提的是，修订也涉及了国际上近年来关于机构投资者参与治理以及有关环境、社会与治理（ESG）原则等内容。

（二）金控公司亟须突破协同治理瓶颈

在全球金融混业发展的背景下，金融企业为追求规模经济、协同效应、分散风险，纷纷走向金融多元化经营的道路，金融控股公司应运而生。金融控股公司在业务经营上往往呈现多元化趋势，因而具有风险复杂性较高和交易透明度较低两大特征，而这种特性对其公司治理提出了更高的要求（鲁桐，2017）。

金融产品和金融机构组织的不断变革决定了金融机构的公司治理是一个与时俱进、不断更新的命题，不存在一种公司治理模式可以永久地满足不断演进的金融系统的需要。金融控股公司面临多种角色与定位，一是从出资人层面看，出资人通过公司治理机制对金控公司进行监督管理。二是从金控公司层面看，需要理顺公司本身的治理体系与机制，把握公司战略、发展与管理；作为参控股公司的重要股东，履行对下属公司的治理责任。三是从参控股公司层面看，公司既需要处理与金控公司的治理关系，同时也需要完善自身治理能力。金融控股公司的治理体系内涉及多方主体，关系复杂，随着公司的不断发展，协同问题也将越发突出，逐步陷入有限协同能力下的多层次困境。如何突出重围，厘清治理，将各方资源与能力纳入金控公司整体战略规划，再通过战略管理推动各业务发展，形成良性循环体系，将是未来竞争的决胜关键。

四、协同治理路径

（一）研究框架

研究以治理协同和信息协同两个角度对组织协同优化路径进行探讨，进而理顺管理协同机制，优化资源能力配置，提升金控公司的治理水平，发挥多元化经营的正向协同效应。

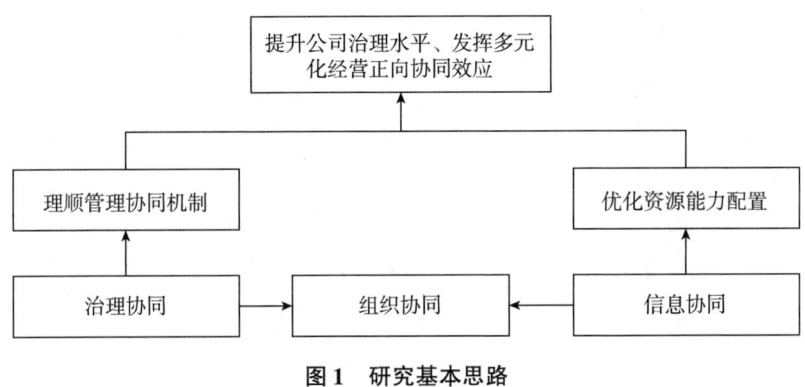

图1 研究基本思路

（二）理论支撑

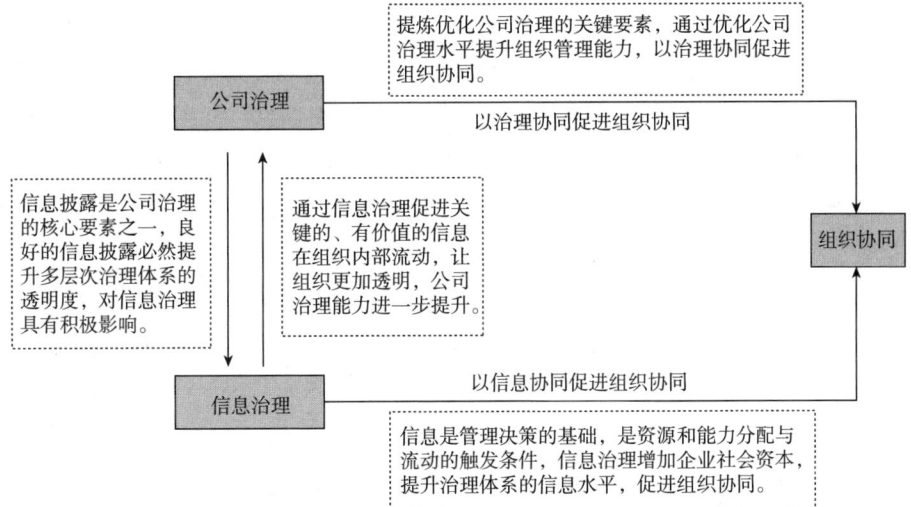

图2 基本理论框架

1. 公司治理

学术界关于公司治理的定义大致可分为三种：第一种是权力制衡观点，认为公司治理是一系列复杂的约束机制（Zingales，1998），在股东、董事会、高级经营者和其他利益相关者间形成的制衡关系和各种问题（Wartick 和 Cochran，1985；吴敬琏，1996；李维安和姜涛，2007）。其本质上是一种结构，是风险管理的标志性元素：1）确保发现问题所在；2）通过权衡确保采取什么措施最有利于长期、可持续、可再生价值的创造（Robert 和 Nell，2017）。第二种是利益相关者观点，认为公司治理是一套制度安排（Gillan 和 Starks，1998；钱颖一，1995；林毅夫、蔡昉和李周，1997；张维迎，2014），是一套处理利益相关者的权利、义务和责任的制度体系。第三种是股东利益最大化观点，认为公司治理是财务投资者如何确保自己可以获取投资回报而进行的财务投资途径问题（Shleifer 和 Vishny，1997）。G20 和 OECD（2016）则从更为宏观的角度定义公司治理：公司治理旨在营造一个讲信用、高度透明和问责明确的环境，从而获得长期投资、金融稳定和商业诚信，进而支持更强劲的增长和更具包容性的社会。

金融控股公司在业务经营上往往呈现多元化趋势，因而具有风险复杂性较高和交易透明度较低两大特征，而这种特性对其公司治理提出了更高的要求（鲁桐，2017）。郝臣等（2018）对我国金融控股公司治理存在的问题进行梳理和分析，发现我国金融控股公司普遍存在监管体系不完善、公司治理理念异化、部分金融控股公司不在监管范围内、股权结构复杂、存在关联交易风险、对子公司的治理部门化、董事会独立性低，且专业委员会不健全、信息披露不透明几方面问题。卢钊和徐鑫（2018）研究认为，因控股型集团架构叠加金融业特征，金融控股集团具有一定特殊性，主要表现在：内部治理方面，对诸如董事资质、信息沟通、董事会独立性等董事履职问题上有特定要求，普遍存在子公司协同发展、关联交易、集团系统性风险、母子公司治理边界等问题；外部治理方面，分业监管容易造成监管真空，尚无针对金融控股集团的专门立法，外部治理环境尚待完善，从而对其内部治理提出更大挑战。

2. 信息治理

信息不对称理论（asymmetric information）是信息经济学的核心概念之一。信息不对称是指不同经济主体拥有的信息量存在差异，不相等或不平衡。信息不对称会严重降低市场运行效率，在极端情况下甚至会造成市场交易的停滞。按时间划分，不对称信息可以分为事前（ex ante）非对称和事后（ex post）非对称两类。这两类信息不对称，相应地导致了两类问题：事前非对称信息是指签约之前存在的非对称信息，所以又称为隐藏信息（hidden information），如产品质量。此外，事前非对称导致逆向选择（adverse selection）。事后非对称信息指签约之后发生的非对称信息，又称隐藏行动（hidden action），如工人的努力水平。另外，事后非对称导致道德风险（moral hazard）。有很多办法可以用来缓解信息不对称问题：第一种重要机制是"信号传递"（signaling）：这是诺贝尔经济学奖得主斯宾塞的主要贡献（Spence，1973）。斯宾塞论文中的经典实例是教育的信号传递作用。第二种机制是信息甄别（screening）：这是诺贝尔经济学奖其中一位得主斯蒂格利茨的贡献（Rothschild 和 Stiglitz，1976）。所谓信息甄别就是，没有私人信息的那一方，可以设计一个菜单让对方选择，然后通过对方的选择来甄别对方的信息，就像"自投罗网"。第三种解决办法是信誉机制（reputation）：实际上在信息不对称情况下，我们之所以会相信别人，很重要的原因是我们认为他是讲信誉的。在市场中，品牌就是让生产者说真话的机制，因为品牌意味着欺骗将受到惩罚。

Burt（1992）在《结构洞：竞争的社会结构》这一社会网络分析的经典著作中首次明确提出了"结构洞"的概念。所谓结构洞是指"社会网络中的某个或某些个体和有些个体发生直接联系，但与其他个体不发生直接联系、无直接或关系间断（disconnection）的现象，从网络整体看好像是网络结构中出现了洞穴"。因此，结构洞是非重复的联系间的"断开"，是一种非冗余性关系（a relationship of non-redundancy）。其理论定义的是一种经纪网络结构，强调利用中间位置控制信息和知识流动以获取仲裁收益。

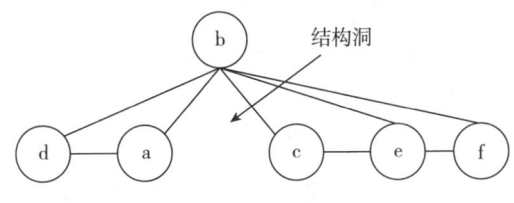

图3　结构洞示意

把结构洞位置带来的信息利益分为攫取（access）、时效性（timing）与举荐（referrals）三种：攫取收益在于能够获得有价值的信息，还可以减少企业收集各类信息的成本，促进企业处理信息效率的提高；时效性收益在于可以及早地获得有用的信息；而举荐收益在于可以通过各类介绍、接触和推荐获取机会和资源。而控制利益指第三者（broker）居中搭桥（bridge）

时，可以决定优先照顾哪一方的利益，信息无疑是控制利益的实质所在。在具有丰富结构洞位置的企业网络中，若企业处于"桥"位置的节点，其中介中心度就很高，就占据了更多信息流和商业机会，从而容易获得中介利益（Burt，1992）。社会资本是与结构洞相关的。随着网络中某个主体中介机会的获得，社会资本就会产生。行动主体拥有的结构洞越丰富，社会资本就越多。

3. 组织协同

协同学是自20世纪70年代以来在多学科研究基础上逐渐形成和发展起来的一门新兴学科，是系统科学的重要分支理论。研究代表人物是德国的著名物理学家哈肯（Hermann Haken）。协同学以现代科学的最新成果（系统论、信息论、控制论）为基础，并作为一门研究不同事物的共同特征及其协同机制的新兴学科，着重探讨在多维相空间内的各种系统和现象中从无序到有序转变的共同规律。协同效应是指由于协同作用而产生的结果，是指在复杂开放系统中大量子系统相互作用而产生的整体效应或集体效应，是一种由于在系统之间竞争性与合作性、整体性与相关性而形成的整体动态博弈效应。协同效应的具体表现是：系统的整体价值大于各子系统的价值总和。金融控股集团发展的核心和主旨在于，让其内部具有的各类资源能够得到充分的利用和共享，不断增强公司治理、日常运营以及各项业务间的协同效应，进而实现规模经济和范围经济。

（三）协同治理基本路径分析

在公司治理和信息治理领域也同样存在着各系统之间的竞争性与合作性、整体性与相关性的动态博弈关系，组织协同是一系列协同效应的叠加。基于以上理论分析，研究对以下两条金融控股公司协同治理路径进行刻画：

1. 完善公司治理水平，以治理协同促进组织协同

从整体而言，战略管理和内部控制是公司治理和公司管理融合的两个交叉点。公司治理规定了整个企业运作的顶层设计与基本制度框架，公司管理是在这个限定的框架下制定合适的战略、建立一个适应战略的业务流程和组织结构之后，将价值创造和长远的战略目标同各个部门、各个环节的日常工作联系起来，进而促进企业协同发展。我国金融控股公司处于发展的初级阶段，实现了规模扩展，但主营业务不强，缺乏核心竞争力；搭建了金融控股公司框架，但协同效应不明显，探讨其公司治理问题可以为金融控股公司的竞争力提供制度保障。金融控股公司通过不断完善公司治

理体系，将强化核心竞争力，带动多个层面的组织协同。

金融控股公司作为金融机构，存在高杠杆性、高信息不对称性、经营失败低容忍度等特性；作为控股公司，又存在着复杂的股权结构和多重委托—代理关系。针对完善金控公司的公司治理，首先，应树立系统性的合规治理理念。金融控股公司的公司治理是一个动态过程，需要依据不断变化的内外部环境进行适时的改进与优化，需要从生态视角分析问题，既要考虑到股权链条上游的组织，也需要关注处于下游的参控股公司。其次，应简化金融控股集团的法人层级，促进股权结构简洁、清晰和透明。加强对交叉持股、反向持股监管是未来的监管趋势。扁平的控股架构有益于提高金控公司的透明度，更利于外部治理者评估其真实的经营和风险状况。同时，减少控股层级设置，控股结构扁平化，有利于理顺信息沟通和风控机制，降低公司内部治理成本。最后，应完善金融控股公司的信息披露。金融控股公司应制定符合公司实际需要的《信息披露办法》，根据业务特点和监管要求及时将业务信息和治理信息向监管机构做出真实、准确、完整的披露；保证披露信息的及时性和有效性，尤其是对于重大事项、关联交易等事项要进行事前及事中披露，使信息使用者能够及时获取相关信息。

2. 强化信息治理能力，以信息协同促进组织协同

公司信息系统可以把日常管理运作中的问题反馈到公司管理系统和治理系统，及时围绕价值创造的目标进行修正，信息流作用于公司管理与治理推动组织协同，进而作用于企业的价值创造。另外，协同效应看似是通过公司间加强合作，提升效率，但实际上还存在一个隐患：加强合作有可能引起沟通问题的增加，导致内部摩擦，甚至降低效率（哈肯，2018），信息层面的协同对组织协同具有积极意义。金融控股公司不仅需要应对内部的信息沟通与管理问题，也需要面临多层级的外部信息治理问题，良好的信息治理能够加速资源和能力的流动，增进治理方与被治理方彼此之间的信赖，有效促进组织协同。

基于信息不对称理论，金控公司可利用信号传递、信息甄别、信誉机制设计多层次治理体系的信息治理原则，缓解并利用信息不对称，增强信任，获取更多有价值的信息和资源支持企业发展。比如，金控公司实际上需要更加注重股东和参控股公司的信誉构建和信号传递，获取治理参与方的信赖，让股东更直观地看到符合其治理目标的治理成果，让参控股公司更直观地看到金控公司所关注的目标以及能为其提供的依托和支撑。与此同时，对来自股东和参控股公司的信息，也需要建立相应的信息甄别机制，

找到问题,寻求机遇。

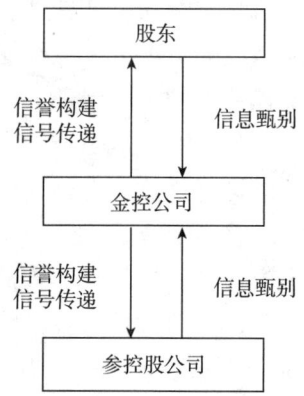

图4 信息不对称视角下的金控公司信息治理路径

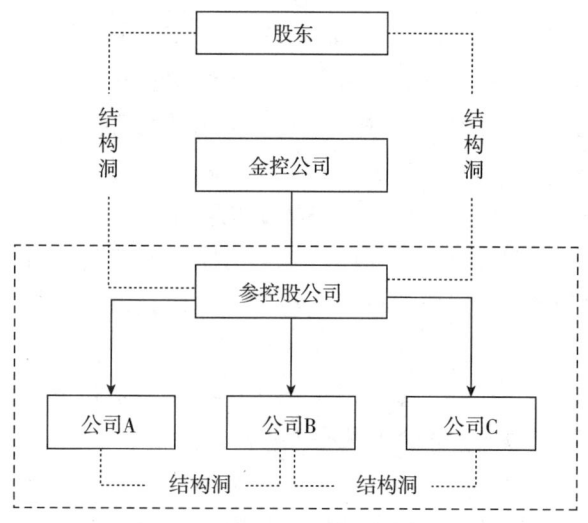

图5 结构洞视角下的金控公司信息治理路径

结构洞网络的关键在于将无直接联系的两个个体连接起来,连接第三者同时拥有信息优势和控制优势,进而对企业在市场中的竞争行为具有重要作用。在整个治理体系中,金控公司连接着股东和参控股公司,与此同时,金控公司作为中心节点,还连接着不同的参控股公司,进而形成若干结构洞。利用多层次治理体系中的结构洞,为公司获取信息利益与控制利益,将位置优势转化为企业社会资本,促进治理体系协同发展是金控公司信息治理的核心问题。

3. 充分发挥连锁董事的战略作用，促进组织协同

连锁董事作为企业社会资本的重要表现和最主要的一种企业间网络关系，是指个体成员同时在两家或两家以上企业的董事会任职以及由此而形成的企业间关联关系（Mizruchi，1988）。从资源依赖理论视角看，连锁董事构成了一种输送资源的管道或渠道。在连锁董事网络的构成要素中，连锁董事个体成为企业沟通的桥梁和节点，也是承接和连接社会资本的载体，能够弥补市场失灵和政府治理的不足，增进信息共享和协同创新。

基于社会精英的连锁董事网络构建了一个企业关联纽带，有助于促进企业之间的要素流动和业务合作，能够为企业的快速发展提供更多的支持，形成了社会资源配置效应。以治理协同促进组织协同，应充分发挥金控公司连锁董事的战略作用。金控公司应构建符合自身经营发展规划属性的连锁董事网络，将其作为贯彻公司正式治理制度的手段，充分利用其超越市场与组织的柔性机制以补充正式制度的不足，积累企业社会资本，强化企业竞争力。在金控公司整体系统中，建立以人为纽带的跨边界资源再分配、能力再分配机制，打破各参控股公司的"单兵作战"模式，形成动态联结组织，实现基于预期收益的信息和资源让渡。

参考文献

［1］鲁桐．金融控股集团公司治理的关键［J］．中国金融，2017（16）：22－23．

［2］钱东平．金融控股公司内涵、基本特征及主体监管［J］．金融纵横，2016（6）：17－25．

［3］梁远航．金融控股公司章程研究［J］．社会科学研究，2013（5）：29－33．

［4］高明华，赵峰．国际金融危机成因的新视角：治理风险的累积［J］．经济学家，2011（3）：91－98．

［5］李维安，等．国有控股金融机构治理研究［M］．北京：科学出版社，2018．

［6］杨红英，童露．国有企业混合所有制改革中的公司内部治理［J］．技术经济与管理研究，2015（5）：50－54．

［7］姚军．中国金融业的突破——论中国金融控股集团的管制［J］．

宏观经济研究, 2012 (10): 56-62.

[8] 郝臣, 付金薇, 王励翔. 我国金融控股公司治理优化研究 [J]. 西南金融, 2018 (10): 58-65.

[9] 卢钊, 徐鑫. 金融控股集团公司治理特殊性研究 [J]. 中国物价, 2018 (2): 85-87.

[10] 孙烽, 李苗. 国有金融控股公司法人治理结构优化战略构想 [J]. 财经研究, 2004 (2): 5-15.

[11] 张维迎. 理解公司 [M]. 上海: 上海人民出版社, 2013.

[12] 罗纳德·伯特. 结构洞: 竞争的社会结构 [M]. 任敏等 (译). 上海: 上海人民出版社, 2008.

[13] 陈运森, 谢德仁. 网络位置、独立董事治理与投资效率 [J]. 管理世界, 2011 (7): 113-127.

[14] 孙笑明, 崔文田, 王巍, 刘斌, 裴云龙. 中间人及其联系人特征对结构洞填充的影响研究 [J]. 管理工程学报, 2018 (2): 59-66.

[15] 赫尔曼·哈肯. 大自然成功的奥秘: 协同学 [M]. 凌复华 (译). 上海: 上海译文出版社, 2018.

[16] 顾保国. 企业集团协同经济研究 [M]. 北京: 经济管理出版社, 2006.

[17] Fan J. P., T. J. Wong, and T. Zhang. Politically Connected CEOs, Corporate Governance and Post-IPO Performance of China's Newly Partially Privatized Firm [J]. Journal of Financial Economics, 2007 (84): 330-357.

[18] Burt R. S. Structural Holes Versus Network Closure as Social Capital [J]. Theory and Research, 2001 (12): 31-56.

[19] H. David Sherman. Timothy J Rupert. Do bank mergers have hidden or foregone value? Realized and unrealized operating synergies in one bank merger [J]. European Journal of Operational Research, 2006: 253-268.

[20] Stawert Bennete. Taiwan second financial restructuring and commercial bank productivity growth: M&As impact [J]. Review of Accounting and Finance, 2013 (12): 43-58.

[21] Sascha Kolaric. Shareholder wealth effects of bank mergers and acquisitions in Latin America [J]. Management Research, 2013, 11 (1): 46-55.